ハーバーマスの社会理論体系

Theoretical Logic of Habermas's Social Theory

永井　彰

東信堂

ハーバーマスの社会理論体系／目　次

序章　本書の視座と方法　　3

　1　本書の課題 ………………………………………………… 3
　2　社会理論として読むということ ……………………………… 5
　3　テクストの読みをめぐる方法的態度 ………………………… 7
　4　『理論』の章構成と本書の照応関係……………………………11
　5　ハーバーマス理論の規範的性格をめぐる問題 ………………13
　6　ハーバーマス研究史上での本研究の位置 …………………16
　7　本書の構成 …………………………………………………18

第1章　社会学の社会理論におけるハーバーマス理論の位置　　23

　1　本章の課題 …………………………………………………23
　2　社会学における社会理論の展開史 …………………………27
　3　ハーバーマス社会理論の位置 ………………………………32

第2章　コミュニケーション行為理論の論理構造　　45

　1　本章の課題 …………………………………………………45
　2　行為類型論の設定 …………………………………………48
　3　戦略的行為とコミュニケーション行為の区別 …………………56
　4　コミュニケーション行為概念をめぐるいくつかの論点 …………77
　5　コミュニケーション行為理論の社会理論的意義 ………………88

第3章　コミュニケーション行為概念の再規定　　110

　1　問題の所在 ……………………………………………… 110
　2　1999年時点での行為類型論 ……………………………… 111
　3　『理論』から何が変わったのか──理論的含意の検討 ……… 118

第4章　生活世界論の展開　　132

1　本章の課題 …………………………………………………………… 132
2　生活世界論という問題構成 ……………………………………… 133
3　言語行為論的概念としての生活世界 ………………………… 136
4　再生産論的概念としての生活世界 …………………………… 146
5　生活世界論の社会理論的意義 ………………………………… 160

第5章　二層の社会概念の論理構造　　174

1　本章の課題 …………………………………………………………… 174
2　二層の社会概念の基本的な考え方 …………………………… 176
3　コミュニケーション行為理論の視角からの
　　生活世界とシステムの対比 …………………………………… 179
4　システムの論理 …………………………………………………… 182
5　システムによる生活世界の植民地化 ……………………… 191

終章　ハーバーマス社会理論の視座と方法　　197

1　パースペクティヴの転換と抽象水準の移行 ……………… 197
2　ハーバーマス解釈の方向性──佐藤慶幸による解釈との対比において　202
3　理想的発話状況概念をめぐる問題 …………………………… 211
4　再構成的社会学の可能性 ……………………………………… 220
5　残されたいくつかの課題 ……………………………………… 227

参考文献…………………………………………………………………… 233
あとがき…………………………………………………………………… 241
初出一覧…………………………………………………………………… 245
人名索引…………………………………………………………………… 246
事項索引…………………………………………………………………… 247

ハーバーマスの社会理論体系

序章　本書の視座と方法

1　本書の課題

　本書の課題は、ユルゲン・ハーバーマス[1]のテクストを一つの社会理論として読み、その論理構造を明らかにすることである。社会理論とはさしあたり、経済や政治といった社会の特定の機能領域に焦点をあてるのではなく、それらを包摂する社会そのものを主題とする理論として理解しておきたい。ここでわれわれは、『コミュニケーション行為の理論』(以下『理論』と略記)[2]を主たるテクストとするが、それをこんにちの時点で読むことをこころみる。こんにちの時点で読むということは、次の二つのことを意識するという表明を意味する。まず第一にハーバーマスは、『理論』以降も多くの作品を執筆してきた。社会理論の仕事としては、『事実性と妥当性』(以下『妥当性』と略記) があり、この作品の存在を無視しては、現時点でのハーバーマスの仕事は理解しえない。第二に、『理論』の鍵概念をなすコミュニケーション行為の概念については、『理論』以降、いくつかの点で修正が加えられてきた。そのため、コミュニケーション行為理論をこんにちの時点で読むためには、そうした修正点についても視野に入れる必要がある。つまりわれわれは、『理論』以降に執筆された作品の存在を知っているという前提のもとで、『理論』を主要テクストとしてハーバーマス社会理論の論理構造を明らかにしたい。

　ここでわれわれは、一つのスタンスを選択している。つまり、『理論』をある種の歴史的文書として取り扱うのではなく、変動しつつある理論体系の主たる構成要素を提出している著作として取り扱うという選択である。より具体的にいうなら、コミュニケーション行為の概念を基軸とし、生活世界とシ

ステムという二層の社会概念によって現代社会のありようを解析する一つの
理論体系の基本的な組み立てを呈示した作品として『理論』を位置づけるとい
う態度決定である。もちろん、『理論』という作品を、1981年というその公刊
された時点のなかにとどめて、その論理構造を解析するという読みの戦略も
ありえたはずである。しかし、われわれはそうしなかった。ハーバーマスの
社会理論は、『理論』において一つの理論体系として呈示されるが、その後も、
修正を施されながらこんにちまでいたっているとみなすことができる。この
ようにみなすからこそ、『理論』以降のテクストについても検討を加える必要
が生じる。ここでわれわれは、『理論』の内容は、たしかにその細部において
は修正されてはいるけれども、少なくともその基本的な点にかんしてはその
後もハーバーマスのなかで維持されているという認識に立脚している。書き
手がみずからの見解を修正するという可能性は、ハーバーマスが現役の著者
である以上、排除できない。読み手は、著者じしんが見解を変更する余地を
つねに視野に入れて議論せざるをえない。ただ、だからといってわれわれは、
ハーバーマスが『理論』の見解を放棄したといった理解をしているわけではな
い。『理論』で獲得された認識が、その後のハーバーマスの仕事のなかで生き
ているという見解に立っている。だからこそわれわれは、このようなスタン
スを選択しているのである。このスタンスからすると、こんにちにおいてハー
バーマスの仕事を扱うということは、理論内容が部分的に変化しつつあるこ
とを考慮に入れつつ、その理論体系を読み解いていくということを意味する。
この点において、われわれのこの研究は学説史研究というよりは、理論研究
なのである。つまりわれわれは、修正点を取り込みつつ変化している一つの
理論体系として、ハーバーマスの仕事を理解することをめざしている。ハー
バーマスは、1981年に『理論』を公刊した。ハーバーマスは、それ以降多くの
著作や論文を執筆するが、『理論』そのものを書きなおすということはしない。
だが、もしかりにこんにちの時点でかれが『理論』を書き換えたらどうなるだ
ろうか。われわれの研究は、こうした仮想的な視点で、ハーバーマスの理論
を解読するこころみでもある。

2　社会理論として読むということ

　ハーバーマスという一人の著者のコンテクストに限定してみても、ハーバーマスのどの側面に焦点を絞るのかによって、異なったイメージがあらわれてくる。ハーバーマスの仕事は多岐にわたり、しかも旺盛な執筆活動を半世紀にわたって続けてきている。それゆえ、この著者を取り扱うにあたっては、多様な論点から取りあげることできる。ここでかりにハーバーマスを読み解くためのキーワードを、ただ思いつくままに列挙してみるなら、次のようになる。科学論、社会科学方法論、社会学理論、政治理論、討議倫理学、法理論、知識人論、コミュニケーション能力、多文化共生、福祉国家、高等教育改革……。これは、関連する論題をただ羅列してみただけなのだが、こうしてみると、ハーバーマスという著者が展開する議論の射程にあらためて驚かされる。知的に重要な論点の多くを、ハーバーマス一人でカヴァーしているからである。ハーバーマスについては、さまざまな角度から読み解いていくことができる。というよりもむしろ、ある特定の論点に絞らなければ、ハーバーマスという著者に迫ることはできないというべきだろう。そうしたなかで、社会理論に着目するということは、一見すると、正統的な手法であるけれども、あまりにも当然すぎはしないかとの疑念を引き起こしかねない。ただ、われわれとしては、社会理論として読むというオーソドックスな手法にあえてこだわりたい。このことには、大きく分けて二つの理由がある。すなわち、ハーバーマスという研究対象にそくした理由と、ハーバーマスを取り扱う読み手の側の問題関心にそくした理由である。まず一方において、社会理論がハーバーマスにとって中心的であることは疑いようがない。しかも、この中心的ということは二重の意味で理解されなければならない。つまり、ハーバーマスの取り扱うテーマのなかで中心的であるという意味と、ハーバーマスがものごとを考えていくうえで中心的であるという意味とにおいてである。社会理論は、ハーバーマスがその知的キャリアのなかで一貫してかかわり続けているテーマである。『認識と関心』、『コミュニケーション行為の理論』、『事実性と妥当性』といったかれにとって主著と目される書物は、いずれも社会理論

というテーマにかんするものである。もちろん、社会理論への関心といっても、『認識と関心』までは、社会理論の認識論的な基礎づけという論点に主眼があったのにたいし、それ以降は、コミュニケーション行為理論を基軸とした実質的な社会理論の構築へと関心の中心を移行させている。だから、一貫した関心を維持しているとするのは、見方によっては誇張だともいえるのだが、社会理論がハーバーマスの中心的テーマであることには変わりがない。そして、このこととかかわるのだが、社会理論への関心が、ハーバーマスの思考そのものを大きく方向づけてもいる。つまり、さまざまなテーマとりわけ哲学的な論題を社会理論と関連づけて考察するというスタンスを、ハーバーマスは意識的に選択している。ハーバーマスは、テオドール・アドルノの研究助手として招聘されることを契機として学的キャリアをスタートさせた。そうした学問的出自からしても、哲学と経験科学との共働を重視するというフランクフルト学派の姿勢を受け継いでいるともいえるわけだが、そうしたフランクフルト学派の思想伝統のなかでもハーバーマスは、社会理論を重視するというスタンスをとりわけ鮮明に打ちだしており、そのかぎりにおいてアドルノやマックス・ホルクハイマーとは一線を画している。ハーバーマスの仕事は、学問分野としていえば、哲学と社会学の両方に足を踏み入れている。ハーバーマスは、社会学的な主題についてだけでなく、討議倫理といった哲学的な論題においても社会理論的考察を基盤にすえている。この点は、ハーバーマスの思考に独自の特徴を刻み込むことになる。

　他方において、ここでわれわれは、ハーバーマスの仕事を社会学の社会理論の展開史のなかに位置づけて理解することをもくろんでいる。これは、ハーバーマスという研究対象そのものに内在する理由ではなく、読み手の側の理由である。ハーバーマスを読むという営みそのものを社会学という学問的コンテクストのなかでおこなうというのは、われわれの側の一つの選択である。もちろんこのことには、わたしじしんが哲学者ではなく社会学者であるという事情がかかわっている。そして、こうした研究戦略にも二重の意味が込められている。すなわち、一方において、社会学の社会理論としてのハーバーマスの意義を明らかにするということであり、他方において、ハーバーマス

のテクストをつうじて、社会学の社会理論というものの意義を再確認するということである。前者は、ハーバーマス理論のアクチュアリティにかかわる問題なのにたいし後者は、社会学において社会理論を研究することそのもののアクチュアリティにかかわっている。

3 テクストの読みをめぐる方法的態度

　ここでわれわれは、ハーバーマスを精確に読むことをめざしたい。これは、一見するとあまりにも素朴な言明であるかのようにうつるであろう。しかし、われわれからするなら、この言明は一つの方法的態度を意識的に選択することを表現している。そうした議論をするにあたってまずはじめに確認しておくことができるのは、読むという行為は、どのような読みの戦略を選択するにせよ、読み手の側の主体的な営みであるほかないということである。精確に読むということの厳密な意味については後述することとしたいが、さしあたっては、読み手の側の恣意的な解釈を排除し、テクストそのものに内在する論理を解読することと理解してさしつかえない。そして、テクストそのものに内在するといったこうした読みの態度をとるとしても、そこでなされた読みは、読み手の側の一つの解釈であるほかない。こんにちの学問の水準においては、素朴実在論や反映論をとることは許されない。テクストから自動的に正しい読みが導出されるといった想定をすることはできない。読みの優劣は、テクストの解釈をめぐって構成される理論的公共圏のなかで決着が付けられる。

　われわれはここで、精確に読むということの意味あいをより明確にするために、他の二つの読みの戦略を引きあいに出し、それらとの差異を示すことにしたい。その一つは、テクストから自由に読むという方法であり、もう一つは、テクストを忠実に読むという方法である。このうち、一つ目の自由に読むということについては、多くの説明を必要としないだろう。端的にいえば、読み手の側の関心にてらして、テクストのなかから、利用可能なところを切りとるという手法である。ここで根本的なのは、読み手の側にある何ら

かの物語であり、個々のテクストは、読み手が構築する論理のなかのパーツとして利用される。これにたいして、精確に読むという方法にとって決定的なのは、テクストに内在する論理である。さて、ここで問題となるのは、もう一つの区別である。ハーバーマスの公共圏概念を日本中世史研究に生かそうとする東島誠が示唆するように、精確に読むということと、忠実に読むということとは、別物である (東島 2000: 27)[3]。たしかに読み手の関心のためにテクストを利用しようとするのではなく、テクストそのものにそくすことをめざすかぎりにおいては、この両者は同じである。だが、忠実に読むということにとって決定的に重要なのは、テクストの文言そのものであるのにたいして、精確に読むという方法にとって重要なのは、このテクストを貫いている論理構造なのである。前者が「ハーバーマスが何を語っているか」を問うのにたいし、後者は「ハーバーマスがどのように語っているか」を問題とする。つまり、後者においては、いかなる論理で語っているかが重要なのである。この点において、忠実に読むことと精確に読むこととは、区別される。

　なぜわれわれが精確に読むという方法的態度を選択するのか。このことについてもまた、読み手の側にそくした理由と、対象の側にそくした理由とがある。まず第一に読み手の側の理由であるが、われわれとしては、ハーバーマス理論の射程を見極めたいという関心がある。ハーバーマスの論理にしたがうことによって、現代社会の現象がどこまで解明しうるのかを突きとめたい。だからこそ、ハーバーマス理論の論理構造を解明するという仕事を重視するのであり、そのために精確に読むという方法的態度をとるのである。もし逆に、さまざまな理論的資源を組みあわせて、独自の社会学理論を構築することがねらいであれば、自由に読むという方法的態度こそがむしろふさわしいはずである。ハーバーマスのテクストは、利用可能な理論的資源の一つにすぎないからである。

　ここで念のため付言しておけば、われわれはハーバーマス理論に欠陥がないという想定をしているわけではない。理論を解読するにあたって、対象とする理論が無謬であるとする先決は必要ない。ハーバーマスの論理に綻びがあるかもしれないという疑念をあらかじめ排除する必要はない。むしろ前提

にしてよいのは、あらゆる認識は可謬的であるということだけである。われ
われは、ハーバーマス理論の射程を見極めたいだけであって、それ以上でも
以下でもない。

　ただここで、精確に読むという方法にこだわるのは、理論というものがた
だたんに抽象度の高い思弁的な言説ではなく、現実をみとおすための実用的
な道具であるはずだという着想を支持しているからである。現実をみるため
の実用的な道具として生かそうとするからこそ、忠実に読むのではなく、精
確に読むことが必要になる。そのさい決定的に重要なのは、テクストのどの
箇所に何が書かれているかではなく、テクストのなかにどのような論理構造
が貫徹しているのかなのである。どこに何が書かれているのかが分かっても、
そこにどのような論理が作動しているのかをつかみだすことができなければ、
テクストの読み手がその論理を使って現実を解読することができない。この
ばあい、テクストの正しい読みを問うことが最終的な目標なのではなく、テ
クストの解釈からえられた理論によって現実を解析することこそがめざされ
ているのである。

　精確に読むという方法を採用する第二の理由は、そうした読みの方法に値
するテクストだということである。つまり、論理の組み立てを意識して書か
れているテクストだからこそ、精確に読むという方法が有効だと考えられる
というわけである。別の角度でいえば、ハーバーマスは精確に書くというこ
とを意識的におこなっている著者であるということである。論理的な構成の
精緻さよりも、イメージ喚起を重視する書き手であれば、精確に読むという
方法は適さないであろう。精確さをテクストから読みとろうとする作業その
ものが、ないものねだりにすぎないからである。そうしてみると、読みの戦
略は書き手の指向性とも連動している。

　そのうえで問題になるのは、いかにして精確に読むかということである。
つまり、精確に読むための方法とは何かということが問われなければならな
い。この問いを考えるにあたって、ハーバーマスのテクストにそくしていえ
ば、二つのポイントがあるように思う。その一つは、パースペクティヴの転
換と抽象水準の移行とを意識して解読するということである。われわれのみ

るところでは、ハーバーマスは、このような理論構築上の技法を明確に意識して議論を組み立てている。しかし、これまでのハーバーマス論は、こうしたハーバーマスの理論構成を正当に取り扱ってこなかった。そのため、誤解が生じるはずのない論点で誤解が生まれたり、あるいはまったく的はずれな批判がハーバーマスに向けられたりもした。もちろんそうしたことが生じたのは、ただたんにハーバーマスの論理構成に気づかなかったというだけのばあいもありうる。しかし、いくつかのハーバーマス論は、抽象水準の移行やパースペクティヴ転換を意図的に無視することで、ハーバーマスに対抗しようとしていたかのようにみえる。この読みが誤読であるのは疑いようがないが、そのさいには、はたしてそれが創造的誤読たりえているかどうかが問われることとなろう。

　もう一つのポイントは、ハーバーマスの記述スタイルとかかわっている。ハーバーマスは自説を展開するにあたって、他の理論家のテクストを読解しそれにコメントを加えるというスタイルを重用している。少なくとも、『認識と関心』、『理論』、『妥当性』といったかれの主著はすべて、このスタイルのもとに執筆されている。一見すると、これらをハーバーマスが学説史的な関心のもとに執筆しているかのようにうつる。しかし、そこで書かれていることは、明らかに自説の展開である。そうだとすると、他の理論へのコメンタールであるかのようにみえるテクストであっても、他の理論を素材としてハーバーマスが何を語ろうとしているのかをそうしたテクストから読みとっていくことが必要となる。

　さらに付言すれば、ハーバーマスという著者は、口蓋に障害を持って生まれたという生活史上の事情もあり、書き言葉に強いこだわりを持っている（Habermas 2005: 19-20 ＝ 2014: 18-19）。もちろんパーソナルな事情は書くことへの動機の一つにすぎないが、いずれにせよハーバーマスには、精確に書こうとする強固な意志があり、さらには独自の理論体系の構成法がある。このような事情からして、ハーバーマスのテクストには精確に読むという手法が必要であり、また有効でもあると考えられる[4]。

4 『理論』の章構成と本書の照応関係

　われわれは、『理論』を主たるテクストとし、そこからハーバーマス理論の社会理論としての論理構造を抽出するという研究戦略を選択している。そのため、たしかにわれわれは『理論』のテクスト全体を視野に入れて考察をおこなっているけれども、実際に本書では、二つの中間考察と最終考察を中心に検討を進めている。つまり、本書は、『理論』という著作の忠実な紹介をおこなっているわけではない。しかし、われわれにとってみれば、『理論』の記述を忠実に再現することが重要なのではないし、ましてや『理論』の要約を作成しようとしているわけでもない。われわれはあくまでも、『理論』のテクストから社会理論としての論理構造を析出しようとしているのであり、そのかぎりにおいて、われわれは、われわれじしんの観点からの一面的な読みをおこなっているのである。

　だが、ただたんに一面的であることを強調するだけでは、やはり不十分であろう。そもそもテクストを取り扱うことは読み手の主体的な加工であるほかないのだから、一面的であることそれじたいは当然のことであろう。だから、むしろここで問題にされなければならないのは、どのような形に加工していくのかということである。しかも、すでに言及したことであるが、ハーバーマスのテクストを扱ううえで厄介なことがらが一つある。すなわち、ハーバーマスは自説を展開するにあたっても、他の理論家のテクストに注釈を加えながら議論を進めるというスタイルを好んで用いているということである。『理論』もまた、その例外ではない。

　このことをふまえたうえで、『理論』という著書の章構成をわれわれがどのようにとらえているかについて、あらかじめ説明しておきたい。ここで『理論』の章構成を示しておこう。

第1巻　行為の合理性と社会の合理化

　第1章　序論——合理性という問題構成への接近

　第2章　マックス・ウェーバーの合理化理論

12

第3章　中間考察第一──社会的行為、目的活動、コミュニケーション

第4章　ルカーチからアドルノへ──物化としての合理化

第2巻　機能主義的理性批判について

第5章　ミードとデュルケムにおけるパラダイム転換──目的活動からコミュニケーション行為へ

第6章　中間考察第二──システムと生活世界

第7章　タルコット・パーソンズ──社会理論の構成問題

第8章　最終考察──パーソンズからウェーバーをへてマルクスへ

　ここからまず第一に指摘しておくことができるのは、この章構成のなかで決定的に重要な部分は二つの中間考察（第3章と第6章）であるという点である。中間考察第一においては、コミュニケーション行為の概念が呈示される。さらに中間考察第二の前半部においては、コミュニケーション行為の相補概念として生活世界概念が位置づけられ、アルフレート・シュッツの生活世界概念を手がかりとしながら、それをコミュニケーション理論の視角から再構成するという作業をつうじて、生活世界概念が社会理論の基礎概念として鍛えあげられていく。また中間考察第二の後半部においては、生活世界とシステムという二層の社会概念を用いることの首肯性を説明するために、部族社会から近代社会へといたる社会発展の過程を、生活世界からシステムが遊離する過程として描きだす。ハーバーマスは、この二つの中間考察において、みずからの理論を系統立てて説明しようとこころみている。もちろん、そうした叙述をおこなうにあたっても、たとえば中間考察第二においては、トーマス・ルックマンの編集したシュッツのテクストにコメントを加えるという形式で議論を展開させているように、学説研究的な記述スタイルが使用されている。だが、この二つの中間考察が、この大著のなかでのもっとも中核的な部分であることは間違いない。

　第二に、この著作のそれ以外の部分は、この中間考察との対比において理

解する必要がある。つまり、自説を系統立てて展開している箇所は、あくまでもこの二つの中間考察なのである。さしあたりここで確認しておきたいのは、序論と中間考察との位置関係である。序論では、行為の合理性にかんするこれまでの有力ないくつかの見解について、ハーバーマスの観点から整理がこころみられている。しかし、序論は、あくまでも導入部であって、ここに登場する概念はあくまでも暫定的なものである。これにたいして、二つの中間考察では、ハーバーマスが自説を系統立てて展開しようとしている。序論と中間考察との構成上の差異については、銘記しておく必要がある。

　第三に、社会理論としてハーバーマス理論を解読するという関心にてらしていうと、二つの中間考察以外には、最終考察(第8章)が重要になるのは当然であるが、それに加えて、第7章のパーソンズ論が重要であることを見落としてはならない。生活世界とシステムという二層の社会概念の首肯性を検証するうえでも、コミュニケーション・メディア論を展開するにあたっても、さらにはシステム理論を社会理論のなかにどのように組み込んでいくかを考察するうえでも、パーソンズ論への参照は欠かせない。ただし、この読解にさいしては、タルコット・パーソンズにたいするハーバーマスのコメントのなかから、ハーバーマスが自説のなかに取りいれようとする部分を区分けして読みとっていく必要がある。

　われわれは、『理論』のテクストをこのように位置づけるために、本書の第2章では『理論』の第3章、第4章では『理論』の第6章を主たる検討対象としている。さらに本書の第5章では、『理論』の第6章、第7章および第8章を用いている。

5　ハーバーマス理論の規範的性格をめぐる問題

　社会理論としてハーバーマス理論を取り扱うという選択をおこなうことについては、すでに述べておいた。そのさい社会理論とは、経済や政治といった特定の機能システムだけに焦点をあてるのではなく、それらを包括する社会そのものの理論であるという規定だけを与えておいた。つまり、社会理論

とは社会の理論であるとする説明である。ここで社会理論にかんして、実質的な規定をさらに付け加えておきたい。社会理論には、多くのばあい、社会の再生産についての説明が組み込まれている。たしかに、社会についての描写や記述がなされていれば、社会理論ということの最低限の含意はみたされているといってさしつかえない。しかし、有力な社会理論とみなされる理論、たとえばマルクス社会理論やパーソンズ社会理論には、社会がいかなるメカニズムで再生産されているのかについての論理が含まれている。しかもそのさい、ただたんに単純再生産が問題にされるのではなく、過程的再生産が主題化されており、再生産の論理のなかには社会変動の契機が含み込まれている。そのかぎりにおいて、社会理論は社会変動の理論でもある。

　われわれは、社会理論としてハーバーマス理論を取り扱うというスタンスをとることによって、ハーバーマスについての一つの解釈案を意図的に排除している。すなわち、ハーバーマス理論を純粋に規範理論として理解しようとするこころみである。ここで純粋にという限定を付与しているのには、意味がある。規範理論という表現には曖昧さがつきまとっている。定義によっては、ハーバーマス理論を規範理論だということもできるし、そうでないということもできる。ここでわれわれが明確に否定したいと思っているのは、ハーバーマス理論は社会のあるべき姿や理想像について語っているのであって、そうした理想像にてらして現実の社会を批判するという論理構成をとっているとする理解である。

　社会理論は、社会がどのような論理で再生産されているのかを説明する理論であるから、あくまでも社会的事実の解明をおこなう理論であって、社会の理想的な姿を語るわけではない。もちろん、理想的な社会の姿を描いてそこから現実の社会を批判するという手法は可能であるが、それは社会にたいする批評にはなりえても社会理論とはいえない。社会理論として読むということは、あくまでも現実の社会がどのような論理で再生産されているのかを説明する理論として理解するということである。

　ただ、ここで注意しておかなければならないのは、ハーバーマスは現実の社会過程のなかに理性的なものがはらまれていることに着目しているという

ことである。この認識は、『理論』のテクストのなかからも確認されうるのだが、のちの『妥当性』の時点になると、「事実性と妥当性の緊張」(Habermas 1992: 22 = 2002: 23) という表現が付与され、より強調されることになる。この論点について精確に説明するためには、ハーバーマス理論の内容に踏み込まなければならない。この序論の段階では、概念の詳細な説明には立ち入ることができないため、精確な議論をおこなうことはできないが、この文脈での議論に必要なかぎりにおいて、ハーバーマスの主張を引きあいに出しておきたい。ひとびとは、議論をおこなうなかで、そこで呈示された論拠の妥当性を認めあうことによって了解を達成する。このように、力による強制ではなく、あくまでも論拠の妥当性を根拠として了解が達成されるという事態を、ハーバーマスはコミュニケーション合理性という表現で特徴づけている。こうした特性を有する了解にもとづいて何ごとかをおこなっていくことがコミュニケーション行為であり、このコミュニケーション行為によって生活世界が再生産される。ハーバーマスの社会理論のなかでは、社会は生活世界とシステムとからなる二層的なものととらえられているから、生活世界は社会そのものではないが、社会の重要な構成要素である。このような論理構成をつうじて、コミュニケーション合理性が社会そのもののなかに組み込まれているとハーバーマスはみている。つまりハーバーマスは、合理性ないし理性性の契機を実際に運行している社会の再生産過程のなかに読みとっている。

　ここで問題になるのは、社会の再生産の仕組みのなかに合理性ないし理性性の契機が含まれているとする判断の位置価である。われわれの理解では、この言明は事実にかかわる命題であって、規範的命題ではない。つまり現実にそうなっているという話であって、そうあるべきだという議論ではない。しかし、これについては、別様の理解もありうるであろう。その一つは、ハーバーマスの理論は結局のところ規範的な議論に陥っているのであって、社会の再生産を説明する理論としては不適切であるとする理解である。社会の再生産にとって合理性の契機は不必要であるから、合理性の契機が社会の再生産に含まれているとする言明は、実質的にいって、合理性の契機が社会の再生産過程に含まれていることが望ましいということを意味することになる。

この理解は、ハーバーマス理論は社会理論であるはずだという前提に立った
うえで、結果的にハーバーマス理論が規範的契機を混入させているとみなす。
もう一つは、ハーバーマス理論を社会理論とみなすのではなく、むしろ理想
的な社会の論理を呈示する理論としてみなすというやり方である。われわれ
の考えでは、このやり方は、ハーバーマス理解としては明らかに間違ってい
るけれども、しかし、ハーバーマス理論を生かすためにはむしろ規範理論と
して純化させるべきだとする考え方は、ありうる選択肢ではある。もちろん、
これまで述べてきたように、われわれはこの選択肢をとらない。

6　ハーバーマス研究史上での本研究の位置

　われわれは、この論考において『理論』を主要テクストとしながら、その
後のハーバーマスの仕事を視野に入れて、社会理論としてハーバーマス理論
を取り扱い、その論理構造を明らかにするようこころみる。このような仕事
をわれわれがいまこころみているのは、ハーバーマス研究のなかでこのよう
な仕事が十分になされてこなかったのではないかと認識しているからである。
しかもそうした状況は、日本だけにあてはまることではない。われわれのみ
るかぎり、ハーバーマス研究の蓄積のあついドイツやアメリカにおいても、
ほぼ同様の事態が認められるように思われる。

　『理論』が1981年に刊行されると、その直後から現在にいたるまで、この
大著にかんする研究論文が、枚挙にいとまがないほど数多く発表されてきた。
刊行直後に限定すれば、ドイツでは、ヨハネス・ベルガー (Berger 1982)、ヨハ
ネス・ヴァイス (Weiß 1983)、ニクラス・ルーマン (Luhmann 1982) などがこの大
著にたいするコメント論文をいち早く公表したし、日本においても、佐藤慶
幸 (佐藤慶幸 1984)、森元孝 (森 1983、1984)、藤澤賢一郎 (藤澤 1984) らがその検討
を素早く発表した。さらにその後も、『理論』を主題とした研究論文は、公表
され続けている[5]。それらは、研究の蓄積をふまえ、またハーバーマスじしん
のその後の理論展開を受け、各論的な問題にも踏み込んできているし、ハー
バーマス理論をたんに検討するというよりもむしろそれに批判的に対峙する

という方向に進んでいるように思われる。こうした方向性への研究の進展は、ごく当然のことであろう。他方、それと同時に、この研究状況のなかで要請されてきたのが、ハーバーマスにかんするモノグラフ的な研究であると考えられる。ハーバーマスの理論は高い複合性を有しており、その内容を深く検討し評価するためには、まとまった分量の紙幅をどうしても必要とするからである。

　ハーバーマスにかんするモノグラフ的研究のうち、ハーバーマスの理論展開について概括的に論じるものはさしあたり除外し [6]、『理論』におけるハーバーマスの社会理論を主題的に取り扱ったものないしそれを中心に論じものだけに限定すると、その数はそれほど多くない。それらの著作は、それぞれの著者の個性や問題意識を反映し、さまざまな視角から構成されており、それらを一括りに論じることは、本来適切ではない。しかし、これまでの研究にはらまれている問題点を明瞭にするという意図のもとであえて単純化するならば、『理論』にかかわるモノグラフ的研究は、次の二つのグループに集約することができるだろう。まず第一に、ハーバーマスの議論を比較的忠実に紹介しその検討をこころみている一群の研究がある。デヴィッド・イングラム (Ingram 1987)、ステファン・K・ホワイト (White 1988)、メイヴ・クック (Cooke 1994) などの研究が、ここに含まれる。第二に、ハーバーマスの議論に忠実というよりもむしろ、みずからの関心からハーバーマスのテクストに批判的に対峙するといったスタイルの一連の研究がみいだされる。リック・ロデリック (Roderick 1986) などの研究が、これに含まれる。日本では、佐藤慶幸 (佐藤慶幸 1986、1991) [7] の研究が、このカテゴリーに含まれる [8]。

　第一のグループの研究は、ハーバーマス理論を内在的に検討するというスタンスを採用している。ただし、ここでわれわれがさきに利用した区別を引きあいに出せば、その多くはハーバーマスを忠実に読もうとしているだけであって、ハーバーマスを精確に読もうとしているわけではないように見受けられる。つまり、ハーバーマス理論の理論的論理を析出するという理論的課題をあまり意識していないように思われる。ただし、そうしたなかで例外的なのがクックの研究である。クックは、『理論』のなかでもコミュニケーショ

ン行為理論に検討の焦点を絞り、いかなる理論的論理がそのなかに貫徹しているのかを解明しようとしている[9]。他方、第二のグループの研究は、みずからの関心にしたがい、ハーバーマスの議論を批判的に取り扱っている。読みの方法をめぐる前述の議論を引きあいに出すならば、テクストを自由に読むという方法的態度をとっている。こうした研究のばあい、この基本的な姿勢からして、ハーバーマス理論の取り扱いにかんしては、体系的というよりもむしろ断片的にならざるをえない。ハーバーマス批判に力点をおくばあいであれ、ハーバーマスのテクストを手がかりに自説を展開することに主眼があるばあいであれ、ハーバーマス理論の理論的論理を析出するという課題には、あまり関心がない。

　いずれにせよ、われわれのみるところでは、『理論』のなかからハーバーマス社会理論の理論的論理を析出し、そのアクチュアリティを探るという仕事は十分にはなされてこなかったように思われる。とくに日本においては、この課題はほとんどはたされてこなかった。少なくとも英米語圏においては、さきにあげたイングラム、ホワイト、クックの研究などにみられるように、『理論』におけるハーバーマス社会理論を系統立てて理解し検討する作業が、ともかくもこころみられてきた。しかし、日本ではそうした研究は、少なくともまとまった形ではなされてこなかった[10]。この事態がいささか問題だと思われるのは、ハーバーマス社会理論の内在的理解という課題が未消化にもかかわらず、あたかも解決済みの主題であるかのように片づけられてしまいかねないからである。ハーバーマス社会理論については、誰もが知っているように思っている。しかし、何が共通理解なのかすら、判然とはしない。ハーバーマス研究においてスタンダードと目されるものがない。われわれの仕事は、ハーバーマス研究上のこうした欠落を埋めることをめざしている。

7　本書の構成

　本書は、社会理論としてハーバーマス理論を読むこころみである。そのさい、かれ独自の理論体系の構築手法に止目して検討を進めたい。つまり、パー

スペクティヴの転換や抽象水準の移行ということをそのつど確認しながら解読をおこなうことによって、どのようなハーバーマス理解が可能なのかを示したい。

　まず第1章では、社会学の社会理論の展開史のなかにハーバーマスの仕事を位置づけ、その意味を明らかにしたい。ついで第2章では、コミュニケーション行為理論の論理構造を明らかにする。ハーバーマスはコミュニケーション行為の概念や、コミュニケーション行為と戦略的行為の区分について、順をおって説明を深化させている。ここでは、コミュニケーション行為概念の規定が深化する論理展開を、精確に析出することをこころみたい。第3章では、コミュニケーション行為概念を現在のハーバーマスがどのようにとらえているのかについて明らかにする。ハーバーマスは『理論』以降、コミュニケーション行為概念をいくつかの点で修正している。いかなる点についてどのような修正がなされたのかを検討し、その社会理論的な意味を確定したい。第4章では、生活世界の概念について取り扱う。ハーバーマスは、シュッツを経由して現象学に由来する生活世界の概念を取りいれ、それを社会理論の基礎概念へと鍛えあげようとしている。そのさい、ハーバーマスはここでも、手順を踏んで生活世界論を展開させるという手法を採用している。このステップをハーバーマスとともにたどることをつうじて、社会理論の基礎概念として生かしうる生活世界の概念の内容を検討する。さらに第5章では、それまでの概念の解明をふまえて、生活世界とシステムという二層の社会概念について検討を進める。ここでも留意したいのが、抽象水準の移行とパースペクティヴの転換といった理論構築の手法である。そして最後にこの論考を締めくくるにあたり、ハーバーマスのテクストにかかわる内容的な検討をふまえて、ハーバーマス社会理論がいかなる視座のもとでいかなる方法を用いて展開されているのかについて明らかにし、ハーバーマス理論の社会理論としての特質をあらためて確認することにしたい。

【注】

1 　本書では、Habermas の日本語表記については、ハーバーマスを採用している。Habermas の日本語表記については、どこに長音のバーを挿入するかの違いによって、ハバーマス、ハーバマス、ハーバーマス、ハーバマースなどの多様な表記がなされてきた。わたしはかつて、ハーバマースという表記を用いていたが、それは、ドイツ語を担当する大学教員から、この表記が原語の発音にもっとも近いとの示唆を受けたからであった。本書でハーバーマスという表記を採用しているのは、まだまだ多様な表記が用いられているものの、日本においてはほぼこの表記に落ちついたのではないかと判断したためである。

2 　ただし、文脈上、著書名を明示することに意味があるばあいには、略記せず、書名をそのままあげる。このことについては、他の著作についても同様の扱いとする。

3 　東島は、公共圏概念を日本中世史研究に生かそうとすることについての、新田一郎からのコメント（新田 1999）に関連して、次のように述べている。「新田は、筆者が「ハーバーマスの議論に忠実でありつつ」議論していると考えているようであるが、実はそうではない。重要なのは読解の〈精確さ〉であり、忠実さではないのである。分析概念は、〈精確〉に使用することによって初めてそこから自由になれるのであり、テクストの再生産において、筆者はそのことを実践しているにすぎないのである」（東島 2000: 27）。

4 　ここで、精確に読むというわれわれの読みの方法について、補足しておきたい。精確に読むといっても、それじたいは著作を貫く論理を読みとるというという、ごく当たり前のことをしているにすぎない。そうした読解行為のなかから、あえて読みの方法論というべきものを抜きだすとするなら、次の四点にまとめられよう。まず第一には、論理的整合性の重視ということであり、第二には、全体論的な理解であり、第三には、理論技法への留意であり、第四には、分析的な概念使用を想定するということである。これらのうち、第一と第二とは関連している。個々の文や章句を切り離して理解するのではなく、著作全体の構成のなかで、個々の文や章句の意味を理解するということである。つまりは個々の記述を絶対視するのではなく、テクスト全体のなかで作動する論理を重視する。こうした読みの方法は、『理論』や『妥当性』といった、一定のプランにしたがって、時間をかけて練りあげられた著作には、とりわけ有効である。第三は、その具体的な方法であり、これについてはすでに本文中で言及した。第四は、読みの結果として想定される利得である。テクストに何が書かれているかではなく、どのような理屈が使われているかを読みとらなければ、その理屈を読み手は利用することができない。

　　たしかに論理を読みとるといっても、それは個々の記述を手がかりにするほかない。しかし、個々の記述は絶対ではない。テクストにそう書かれているからといって、それが著者の見解であるとはかぎらない。テクストのある箇所で著者が何らかの記述をしているからといって、そのことをもって、それが著者の見解であるとただちに断定することはできない。個々の記述は、著書全体の論理構成のなかでなされているのだから、テクスト全体のなかでその記述の位置価を確定しなければ、個々の記述の意味は確定できない。テクスト全体の論理構造をつかむことをふまえて個々の記述の理解をおこなうというわれわれの読みの方法について明示化するために、終章において、佐藤慶幸の読み（佐藤慶幸 1986）と対比さ

せる形で、われわれじしんの読みを示した。

　われわれの読みは、個々の記述よりもテクスト全体を貫く論理構造を重視する。そして、この読み方を突き詰めるならば、最終的には、著者本人の意図よりも、テクストのなかに作動している論理の方が優先されることになる。一般的にいって、テクストにおいて作動しているとみられる論理と矛盾することを著者じしんが書いたり発言したりすることは、十分に想定されうる。もちろん、そうしたケースについては、本当に矛盾しているのかといった観点からの検討が必要になる。つまりは、読み手が理解している論理とは別の論理を著者じしんは構想していて、その論理には矛盾はないのだが、その論理を読み手が認知することができていないだけではないのかといった視点で、検討しなければならない。だが、そうした吟味をへてもなお、読み手の認識した論理と矛盾する著者じしんの言説があるとみられるばあいには、その言説があることによって、その論理そのものが存在しないと判断するのではなく、そうした論理は作動しているのだが、著者じしんがそれに矛盾する発言をしていると判定する。忠実に読むのではなく、精確に読むということは、こうしたことをも含意している。

　もちろん著者本人がどこで何を書いているかは、学説史的事実の確定として、きわめて重要であるし、読み手は、著者の書いていることを手がかりに理解するほかない。しかし、解釈の分かれるようなケースについていえば、最終的には、書かれているかいないかということよりも、そこでどのような論理が作動しているのかということを、解釈の根拠として重視したい。このことに関連して、終章では、理想的発話状況概念の解釈について論じた。

5　『理論』についての研究論文集として刊行された『コミュニケーション行為』（Honneth und Joas 1986）の末尾にルネ・ゲルツェンによる書誌が掲載されている（Görtzen 1986）。そこには『コミュニケーション行為の理論』を中心的に取り扱った本や論文だけが収録されているのだが、そこには 134 ものタイトルが列挙されている。

6　そうした研究の例としては、たとえば次のものを参照。Horster (1999)、中岡（1996）、Pusey (1987 ＝ 1993)、小牧・村上 (2001)。

7　佐藤慶幸じしんが、「筆者の関心は、（中略）ハーバーマス研究そのものにあるというよりは、現代社会の社会学的分析にとって、かれの理論がどこまで有効であるかどうかということに向けられている」（佐藤慶幸 1986: 70）と述べているため、このカテゴリーに含めた。ただし、ハーバーマスの検討そのものは、ハーバーマスを理解するという観点からなされており、そのかぎりにおいて、忠実に読むという性格も有している。

8　日本におけるハーバーマス社会理論を対象としたモノグラフ的研究としては、豊泉周二によるものがある（豊泉 2000）。豊泉は、なぜハーバーマスがコミュニケーション論的転回をとげなければならなかったのかに着目することによって、ハーバーマス理論を一つの社会理論として描きだしている。ただしこの研究では、『理論』における社会理論そのものに検討対象を限定するのではなく、より広い時期におけるハーバーマス理論を対象とし、ハーバーマス社会理論の基礎的な考え方を明らかにするという点に主眼がおかれている。

9　クックは、ハーバーマスのコミュニケーション行為理論を内在的に検討し、そのなかから、コミュニケーション行為の慣習的モードとポスト慣習的モードとを

区別することができるとする (Cooke 1994: 13)。クックは、ハーバーマスのテクストから理論的論理を読みとりながら、ハーバーマス本人が十分に自覚していない論点を明らかにするという研究上のスタンスをとっている。ハーバーマスは、『真理性と正当化』においてみずからの言語語用論にかんして文献を挙示するにあたり、自分の作品に加えて、クックの著作にだけ参照を指示している (Habermas 1999: 7=2016: 64)。このことは、ハーバーマスが、みずからの仕事の精確な理解者としてクックを評価していることの証拠である。

10　1990 年代の半ば以降、日本の研究状況において『理論』への関心がフェード・アウトした。その背景の一つとして、1992 年に『妥当性』が公刊され、ハーバーマス研究者の関心が新著の理解へと移行したということがあげられる。しかし、『妥当性』の公刊は、『理論』への関心を弱める一つの要因でしかなかった。むしろこの事態は、日本の社会学界において、社会理論研究の持つ意味あいが変化ししつつあることを示していた。

第1章　社会学の社会理論における
ハーバーマス理論の位置

1　本章の課題

　ここでの課題は、ハーバーマスの仕事を社会学の社会理論というコンテクストに位置づけることによって、ハーバーマスの仕事の意味を明らかにすることである。このことを考えるにあたって、『理論』の序論においてハーバーマスが社会学の学問的特質について言及している箇所を引きあいに出すことからはじめたい。ハーバーマスによると、政治学と経済学は、近代自然法や政治経済学から離れ、社会の部分システムとしての政治と経済とにそれぞれ対応する専門科学へと展開していった。それにたいして社会学は、政治学と経済学が専門科学化するなかで排除したことを所轄する学問として成立した。「社会学の主題は、近代国家システムの成立と、市場によって制御された経済システムの分出とによって、古いヨーロッパ社会の構成のなかに引き起こされた社会統合の変化である。社会学は、伝統的な社会の解体と近代的社会システムの創出におけるアノミー的な側面をとくに主題とする危機科学そのものとなる。たしかに、この初期条件においても、社会学は一つだけの下位システムに限定することができなかった」(Habermas 1981: I 19 = 1985: 24-25)[1]。この文脈においてハーバーマスは、パーソンズの四機能図式を引きあいに出し、社会科学の諸学科と社会のサブ・システムとのあいだには、一義的な対応関係をみてとることができるとする。

　そのことをふまえたうえでハーバーマスは、社会学が統合の部分システムだけを扱う専門科学へと純化できなかったことに注意を促す。「社会学をもまた社会統合のための専門科学にする努力は、当然のことながら、なかったわ

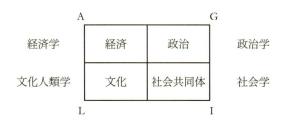

図1-1 社会の下位システムと社会諸科学（Habermas 1981: I 20 = 1985: 25）

けではない。しかし、わたしがこれから取り扱う偉大な社会理論家たちがもともと社会学者であったということは決して偶然ではなく、むしろ一つの徴候なのである。社会学は、社会科学の諸学問のなかでただ一つ、社会全体の問題への関連を保持し続けた。社会学は、つねに社会の理論でもあり続けた」(Habermas 1981: I 20 = 1985: 25)（強調はハーバーマスによる）。

　ここで、ハーバーマスの理解にしたがいながら、パーソンズの四機能図式を引きあいに出していえば、社会理論とは、これら四つのサブ・システムの理論ではなく、これら四つのサブ・システムを包括する社会そのものについての理論ということになろう。ここで、社会学という学問についてのハーバーマスの整理を、わたしなりに敷衍してみるなら、以下のように表現できると思われる。経済学と政治学は、専門科学化の過程をたどることをつうじて経済システムないし政治システムといった特定のサブ・システムだけを扱う学問になった。ところが、社会学は、統合の下位システムについての専門科学となることができなかった。社会学は、その初発の状況から、社会統合の問題を学問の焦点としてきたが、政治や経済の問題との関連抜きで社会統合のありようを十分に説明することはできない。それゆえ社会学は、社会全体との関連をたえず意識しながら、その議論を組み立てなければならなかった。そうした事情から、社会学は社会理論という研究領域をその学問のなかに組み込みながら展開せざるをえず、このことが、社会学の理論や方法にその重要な特徴を刻み込んできた。

ハーバーマスのこのような考え方は、わたしにはきわめて納得できるものであった。もちろんあらゆる社会学者がこの見解に賛同するわけではない。むしろ、社会理論にたいしてどのようなスタンスをとるかは、社会学における重要な一つの態度選択である。社会学史的にみれば、三つの考え方が有力であろう。まず第一には、社会学は社会関係の学であるべきであり、社会理論を社会学の対象領域に組み込む必要はないとするものである。総合社会学にたいする形式社会学の批判や、ジョージ・ホーマンズらの交換理論の提唱など、統合の下位システムにかんする専門科学として社会学を純化させようとする思想運動は、何度も繰り返されてきた。第二には、社会学として社会理論の研究を否定するわけではないが、社会学は実証的な経験科学なのだから、社会理論構築そのものに重きをおく必要はないとする考え方である。このカテゴリーに含まれるものとしては、ロバート・マートンによる中範囲理論の提唱や、パーソンズをグランド・セオリーと批判したライト・ミルズなどを想定している。第三は、社会学にとって社会理論の研究は不可欠であるとするものであり、もちろんこの考え方の代表者は、パーソンズである。ハーバーマスは、『理論』のなかで社会学における社会理論の展開をたどりながら、みずからの社会理論の構想を明らかにしようとしている。この点においてハーバーマスの仕事は、この第三の立場に位置づけることができる。そのかぎりにおいて、ハーバーマスは、社会学にとって社会理論というものが中心的な位置にあるとする考え方を継承しつつ、社会学理論の展開史を意識しながら、みずからの理論を構築していると考えられる。

　ハーバーマスは、『理論』においてかれ独自の社会理論の構想を明らかにしようとしている。この構想をめぐっては、さしあたって二つのことがらが確認されなければならない。まず第一には、みずからの手で社会理論を構築する必要があるという認識が前提になっている。これまでの知的遺産を振り返ってみるなら、体系性を持った社会理論として、少なくとも二つの理論を思い浮かべることができる。いうまでもなくその一つがマルクス理論であり、もう一つがパーソンズ理論である。もしこれらの理論のいずれかに依拠して現代社会のありようを解析しうると考えるのであれば、みずからの手で社会理

論の構想を呈示する必要はない。またもしマルクス理論やパーソンズ理論の部分修正で済むのだと考えていたのだとすれば、そのような形で仕事を進めたはずである。新たな出発点から理論を構想するというのには、それだけの仕事が必要だとする認識があったとみなければならない。第二には、こうした社会理論構築のこころみの持つ経路依存性である。つまり、ハーバーマスによる独自の社会理論の構想そのものは、それまでの知的遺産をふまえてなされているはずであり、ハーバーマスの社会理論は、社会理論の展開史をふまえて構築されているにちがいない。もちろん、ハーバーマスの思索の背景には、言語行為論の提唱などコミュニケーションを焦点とした新たな理論枠組みの登場や、科学論の深化といった20世紀後半の知的世界の状況が位置している。そのような新たな知的資源への着目なしには、ハーバーマスの理論的営為は成立しえなかった。しかし他方において、それまでの社会理論の展開史を無視しても、ハーバーマスの仕事は成り立ちえなかったであろう。

　本章では、そうした認識をふまえ、われわれなりの視点から、社会学の社会理論の展開史のなかに、ハーバーマスの社会理論を位置づけてみることにしたい。ここでわれわれは、『理論』のなかでハーバーマスがどのようなことを語っているのかを明らかにするのではなく、『理論』でくわだてられた社会理論構築のプロジェクトがいかなるコンテクストのなかに位置づけられうるのかを明示化したい。その意味において、われわれじしんの視点を呈示することが、ここでのねらいなのである。われわれは、われわれなりの観点で社会学の社会理論の展開史を素描することとするが、それはハーバーマスの理論があらわれるにいたる経路を明らかにするというそのかぎりにおいてであり、そのため一面的な記述にならざるをえない。たしかに、網羅的とはいえないし、詳細な論証を省略しているなど学説史的な記述としては不十分であろう。にもかかわらず、ハーバーマスのテクストそのものの検討に進むまえにこの考察を挿入するのには、それなりの理由がある。なぜいまハーバーマスを読まなければならないのかということを説得的に示すためには、ハーバーマスのテクストに内在する考察だけでなく、ハーバーマスのテクストが出現するコンテクストを確定するというこの作業がどうしても必要だと考えたからである。

2 社会学における社会理論の展開史

(1) マルクス社会理論の特質

　社会学の社会理論の展開史のなかにハーバーマス理論を位置づけるにあたって、カール・マルクスに言及することから議論をはじめたい。マルクスからはじめるということには二つの理由がある。まず第一に、なぜハーバーマスがみずからの手で社会理論を構想しようとしたのかという動機の理解とかかわっている。こんにちわれわれは、体系性を有した社会理論の候補として、マルクス理論とパーソンズ理論をすぐに思い浮かべることができる。にもかかわらずハーバーマスは、みずからの手で社会理論を構築するという方途を選択した。そうしてみると、ハーバーマスはマルクスを生かすという選択をなぜしなかったのかということを確認する必要がある。第二には、社会学史的な事情とかかわっている。社会学は、19世紀末から20世紀にかけての世紀転換期のなかでその学問的基礎を確立していった。そこで立てられた理論は、マルクス理論とは異なった理論的な基盤のもとで構築された。社会学の確立という事象を理解するにあたっては、マルクス理論との差異に注目することが有益である。

　しかし、マルクスに言及するといっても、マルクスじしんの文献も、さらにはそれについての二次文献も膨大であり、いかなるマルクス解釈を採用するかによってマルクス理論の理解はまったく異なってくる。それゆえどのようなマルクス解釈をふまえるかということそれじたいが本来は問題とされるはずであるが、ここでは、細谷昂の解釈に立脚する形で議論を進めたい（細谷1979）。細谷の研究は、社会学の社会理論というコンテクストのなかでマルクスを理解しようとするものであり、マルクス理論の社会理論としての視座と方法をきわだたせようとするところにその特徴がある。われわれはこの研究から、マルクス理解ばかりでなく、社会理論研究の着眼点を学んできた。マルクス社会理論にその基本的特徴を刻み込んでいるのが唯物史観の考え方であるが、細谷によれば、唯物史観は、以下の三つからなる重層構造として理解されなければならない（細谷1979: 299-300）。まず第一に、真の人間解放をめ

ざす実践的立場がその基層をなす。宗教的解放や政治的解放は観念のうえで
の解放にすぎず、それは不十分であるばかりか虚偽である。人間解放のため
には、なま身の諸個人やその現実の生活諸条件そのものの変革が不可欠とな
る。現実の人間生活そのものの変革が、めざされることになる。第二に、そ
こで問題となるのが、ここでいう現実の人間生活である。ここには、マルク
スの人間観が介在していると細谷はみる。つまり、人間はそれじたい自然で
あり動物である。そのため、その生命活動として、自然とのあいだにふだん
の物質代謝をおこなう。ただし、人間は、他の動物とは異なって、この物質
代謝を意識的かつ社会的活動としておこなうのであり、そのかぎりにおいて
それは、生産と呼ばれるべき活動である。この見方からすると、人間の生活
は生産としてとらえられるし、社会は生産活動の体系としてとらえかえされ
る。ここで注意されなければならないのは、生産は人間の社会生活の一部分
領域ではなく、人間の生活そのものとみなされており、生産活動の総体は社
会そのものとしてとらえられているということである。第三に、このことを
ふまえたうえで、社会的生産の必然性と客観性が主題化される。社会的生産
は、恣意的にはおこなわれない。そのことの根拠としては、物質的生産の不
可避性、生産諸力の世代的継承性、生産諸力と生産関係の対応と矛盾の関係、
商品生産社会における生産諸関係の諸個人からの自立化と物象化があげられ
るが、そうであるがゆえに、歴史的社会を、社会的生産の諸関係の総体とし
て解明することがマルクス社会理論の課題となる。そのさい、物質的生産が
同時に社会的諸関係の再生産であるという過程的再生産視点からの解明が課
題として認識されることになり、法則的認識が不可避だとされる。そこから、
「歴史的社会をまず物質的生産のしくみとしておさえ、ついでそれとの関連で、
そのなかで再生産されるものとして、意識的、精神的活動の諸領域、つまり
政治、宗教、哲学、等々のあり方を解明する、という方法的視座」(細谷 1979:
301)(強調は細谷による)が獲得されると細谷は指摘する。

　細谷によれば、マルクス社会理論は、19世紀のイギリスを経験的素材とし、
つねにその現実を表象しながら、そこから二重の抽象によってえられた理論
である(細谷 1979: 301-302)。二重の抽象とは、まず第一には、前資本主義的

要素の捨象による純粋の資本主義の想定ということであり、第二には、上部構造の捨象ということである。第一の抽象によって、一社会の再生産が全面的に商品関係によって媒介されて営まれるばあいの想定がなされている。また第二の抽象によって、資本主義は経済外的な要素によって直接媒介されることなく、商品関係という純粋に経済的な関係によって営まれる生産とみなされるのであり、資本主義は客観的な生産諸関係の仕組みとして解明可能だとされる。

　ここでさしあたり確認しておきたいのは、まず第一に、このような細谷の理解にもとづくならば、『資本論』へと結実するマルクス理論は、まさしく社会理論であって、社会の部分システムとしての経済システムの理論ではないということである。つまり、生産の体系としての社会そのものがどのような仕組みで再生産されているのかを解明する理論として、マルクス理論はみなされうるということである。しかもこのマルクス理解は、通説的な土台上部構造論とは異なったマルクス像を呈示することにつながっている。細谷の理解にしたがうなら、マルクスは、経済と、それ以外の社会生活の領域とを区別したうえで経済が基底的であるとする意味での経済決定論をとっていない。生産の体系として社会が編成されているからこそ、その論理を解明するということが表明されている。第二に、このことをふまえたうえで、この理論は、自由主義的な段階の資本主義を経験的な素材とした資本主義社会の基礎理論として理解されており、この理論がそのまま現代社会分析に利用可能であるとみなされているわけではない。この認識をふまえて、細谷は次のように述べている。「『資本論』を基礎理論としてふまえながら、特定資本主義にかんする現実の歴史過程分析ないし現状分析独自の課題があらわれてくる」（細谷 1979: 303）。「レーニン以降の今日では、『資本論』と現状分析とを媒介するものとして、独占資本主義あるいは帝国主義という段階規定が必要とされている」（細谷 1979: 304）（強調は細谷による）。社会の編成のあり方が変化すれば、社会理論の構成も変化しなければならない。マルクスが対象とした時代の資本主義社会とこんにちの資本主義社会とは質的に異なっているとする理解については、疑義をさしはさむ見解もみられるが、多くの論者によって共有されてき

た。ハーバーマスもまた、後期資本主義という表現を採用することで、この理解に支持を示しているし、公共圏の構造転換というアイデアも、この理解を前提としている。かりにこの理解に立つとするなら、マルクス理論を基礎理論として何らかの段階規定を組み込む形で現代社会分析につなげていくのか、あるいはマルクスとは異なった道具立てで現代社会把握にふさわしい社会理論を構想するのかのいずれかの方途を探る必要がある。

⑵ ウェーバーからパーソンズへ

　19世紀から20世紀にかけての世紀転換期において、社会学はその学問的な基礎固めをおこなった。そうした社会学確立期の事情についてのハーバーマスの理解については、本章の冒頭ですでに言及した。社会学は、統合の下位システムの専門科学に純化することができず、何らかの形での社会理論をその学問のなかに組み込む形で展開することにならざるをえなかった。ここでの検討の文脈において指摘しておかなければならないのは、このような社会学確立の過程において、マルクスとは異なった構成での社会理論構築への道が開かれたということである。ここでは、マックス・ウェーバーの理解社会学に代表させる形でこのことを確認したい。ウェーバーは、社会分析のための基礎的な単位として行為に着目した。ここでいう行為とは行為者じしんが主観的意味を結びつける行動のことである。「行為とは、一人または複数の行為者が主観的な意味を結びつけるところのひとびとの行動（外的な行動であれ内的な行動であれ、行動をおこさないことであれ、あるいは行動を我慢することであれ）のことであるとしよう」(Weber 1964: 1 = 1971: 85)。そうした行為のなかに社会的行為が含まれる。「「社会的」行為とは、一人または複数の行為者によって思念された行為の意味にしたがって、他者の行動へと関係づけられ、その行為の経過において他者の行動へと指向している行為のことをいうことにしよう」(Weber 1964: 1 = 1971: 85)。このような社会的行為を解明する学問として、社会学が特徴づけられる。「社会学は、社会的行為を解明しつつ理解し、そうすることによって社会的行為の経過や結果を因果的に説明しようとする学問のことである」(Weber 1964: 1 = 1971: 85)。

ウェーバーじしんの力点は、社会学にとって理解の方法が重要であるということを説得的に示すことにあった。ウェーバーは理解の方法を用いることによって、社会現象についての因果的説明の精度が高まることを強調している。理解社会学は、あくまでも社会認識の方法として位置づけられている。だが、社会学の社会理論の展開史をたどるというここでの文脈に引きつけていえば、のちにパーソンズによって行為理論として特徴づけられる社会分析の方法を提起したという点に、ウェーバーの仕事の根幹をみいだすことができる。有意味的な行動として行為の概念を規定し、それを社会現象の解明のために利用するということは、社会そのものを有意味的な現象として把握するということにつながっている。つまり、理解社会学の発想法のなかには、ひとびとの意味的な行為から織りなされたものとして社会をとらえるという考え方がはらまれているというわけである。社会学史的にみれば、ウェーバーの仕事をこのような特性を有するものとして受け止めて、それぞれの形で異なった社会理論を構想したのがパーソンズとシュッツだということになる。

社会理論の文脈のなかに引き戻してみれば、社会を有意味的な行為から成り立つものとしてとらえる行為理論のアプローチは、マルクスによって上部構造としての位置づけを与えられ捨象される事象を、社会理論のなかで中心的に位置づけている。こうした手法を、些末なできごとに止目しているにすぎないとか、ミクロな事象に拘泥していると切り捨てることも可能であろうが、われわれはむしろ、こうした行為理論アプローチの持つ社会理論的に積極的な意味を評価すべきであると考える。つまり、この行為理論のアプローチは、有意味的な行為から編成される事象が、社会そのものの再生産にとって重要であることを示唆していると理解することができる。こうした解釈にもとづけば、行為理論のアプローチは、社会の再生産における意志的要因に着目することによって、マルクスとは異なった社会理論への回路を開示しているとみなすことができる。そしてさらにいえば、この着想に体系的表現を与えたのが、パーソンズだと位置づけることができる。

パーソンズは、ウェーバーによって提唱された理解社会学を行為理論として受け止め、そこから社会理論を展開した。パーソンズの仕事のコンテクス

トをこのように理解するなら、社会理論の構成を構想するうえでのパーソンズのもっとも重要な理論的貢献は、ただたんに社会を総合的にとらえたことに求められるわけではない。むしろパーソンズの仕事は、ひとびとの意志的な活動から構成される社会性の領域を社会理論のなかにどのように組み込むのかという問いにたいする一つの回答として理解するべきであろう。

社会学の社会理論における展開をこうしたコンテクストで解釈するなら、19世紀末以降の構造転換をとげた資本主義社会の段階規定にかんする議論と、パーソンズ社会理論とを結びつけて理解することが可能になる。社会科学のさまざまなアプローチにおいて、自由主義段階の資本主義社会とは質的に異なった社会が19世紀末以降形成されてきたとする見解が有力視されており、そうした段階の社会は、さまざまなキーワードで特徴づけられてきた。たとえば、帝国主義、後期資本主義、国家独占資本主義、フォーディズム、ケインズ主義的福祉国家といったタームが、そうしたキーワードにあたる。こうしたキーワードはいずれも、こんにちの社会が、マルクスによって理論化された自由主義的段階の資本主義社会とは異なった段階にあることを表現しており、国家による経済過程への介入など、マルクスによっては上部構造として捨象された現象にむしろ焦点をあてた理論構築の方向性を示唆している。こうしたコンテクストにパーソンズ社会理論を位置づけてみれば、パーソンズの社会理論は、後期資本主義社会という歴史段階に対応した社会理論として解釈することが十分に可能である。

3 ハーバーマス社会理論の位置

⑴ 1980年代前半における現代社会理論の登場

後世の社会学史家は、1980年代前半を特別な時期として記述することになるにちがいない。というのも、このわずかな数年のあいだに、二十世紀の終盤を代表する三人の社会理論家たちが、それぞれにとって綱領的な著作をあいついで公刊したからである。まず1981年にハーバーマスの『理論』が出版され、さらに1984年にはアンソニー・ギデンズの『社会の構成』（Giddens 1984

＝ 2015）とルーマンの『社会システム』（Luhmann 1984 ＝ 1993、1995）が公刊される。この三人はいずれも旺盛な執筆活動で知られており、社会理論として重要な著作はほかにも思い浮かぶが、それぞれにとって理論的な主著とみなすべき著作を一冊だけ選ぶとするなら、これらの書名があげられるにちがいない。それだけに、この三冊が同時期に刊行されたということは、驚きを呼びおこす。

　これらの著作が同じ時期に公刊されたということは、たんなる偶然にすぎないと片づけることもできるが、それなりの理由をあげることは、十分に可能である。それには、実際的な事情と社会学史的な事情の二つがかかわっている。まず実際的な事情としては、この三人の生活史的な同時代性を指摘することができる。1926 年生まれのルーマンと 1929 年生まれのハーバーマスとは、まさに同世代であり、ドイツの知的世界のなかではライバル関係にあった。ギデンズは 1938 年生まれであり、ルーマンやハーバーマスよりほぼ 10 歳若いが、すでに 1970 年代より著作を公刊し注目されてきた。活動時期が重なりあい、また理論的公共圏で相互に刺激しあう関係が、それぞれの著作として結実したと推論することは、決して不自然ではない。たしかに、ハーバーマスとルーマンの論争書は著名であるが、それ以外には、ハーバーマスへの批評論文をギデンズやルーマンが執筆したりする程度で、この著者たちの仕事量の多さから勘案すると、著者相互の直接対決はむしろ少ないというべきであろうが、たがいに仕事を意識しあっていることは、それぞれの仕事の端々から読みとることができる。ヨーロッパの知的世界のなかでたがいに刺激を与えあってきたことは疑いようもない。

　もう一つの理由は、社会学における社会理論の展開史とかかわっている。これらの著作は、かれらがみずからの社会理論の構想を明示したものである。そうしてみると、かれらには、みずからの手で社会理論を構築しなければならない必然性があったということが推定されうる。そしてみずからの手でということは、これまでも指摘してきたように、マルクスに依拠するのでもなければパーソンズに依拠するのでもないということをいいあらわしている。このことにあらためて注目してみると、次の事実に行きあたる。すなわち、

かれらがこれらの著作へといたる理論的な仕事をしていた 1970 年代は、ポスト・パーソンズが話題とされる時期だったということである。さらにここで一つの補助線として、ポスト・パーソンズにおけるアメリカ社会学とヨーロッパ社会学の違いを参照しておきたい。アメリカでは、トーマス・ウィルソンが整理してみせたように、規範パラダイムと解釈パラダイムの対立として、ポスト・パーソンズが語られた (Wilson 1970)。つまり、パーソンズを規範重視の社会理論家として特徴づけたうえで、それへの対抗理論として、解釈過程に焦点をあてた社会理論が提唱されたのである。シンボリック・インタラクショニズム、現象学的社会学およびエスノメソドロジーはそのようなものとして位置づけられた。だが、このような解釈パラダイムの社会理論は、社会そのものというよりは、行為者じしんにとって身近な世界へと、つまりは生活世界へとその関心をシフトさせていた。この理論潮流においては、社会理論は事実上、生活世界論へと収縮した。それにたいして、ここであげたハーバーマス、ルーマン、ギデンズといった社会理論家は、総体としての社会を主題とする意味での、社会の理論にあくまでもこだわり続けた。かれらにとってのポスト・パーソンズは、社会理論におけるパラダイム転換を意味していた。つまり、社会理論の構築というプロジェクトそのものはパーソンズから継承しつつ、パーソンズとは異なった理論を構築することをめざしたのである。

　ルーマン、ハーバーマス、ギデンズの社会理論は、その理論的基礎がそれぞれ異なっており、それらにたいしては、社会システム理論、批判的社会理論、構造化理論といった別々の名称が付与されている。だが、ここで確認しておきたいのは、理論的な道具立ての違いにもかかわらず、これらの理論からは、理論的にみて共通の指向性を読みとることができるということである。まず第一に、ウェーバーからパーソンズへといたる系譜の行為理論に依拠した社会理論の限界突破がめざされている。この点についてより詳しくいうなら、まず行為があってその特殊ケースとして社会的行為があり、そうした社会的行為が連接して社会が形成されているという見方を明確に否定し、むしろコミュニケーションないし相互行為という独自の構成水準に目を向けようとしているのである。コミュニケーションないし相互行為のなかでの反照的

なやりとりこそが基底的であり、そこで作動する論理を析出することが理論的な課題となる。第二に、このことと関連して、これらの社会理論では、主体と客体、部分と全体といった図式的な発想法そのものが相対化される。第三に、これらをふまえて、社会をより流動的な位相においてとらえうる理論枠組みの構築がめざされている。もちろん、社会理論はもともと社会の再生産を説明しうることをめざしているわけだから、社会を流動的位相においてとらえようとしてきたはずである。反照的な論理へと着目し、それを解明しうる理論的論理を組み込むことによって、社会をより流動的位相で把握しうることがめざされている。

ここでさしあたり確認しておきたいのは、ルーマン、ハーバーマス、ギデンズといった理論家は、ポスト・パーソンズというコンテクストのもとで社会理論の構築という仕事に取り組んだということである[2]。そのさいかれらは、パーソンズを乗りこえるという方向性を、規範パラダイムから解釈パラダイムへの移行としてではなく、社会理論そのものの転換として構想した。だが、社会理論の転換がなぜ要請されるのかということを考えてみると、やはり二つの可能性が想定されうる。その一つの可能性は対象の変化ということであり、もう一つの可能性は理論的な転換ということである。つまり、前者であれば、パーソンズ理論が対象としていた社会が大きく変質したため、新たな理論枠組みが必要になったということであり、後者であれば、パーソンズの社会理論には理論的な不具合があるため、新たな理論枠組みを必要とするということになる。また後者のばあいであれば、こんにちではパーソンズじしんがよく認識していなかった発想法に依拠して議論を立てることが可能であるため、新たな社会理論を構築することができる、といった説明が可能である。われわれの理解では、基本的には、対象の変化という第一の可能性ではなく、あくまでも理論的なヴァージョン・アップという第二の可能性が、かれらについてあてはまっている。

ここで、基本的にはという留保を付与したことについて、補足しておきたい。理論的な転換ということにかんしていえば、対象とする社会をどのように規定するのかということと密接に関連している。ここでわれわれは、社会

理論の展開を大きくいって、マルクスからウェーバーをへてパーソンズへと
いたり、さらには現代社会理論(ハーバーマス、ルーマン、ギデンズ)へと通じる
という系譜で理解している。こうしたコンテクストを解釈するにあたって重
要な鍵となるのが、後期資本主義社会という時代区分である。もしわれわれ
の眼前にある社会が後期資本主義社会であるとするなら、マルクス社会理論
をそのまま使用することはできない。他方、後期資本主義という現実に符合
する形で登場したのが社会学の行為理論であり、その着想を体系化したのが
パーソンズだと理解するなら、パーソンズ社会理論は、パーソンズがそのよ
うに明示的に語っていないとしても、後期資本主義社会の理論だと解釈する
ことは十分に可能である。それでは、現代の社会理論家たちの仕事は、どの
ように位置づけられるであろうか。かれらは、現代社会がさらに構造転換を
とげて、次の段階に入ったと論じているわけではない。つまり、ポスト後期
資本主義社会といった時代区分を打ちだしているわけではない。ただし、明
確な段階規定を採用しているわけではないとしても、眼前の社会が不安定さ
を増しているという感覚は、現代の社会理論家たちには見受けられる。たと
えばハーバーマスは、『理論』の序文において、次のように語っている。「同時
代史的なモチーフは、明白である。西洋社会は、1960年代の末以降、西洋合
理主義の遺産がもはや疑われることなく妥当することのない状態に近づいて
いる。(おそらくドイツ連邦共和国においてはとりわけ印象的な)社会国家的妥協を
基盤として達成された内的関係の安定化は、いまや社会心理的・文化的支出
の増加を余儀なくさせている。他方また、一次的には押しのけられたが決し
て克服されてはいない、超大国のあいだの関係における不安定さが、ますま
す鮮鋭に意識されるようになっている」(Habermas 1981: I 9 ＝ 1985: 17)。第二次世
界大戦後の相対的に安定した社会体制は終焉を迎えた。社会秩序が、より不
安定で不確実な基盤のもとに成りたっているというのはこの時代の共通感覚
であり、そこから、この状況をとらえうる理論を追究したいという動機が生
じる。この意味において、パーソンズとは異なった社会理論を構想する背景
には、社会という対象の側の変化がかかわっているとみることができる。た
だ、パーソンズにたいするかれらの距離感は、直接的には、理論的な違和感

に由来するものと理解できるように思われる。つまり、社会状況が変化したためにパーソンズ理論が有効性を失ったとみなしているのではなく、そもそも現代社会をとらえそこねていたと認識していたということである。それには、新たな知的資源の登場も関与している。現代の社会理論家たちにとってみれば、言語論的転回も、ポスト実証主義的科学論の登場も、既知のことがらであり、これらを前提としてみずからの理論を構想しなければならなかった。現代の社会理論家たちは、新たな知的資源を活用しながら、パーソンズとは異なった社会理論を構想したと理解することができるだろう。

⑵ ハーバーマスにとってのパーソンズ社会理論の意味

　ここでのわれわれの課題は、社会学の社会理論の展開史というコンテクストのなかにハーバーマスの仕事を位置づけることによって、ハーバーマスのプロジェクトの意味を鮮明にすることであった。これまでわれわれは、『理論』が執筆されるにいたる社会学的なコンテクストを素描してきた。このコンテクストのなかでハーバーマスのテクストを読むことによって浮かびあがってくることがある。ここで、『理論』の序言における次の一節をみてみよう。

　　コミュニケーション行為という基礎概念は、たがいに交差しあう三つのテーマ複合へ接近することを可能にする。すなわち、まず第一にコミュニケーション合理性の概念が問題になる。この概念は十分に懐疑的に展開されているが、それでもなお理性を認知的・道具的に切り詰めることに抵抗する。第二に社会の二層的な概念が問題になる。この概念は生活世界のパラダイムとシステムのパラダイムをただたんに修辞学的にとどまらないやり方で結びつける。そして第三には、モデルネの理論が問題となる。この理論は、こんにちますます可視的に浮かびあがっているタイプの社会病理を、コミュニケーション的に構造化された生活領域が、自立化し形式的に編成された行為システムの要求に従属しているという想定によって説明する。したがってコミュニケーション行為理論は、モデルネのパラドックスにあわせて切りそろえられた社会の生活連関の概

念化を可能にするはずのものなのである（Habermas 1981: I 8 ＝ 1985: 16）。

　この箇所においてハーバーマスは、コミュニケーション行為という基礎
概念から出発することの意義を語っている。もちろんこの一節は、ハーバー
マスによる自説の表明であるが、そればかりでなく、これまでたどってきた
コンテクストを意識すれば、パーソンズ社会理論にたいする代案呈示として
理解することが可能になる。いま引用した一節を敷衍してみるなら、次のよ
うにいいあらわすことができる。主意主義的行為理論のような目的活動を範
型とする行為理論から、コミュニケーション行為を範型とする行為理論へと、
理論的な基盤を転換させる。このことをふまえて、あらゆる行為連関をシス
テムとして表象するのではなく、生活世界とシステムという二層的な社会概
念を導入する。さらには、現代社会をとらえるにあたって、機能分化の進展
にともない価値の一般化が進行し包摂が拡大するといった近代化の肯定的側
面をとらえる理論枠組みではなく、システムによる生活世界の植民地化とい
うテーゼで示されるような、社会発展のなかで生じる病理的な側面をも把握
しうる理論枠組みを構想する。このように語句を補ってみるなら、この一節
がパーソンズを意識して書かれていることは明らかである。
　このことは、一見すると意外なことであろう。ハーバーマスは、西欧マル
クス主義の系譜に連なるフランクフルト学派第二世代の旗手であり、ルーマ
ンとの論争で知られるように機能主義的社会理論にたいして激しい反発を表
明してきた。『理論』の第 2 分冊に「機能主義的理性の批判」という副題が付さ
れていることも、こうした理解を支持している。フランクフルト学派の思想
の継承というコンテクストでハーバーマスのテクストを取り扱うと、パーソ
ンズとの関係という論点は見過ごされがちである。しかし、社会学における
社会理論の展開史のなかにハーバーマス理論を位置づければ、ハーバーマス
がパーソンズを意識し、それへの代案としてみずからの社会理論を構想する
ということは、むしろ当然のことと理解できる。
　しかし、ハーバーマスはパーソンズから何を学んでいるのだろうか。これ
まで確認してきたのは、ハーバーマスがパーソンズとは異なった社会理論を

構想するにいたるコンテクストであった。しかし、社会理論のあり方を左右するのは、どのように異なるかということであろう。ここでは、ハーバーマスの基本的な構想を理解するという目的のかぎりにおいてのみ、『理論』のパーソンズ論を参照しておきたい。ハーバーマスは、「社会理論の構成問題」をもっとも先鋭的に問い続けた理論家としてパーソンズを位置づけている。ハーバーマスが「社会理論の構成問題」と名づけているのは、「システム理論と行為理論はどのようにして基礎概念的に結びつけられうるのか」(Habermas 1981: II 301 ＝ 1987: 134) という問いである。この問いを、『理論』の別の箇所では、「行為・生活世界のパラダイムとシステムのパラダイムを結びつけるというパーソンズにおいてはじめて明示的にあらわれでる問題」(Habermas 1981: II 498 ＝ 1987: 21) と表現している。

　ここで、次章以下の議論を先取りする形になるが、行為理論とシステム理論という用語の意味をはっきりさせるという目的のためだけに、生活世界とシステムの概念について触れておきたい。ハーバーマスは、コミュニケーション行為をつうじて再生産される日常的な意味の世界のことを生活世界と呼んでいる。それにたいして、そこから自立化し物象化した行為連関のことをシステムと特徴づけている。このことに関連してハーバーマスは、二種類の統合メカニズムについて言及している (Habermas 1981: II 179 ＝ 1987: 14-15)。社会の統合は、社会統合とシステム統合とから成り立っている。社会の統合を考察するにあたっては、行為者たちの行為指向をたがいに調整させる行為整合のメカニズムと、行為結果の機能的なネットワーク化をつうじて意図されざる行為連関を安定化させるメカニズムとを峻別しなければならない。前者のばあいの統合は、コンセンサスによって生みだされており、そうしたコンセンサスは、規範によって確かならしめられたり、コミュニケーションによって達成されたりする。それにたいし、後者のばあいの統合は、個々の決定にたいする非規範的な規制によって生みだされており、そうした規制は、行為者の意識を越えてのびでている。ハーバーマスは、前者のばあいの統合を社会統合、後者のばあいの統合をシステム統合と呼ぶ。このように社会の統合メカニズムを二つに区別するなら、社会の概念も二つに区別される。一方にお

いて、行為する主体のパースペクティヴからすると、社会は、社会的グルー
プの生活世界としてとらえられる。他方において、観察者のパースペクティ
ヴからすると、社会は、行為のシステムとしてのみとらえられる。ハーバー
マスによると、生活世界とシステムという社会概念は、近代社会の現実のな
かからつかみだされている。近代社会は、意味的に構造化された生活世界と、
そこから自立化し物象化した行為連関としてのシステムとからなる二層的な
ものとして成り立っている。生活世界の構造を把握しその再生産メカニズム
を追究するためには、関与者の内的なパースペクティヴから出発し、そうし
た意味世界のあり方を再構成するアプローチを必要とする。こうした理論ア
プローチを、ハーバーマスは行為理論と呼ぶ。他方、物象化された行為連関
をつうじた行為結果のネットワーク化のメカニズムを追究するためには、観
察者のパースペクティヴから出発し、この行為連鎖をシステムとして考察す
る必要がある。ハーバーマスは、この理論アプローチをシステム理論と呼ん
でいる。

　ハーバーマスからすると、行為理論とシステム理論の綜合という理論的課
題は、近代社会の現実のなかから読みとられた方法論的要請である。近代社
会は、意味的な世界としての生活世界と、そこから自立化した行為連関とし
てのシステムとから成り立っている。だからこそ、意味的な世界の再生産メ
カニズムを説明する行為理論と、行為結果のネットワーク化のメカニズムを
説明するシステム理論の両者が必要なのであり、この両者をどのように綜合
するかが社会理論の中心的な課題となる。ハーバーマスからすると、この理
論的課題を追究し続けたのがパーソンズなのであり、パーソンズの理論展開
は、こうした探求の結果として読まれなければならない。

　ここでは、ハーバーマスによるパーソンズ解釈の細部には立ち入ることは
できない。ハーバーマスが「社会理論の構成問題」を問い続けた理論家として
パーソンズを位置づけていることだけを、確認しておきたい[3]。このことを確
認するなら、ハーバーマスがパーソンズに言及する意味が明確になるであろ
う。ハーバーマスは、社会理論構築をめぐるパーソンズのこころみが不成功
に終わったとみる。しかし、行為理論とシステム理論の綜合という問いその

第1章　社会学の社会理論におけるハーバーマス理論の位置　4I

ものからは、学ぶところが多い。だからこそ、ハーバーマスは、『理論』において、パーソンズにたいする代案呈示ともいうべき仕方で、みずからの社会理論の構想を語っているのである。

⑶「社会理論の構成問題」の社会理論史上の位置づけ

　ハーバーマスは、社会理論の構成問題を現代社会理論の中心的な課題であり、それを追究した理論家としてパーソンズを位置づけ、パーソンズにたいする代案呈示としてみずからの社会理論を構築した。ただ、この議論には一つの前提があることを確認しておかなければならない。つまり、この問題へのマルクスによる解法が首肯性を失っていたということである。ハーバーマスは、システムと生活世界という概念を、近代社会の現実のなかから読みとっている。つまり近代社会において、生活世界とシステムとの遊離という事態があるからこそ、この概念は使用されうる。ただし、いったんつかみだされた概念は、より一般的に使用可能であり、歴史上の他の時代にも使用可能であるとされる。そうした文脈において、部族社会からの社会発展は、生活世界からシステムが遊離する過程として記述される。ハーバーマスからするなら、近代国家アンシュタルトや近代資本主義が生活世界から自立化していることが、システムと生活世界という概念構成が要請される前提であり、その意味において、「社会理論の構成問題」そのものは、近代社会全般にあてはまる問題である。しかし、この問題が先鋭化する前提は、マルクスによる解答が首肯性を失うような状況の出現であり、つまりは後期資本主義社会とでもいわれるような状況が、この問題への取り組みを促したと理解することができる。

　ここであらためて、われわれのハーバーマス解釈の方向性を明確にするために、佐藤勉の仕事に言及しておきたい。佐藤勉は、ハーバーマスの示した行為理論とシステム理論の綜合という論点に強い関心を示し、社会学的機能主義の展開というコンテクストのなかでハーバーマス理論の意義と限界を見極めようとした (佐藤勉 1983a、1983c、1983d、1984) [4]。佐藤勉は、結局のところ、方法論的個人主義と方法論的集合主義の対立という文脈のなかにハーバー

マスの議論をも位置づけ (佐藤勉 1997a、1997b)、この問題のもっともラディカ
ルな止揚のこころみとしてルーマン理論を高く評価した。他方、ハーバーマ
ス理論は、主体哲学の限界内にとどまり、ラディカルな転換には失敗してい
るとみなされる。方法論的個人主義と方法論的集合主義の対立とその止揚と
いうのは、社会学史上有力な文脈設定の一つではあるが、われわれはこの文
脈理解をとらない。われわれは、社会理論の展開というコンテクストのなか
でこそハーバーマスの仕事の意味が明らかになると考える。われわれは、マ
ルクス社会理論において上部構造として捨象された社会性の領域を、社会理
論のなかに適切に位置づけることが後期資本主義社会に対応する社会理論に
とって中心的な理論的課題であると理解し、ウェーバーからパーソンズへと
いたる社会学の展開をこの課題に対応するこころみとして解釈した。さらに、
パーソンズ理論にたいする違和感が、現代の社会理論家たちに、それぞれ独
自の社会理論を構築するよう促したものと理解した。パーソンズとハーバー
マスとの関係にかんしていえば、ハーバーマスは「社会理論の構成問題」を問
い続けた理論家としてパーソンズを位置づけている。行為理論とシステム理
論の綜合という課題は、さきにあげた問題、つまり後期資本主義社会の現実
に対処することを想定したときに、マルクスが上部構造として理論的に捨象
した社会性の領域をどのように位置づけうるのかという問いに一般的な表現
を与えたものであると考えられる。生活世界の概念を社会理論の基礎概念と
して位置づけ、それとの関連でシステムの概念を導入するというハーバーマ
スの理論戦略の意味は、このコンテクストのなかでこそ、はじめて十分に理
解できるはずである。

　さらにいえば、これまでわれわれは、明示的に言及しなかったが、このよ
うな解釈をするにあたって、つねに念頭にあったことがらがある。それは、日
本の社会科学のなかでマルクス・ウェーバー問題として取り扱われてきた一
連の論争であった。社会科学の基礎をめぐるこの論争は、整理の仕方しだいで、
社会認識の客観的アプローチと主観的アプローチの対立とも、経済一元論と
多様な意味領域を扱いうる複眼的視角との対立とも、位置づけられた。われ
われは、この論争を、それがおこなわれた時間と空間から隔たった地点から

眺めていることもあり、当事者たちがおこなってきた整理とは違った形で、そうした議論を生かすことができると理解した。つまり、たんに社会科学方法論上の対立ではなく、社会理論の実質的な編成のあり方をめぐる問題として、この論争を解釈しなおすことができるのではないかと考えた。そのように理解すると、この問題を現在の知的状況のなかで考えるためには、パーソンズおよびそれ以降の社会理論家の仕事が参照されなければならないはずである[5]。

⑷ 社会理論のコミュニケーション理論的転回へ

　社会理論をめぐるハーバーマスの仕事のもっとも独創的な点は、言語行為論に着想をえて展開したコミュニケーション行為理論をもとに、現代社会理論を構築したということである。この意味において、ハーバーマスは、社会理論のコミュニケーション理論的転回を遂行しようとしたと特徴づけることができる。次章からわれわれは、その内容について検討を加えていく。

　ハーバーマスについて語ろうとするとき、ここから出発してもよかったはずである。ハーバーマスは、社会理論のコミュニケーション理論的転回を企図している。それゆえ、その内容を検討したいのだと。しかし、コミュニケーション理論というのは、あくまでも理論構築上のツールにすぎない。このツールそのものの有効性というのは重要な論点だが、そのツールを使って何をしようとしたのかは、さらに重要な問題である。われわれは、ハーバーマスの仕事の意味がどこにあるのかについて、一定の考えをあらかじめ示しておきたかった。そこで、かれの仕事が登場するにいたるコンテクストについて言及したのである。

44

【注】

1 　なお本書においては、引用する訳文は必ずしも訳書どおりではない。
2 　ここでさしあたり述べていることは、かれらがいずれもポスト・パーソンズと
いうコンテクストを意識していたということである。パーソンズにたいする距離
感は、三者三様である。にもかかわらず、『社会の構成』の序文から読みとること
ができるように、パーソンズからもっとも遠いとみなされるギデンズでさえ、ポ
スト・パーソンズというコンテクストを意識せざるをえなかった。もちろん、ポ
スト・パーソンズというコンテクストを意識することと、社会理論の内容におい
てパーソンズから影響を受けることとは、まったく別のことがらである。
3 　ハーバーマスのパーソンズ解釈については、永井(1998)を参照。
4 　マルクス主義と機能主義の対立という1980年頃ではまだ常識的であったコン
テクストにとどまるのではなく、むしろ同一の理論的問題のもとにパーソンズ、
ルーマンおよびハーバーマスを位置づけて論じるという視点を示したことは、佐
藤勉の重要な貢献である。マルクス主義と機能主義の対立というコンテクストで
あれば、そもそも立場が違うということにしかならない。ハーバーマスとルーマ
ンとは、たしかに理論構想においては対立しているが、理論内容について相互に
意識せざるをえないほど近いとみなすことができる。立場が違うということだけ
であれば、理論内容について意識する必要はない。
5 　われわれは、『現代社会の歴史的位相』(山之内1982)から『システム社会の現代
的位相』(山之内1996)へといたる山之内靖の一連の仕事から多くの示唆を与えら
れた。もちろん個々のテクストの読みや評価については同意できない点があるし、
構想するストーリーも大きく異なる。しかし、パーソンズやそれ以降の現代社会
理論を、マルクス・ウェーバー問題の現代的展開という社会科学の基本的な問題
構成と関連づけて解読していく手法は、いまなお啓発的である。

第2章 コミュニケーション行為理論の論理構造

1 本章の課題

　われわれは、本章において、『理論』の段階でのコミュニケーション行為理論の論理構造を解明する。そのさいわれわれは、コミュニケーション行為理論を、コミュニケーション行為概念を基軸として構成される相互行為理論のこととして理解する。もちろん、あの大著のタイトルが『コミュニケーション行為の理論』と名づけられているという事実を念頭におけば、コミュニケーション行為概念を起点として構成される社会理論そのものについても、コミュニケーション行為理論と呼ぶことは可能である。だが、本書では紛らわしくなることを避けるため、それについては二層の社会理論ないし社会理論という表現を用いることとし、コミュニケーション行為理論という呼称は相互行為理論だけに使用することにしたい。

　そのことをふまえたうえで、まずはじめに、ハーバーマスの構想するコミュニケーション行為理論には、二重の意味があることを確認しておきたい。つまり、コミュニケーション行為理論は、それじたいとして相互行為理論であると同時に、社会理論の基礎理論でもあるということである。たしかにコミュニケーション行為理論は、直接的には相互行為関係について説明をおこなっているのだから、相互行為理論にほかならず、相互行為理論としての妥当性いかんという点で吟味される必要があるが、そればかりでなく、コミュニケーション行為理論は、ハーバーマスの社会理論そのものを方向づけているのであるから、コミュニケーション行為理論についてはむしろ、社会理論の基礎理論として適切なのかどうかという観点を重視して検討がなされるべきである。

本章では、コミュニケーション行為理論について、『理論』の段階における
という限定を付与している。この留保条項には二つの意味がある。まず第一に、
コミュニケーション行為理論にかんして『理論』以降になされた修正について
は、別途検討する（このことは第3章の課題となる）。第二に、『理論』という著作
でのコンテクストをふまえて、コミュニケーション行為理論の検討をおこな
うということである。

　『理論』の段階においてハーバーマスが強く意識していたのは、行為理論の
パラダイム転換とでもいうべき仕事であった。ハーバーマスの見地からする
と、ウェーバー＝パーソンズ流のこれまでの行為理論においては、目的活動
（Zwecktätigkeit）としての行為を基軸として行為理論が組み立てられていた。つ
まり、さしあたっては孤立したものとしてとらえられた行為主体が客体へと
はたらきかける行為を出発点として、行為理論が構築されていたというので
ある。しかし、ハーバーマスの観点からすれば、そのような行為のとらえ方
では行為の社会性を十全には理論化しえず、それゆえ社会理論の基礎視角と
しては不十分なものとならざるをえない。だからこそ、目的活動からコミュ
ニケーション行為へと行為理論の鍵概念を転換させることが必要となる。

　ここでは、行為理論のパラダイム転換というコンテクストを念頭において、
コミュニケーション行為理論の検討をおこなう。そのことの直接的な理由は、
この時点におけるハーバーマスじしんが、このコンテクストを強く意識して
いたからであった。そして、このことは『理論』という著作の性格づけとかか
わっていた。つまりかれの構想する社会理論を首肯的なものとして呈示する
ということこそが『理論』の主題だったからであり、だからこそハーバーマス
は、コミュニケーション行為理論が社会理論の基礎理論であるということに
留意して議論を展開している。本書のねらいは、ハーバーマス社会理論の論
理構造を精確に解析するというところにあるので、こうしたハーバーマスの
コンテクストを利用する形で検討をおこなうこととする。ただ、あえて付言
しておくなら、われわれはここであくまでも、忠実に読むのではなく精確に
読むという方法を選択している。たしかに、行為理論のパラダイム転換とい
うコンテクストを意識しながら解読するということは、ハーバーマスじしん

の意図にもそくしている。そのかぎりにおいて、この解読は忠実に読むという性格も有しているが、われわれにとって決定的に重要なのはハーバーマスじしんの意図に合致しているかどうかではなく、テクストにどのような論理が貫徹しているかなのである。

　ただし、その後のハーバーマスの著作をふまえて『理論』を読みなおしてみるなら、コミュニケーション行為理論をめぐってはもう一つの隠されたコンテクストがあることに気づかされる。それは、「事実性と妥当性の問題圏」とでも名づけられるべきコンテクストである。その内容および理論的な意味あいについては、終章で検討したい。

　本章では、序章で論じたように、精確に読むという方法によって解析を進めたい。そのさい、抽象水準の移行やパースペクティヴの転換といった理論構築の技法がどのように使用されているのかについて留意したい。本章は、コミュニケーション行為概念を基軸とした相互行為の理論を主題とする。そのかぎりにおいて、基本的に相互行為という同一の水準にとどまって議論が進められている。だが、そのなかでもパースペクティヴの転換といった論理展開の技法は用いられている。そうした論理の展開に留意して検討をおこないたい。

　本章では、ハーバーマスの論理構成にそくして、コミュニケーション行為理論の論理構造をつかみだすようにつとめたい。そこでまず、コミュニケーション行為を準拠点とした行為類型論について検討を加え、この行為類型論における基本的な論点がコミュニケーション行為と戦略的行為とに社会的行為を分けるその分類の仕方にあることを示す(第2節)。ついで、コミュニケーション行為と戦略的行為との区分についてさらに検討を深め、コミュニケーション行為の基本的特質は何かを解明する(第3節)。さらに、それまでの検討で確認されたことがらにもとづいて、コミュニケーション行為の下位類型について、整理をおこなうとともに、コミュニケーション行為の概念を理解するうえで重要ないくつかの論点について検討する(第4節)。そして最後に、コミュニケーション行為理論の論理構成の特徴について再確認したうえで、コミュニケーション行為理論がハーバーマスの社会理論の構成にたいしてい

48

かなる意義を有しているのかを明らかにする(第5節)。

2 行為類型論の設定

(1) 行為類型論の呈示

　ハーバーマスは行為理論のパラダイム転換を提唱し、目的活動からコミュニケーション行為への行為理論の鍵概念を移行させるべきことを提案している。(さしあたっては単独の)行為主体が客体へとはたらきかける目的活動を原型にして行為をとらえるのではなく、複数の行為者のあいだでの意思疎通にもとづいて何らかのはたらきかけをおこなうコミュニケーション行為を原型として行為をとらえるべきだ、との提唱をハーバーマスはおこなっている。ハーバーマスからすれば、コミュニケーション行為を出発点とすることによってのみ、社会的行為の理論化をはかることができ、社会理論たりうる行為理論を構築することができる。だからこそハーバーマスは、コミュニケーション行為を準拠点とした行為類型論を設定している。ここではまず、ハーバーマスが提唱する行為類型論の内容について確認しておくことにしよう。

　ハーバーマスは行為というものを、道具的行為(instrumentelles Handeln)、戦略的行為(strategisches Handeln)およびコミュニケーション行為(kommunikatives Handeln)の三つの類型に分類し、**図2-1**の行為類型論を呈示している。

行為の指向 / 行為の状況	成果に指向した	意思疎通に指向した
非社会的	道具的行為	—
社会的	戦略的行為	コミュニケーション行為

図2-1　ハーバーマスの行為類型論 (Habermas 1981: I 384 = 1986: 21)

ハーバーマスによるこれら三つの行為の説明をまとめれば、以下のように
いいあらわすことができる (Habermas 1981: I 385 ＝ 1986: 22)。

①道具的行為
　　成果 (Erforg) に指向した行為のうち、行為の技術的規則にしたがうとい
　う側面がとりあげられ、状態とできごとの連関へと介入するさい、その
　効果の程度が評価されるというばあいの行為。
②戦略的行為
　　成果に指向した行為のうち、合理的選択の規則にしたがうという側面
　が取りあげられ、合理的な相手のおこなう決定にたいして影響力を行使
　するさい、その効果の程度が評価されるというばあいの行為。
③コミュニケーション行為
　　関与している行為者たちの行為計画が、自己中心的な成果計算をつう
　じて整合されているのではなく、意思疎通 (Verständigung)[1] の行為をつう
　じて整合されているばあいの行為。

　ここで、図2-1 をみると、行為というものを分類するにあたってハーバー
マスは二つの基準を導入していることが分かる。すなわち、まず第一には、
行為状況が社会的かそうでないかという基準であり、第二には、行為が成果
に指向しているかそれとも意思疎通に指向しているかという基準である。そ
こで、これらの基準について検討を加えておくことにしよう。
　まず第一の基準についてみると、ここでは、行為主体が自然へとはたら
きかけて何らかの成果をえようとする道具的行為が、他者との社会関係のも
とで何らかの成果を獲得しようとする戦略的行為やコミュニケーション行為
と対比されている。「道具的行為は社会的相互行為と結びつくことができる」
(Habermas 1981: I 385 ＝ 1986: 22) けれども、道具的行為そのものは社会的行為
ではない。これにたいして、戦略的行為やコミュニケーション行為はそれじ
たいが社会的行為である。そうしてみると、さしあたりここでは、行為とい
うものが他者との社会関係によって媒介されているかどうかによって分類さ

50

れているということができよう。

　ついで第二の基準についてみると、ここでは、成果に指向した行為としての道具的行為や戦略的行為が、意思疎通に指向した行為としてのコミュニケーション行為と対比されている。そのさいハーバーマスによれば、「成果は、所与の状況のなかで、目標指向的な行動あるいは行動停止によって引き起こされうる、世界のなかでの望ましい事態の出現として定義される」(Habermas 1981: I 385 = 1986: 21)[2]。つまり行為者は、所与の状況において、目標に指向して行為することによってかれじしんにとって望ましい事態を因果的に引き起こすことができるわけだが、成果とは、そうした望ましい事態の出現のことにほかならないという。そうしてみると、成果に指向した行為とは、この意味での成果の獲得を何よりもまずめざす行為のことだということになる。このばあい、他者の意向にかかわりなく成果の達成がめざされるという点に、このタイプの行為の特徴がみいだされる。それにたいして意思疎通に指向した行為というのは、他者とまず意思疎通をしようとし、そこで成立した相互了解にもとづいてはじめて何らかの成果を獲得しようとする行為だということができる。このばあい、個々の行為者がはじめに設定した目標を一方的に達成しようとするわけでは決してない。行為者のあいだで成立した相互了解にもとづいてのみ、何らかの成果の獲得がめざされるという点に、意思疎通に指向した行為の特徴がみいだされる (Habermas 1981: I 385 = 1986: 22)。

　ここで、道具的行為が成果に指向した行為だというのは、すぐに理解できることであろう。すでにみたとおり道具的行為とは、行為者がかれじしんにとって望ましい目標を設定し、それをめざして自然へとはたらきかける行為のことのほかならない。この行為は、さしあたっては他者との社会関係に媒介されていないため、成果の獲得をめざすということが行為の基本的な構造として明瞭に読みとられうる。そうしてみると、論議の対象となりうるのは、社会的行為を成果に指向した行為としての戦略的行為と、意思疎通に指向した行為としてのコミュニケーション行為とに分類するその仕方だということになるだろう。ハーバーマスからすれば、戦略的行為とコミュニケーション行為の違いは、さしあたり次のように説明することができよう。すなわち、

第2章　コミュニケーション行為理論の論理構造　51

戦略的行為のばあいは、ある行為者が設定した目標の達成のために他者を利用するという行為であり、最初からしかるべき成果の獲得がめざされている。これにたいしてコミュニケーション行為のばあいは、まず行為者のあいだで意思疎通をしようとし、そこで成立した相互了解にもとづいてのみ何らかの成果を獲得しようとしている。ある行為者が抱いた目標を一方的に達成しようとするわけではないという点に、コミュニケーション行為の特徴があるとされているのである。

　とりあえずここまでの説明をふまえて、道具的行為、戦略的行為およびコミュニケーション行為という三つの行為について、われわれなりに敷衍すれば、次のように定義することができる。

①道具的行為
　　（さしあたっては単独の）行為者が、自己の目標達成のために自然へとはたらきかけて何らかの成果を獲得しようとする行為。
②戦略的行為
　　ある行為者が、他の行為者の行為を自己の目標達成のための手段として利用しようとする行為。当の行為者は、他の行為者がどう行動するかを読み、そうした予期をふまえてどのようにはたらきかけたら自分の目標を達成できるかを計算し、他者へと影響力を行使することをつうじて他者の側に何らかの行動を引き起こさせ、そのことによって行為者じしんにとって望ましい事態を生じさせようとする。
③コミュニケーション行為
　　行為者のあいだでまず意思疎通をしようとし、そこで成立した相互了解にもとづいて何らかの成果を獲得しようとする行為。

なおハーバーマスは、目的論的行為(teleologisches Handeln)という行為概念を用いることがある。目的論的行為は、道具的行為と戦略的行為の両者を含んでいる。ハーバーマスは、目的論的行為を次のように規定している。すなわち、目的論的行為を営むばあいの行為者は、ある所与の状況のなかで、成果を期

待できる手段を選択し、適切なやり方でこの手段を用いることによって、かれにとって望ましい事態の出現を引き起こそうとする (Habermas 1981: I 126-127 = 1985: 132)。いまあげたこの規定は、さしあたり道具的行為のことを念頭においたものであるが、このモデルを拡張し、目標指向的に行為する (少なくとも) もう一人の行為者を組み込むことができるのであり、そのばあいには、戦略的行為もこの行為類型のなかに含まれることになる (Habermas 1981: I 127 = 1985: 132)。さしあたりここではハーバーマスのいうところの目的論的行為とは、道具的行為と戦略的行為の両方を含む概念だということを確認しておきたい。

⑵ 行為類型論の特徴

　ここまでの検討をふまえて、ハーバーマスが構想するこの行為類型論の特徴を列挙してみることにしよう。

　まず第一に、この行為類型論の最大のポイントは、行為指向の違いによって、社会的行為を戦略的行為とコミュニケーション行為とに分類するという点にある。すでに述べたとおり、道具的行為を成果に指向した行為と呼ぶことは何ら問題がない。行為者が自然へとはたらきかけるという行為からは、成果の獲得という構造を明瞭に読みとることができるからである。これにたいして、他者との社会関係のもとで営まれる社会的行為のばあいは、事情が異なっている。戦略的行為のばあいには、ある行為者が成果の獲得をめざし、そのために他者の行為を利用しようとする。それにたいしてコミュニケーション行為のばあいには、そうした成果の獲得を一方的にめざすのでなく、関与する行為者のあいだでまず意思疎通をしようとし、そのうえで何らかの成果の獲得がめざされる。さしあたり説明のこの水準においては、戦略的行為とコミュニケーション行為とを区別する基準は、こうした行為指向の違いであるとされている。

　第二に、戦略的行為とコミュニケーション行為を分類するにあたっては、行為者じしんのパースペクティヴが前提とされている。この点は、行為指向によって行為を分類しようという第一の特徴と密接に関連しているのだが、ある行為が成果に指向しているのかそれとも意思疎通に指向しているのかは、

「適切な事情のもとでは、関与者じしんの直観的知識にもとづいて確認されうるはずである」(Habermas 1981: I 386 = 1986: 22-23)。つまり、日常生活においてわれわれは、ある行為が成果に指向しているかそれとも意思疎通に指向しているかということを暗黙のうちに区別しているのであり、そうした区別を利用することによって、戦略的行為とコミュニケーション行為とを区別することができるというのである。そうした意味において、ここにおいては行為者じしんのパースペクティヴが前提とされているのであり、観察者ないしは第三者のパースペクティヴからでは、この区別は導入されえない。ここでハーバーマスは、日常生活のなかでおこなわれている区別を学的に再構成するという方法を採用している。

　第三に、ハーバーマスは、コミュニケーション行為と戦略的行為が「類型」であることを強調している。つまり、これらが類型である以上、社会的行為は、このいずれかに分類されうるというのである。ハーバーマスは次のように述べる。「わたしは、戦略的行為とコミュニケーション行為とを類型として規定することによって、具体的な行為がこの観点のもとで分類されうるということから出発している」(Habermas 1981: I 385 = 1986: 21)。ハーバーマスによれば、戦略的行為とコミュニケーション行為というのは、同一の行為の分析的な二側面というのでは決してない。個々の具体的な社会的行為は、戦略的行為かコミュニケーション行為かのいずれかに分類されうるというわけである。ただしこの点については、その後ハーバーマスは見解を部分的に修正している。この点については、次章で取り扱う。

　第四に、成果の獲得ということそれじたいは、これら三つの行為のそれぞれに共通する契機となっているという点に注意しておきたい。そもそも道具的行為と戦略的行為とは成果の獲得をはじめからめざすものであるから、当然のことながら成果の獲得がその行為の契機となっている。ここで見誤ってはならないのは、コミュニケーション行為にもまた成果の獲得という契機が含まれているということである。ハーバーマスのいうコミュニケーション行為は、意思疎通の行為そのものではない。コミュニケーション行為とは、関与する行為者のあいだで意思疎通をおこない、そこで成立した相互了解にも

とづき何らかのはたらきかけをおこなう行為のことだとされている。こうしたハーバーマスの定義にもとづけば、コミュニケーション行為は、行為における意思疎通の側面と、成果を獲得しようとする目的活動の側面とを綜合した概念だということができる。もちろん、意思疎通をはかることそれじたいを目標にして行為をおこなうこともできるし、そうした行為もまたコミュニケーション行為のなかに含まれる。しかし、コミュニケーション行為は、概念定義上、意思疎通の行為と同一ではないことを確認しておきたい。

　第五に、それだからこそ、コミュニケーション行為を原型にして行為というものを考えなければならないとハーバーマスは主張するのである。コミュニケーション行為とは、行為における意思疎通の側面と目的活動の側面とを綜合した概念である。もしこの概念を出発点としなければ、行為における意思疎通の側面を十全にとらえることはできない。目的活動としての行為を原型として行為をとらえてしまうと、行為というものは客体へのはたらきかけとしてのみ表象されることになり、この枠組みを前提とすると、他者への影響力行使としての戦略的行為はとらえられても、他者との意思疎通にもとづくコミュニケーション行為はその視野に入ってこない。一見すると、客体へとはたらきかけて何らかの成果を獲得するというのは、すべての行為の原型であるかのようにもみえよう。すでに確認したように、ハーバーマスの行為類型論においても、成果の獲得はすべての行為に共通する要因とされている。しかしながら、そうした目的活動を原型として行為をとらえてしまうと社会的行為の全域を理論化しえず、それゆえ目的活動を出発点としてはならないというのが、ハーバーマスの主張なのである。だからこそハーバーマスは行為理論のパラダイム転換を提唱し、目的活動からコミュニケーション行為へと行為理論の鍵概念を移行させようとするのである。

　第六に、すでにこれまでの検討のなかでも触れられているのだが、ここであらためて、ハーバーマスのいうところのコミュニケーション行為はコミュニケーションそのものではないという点を確認しておくことにしたい。しかもそのさい、コミュニケーション行為はコミュニケーションそのものではないということは、次のような二つの局面において明示化されなければならな

い。まず第一に、すでに述べたとおり、コミュニケーション行為は行為における意思疎通の側面と目的活動の側面とを含む概念とされている。対象へのはたらきかけという要素を含むというこの点において、コミュニケーション行為はすでにコミュニケーションそのものとは異なっている。さらに第二には、他者へと何らかの情報を提供するといった一般的な意味でのコミュニケーションは、コミュニケーション行為ばかりでなく戦略的行為においても必要とされる。他者に何らかの影響力行使をおこなおうとしても、もしコミュニケーションが成立しなければそうした影響力行使はそもそも成り立たないからである。こうした点からしても、コミュニケーションそのものとコミュニケーション行為とは峻別されなければならない。より精確にいえば、コミュニケーション行為において前提とされている意思疎通というものとコミュニケーションそのものとは、明確に区別されなければならない。そうしなければ、ハーバーマスが意思疎通という概念に込めた意味あいを見落とすことになるだろう。

このように検討を進めてみると、社会的行為を戦略的行為とコミュニケーション行為とに分類するところに、この行為類型論の最大のポイントがあるということをあらためて確認することができる。じつは、こうしたハーバーマスの分類の仕方がはたして妥当なのかという論点は、コミュニケーション行為理論そのものの妥当性いかんを大きく左右する重大な争点であった。ハーバーマスからすると、コミュニケーション行為理論の妥当性を主張しうるためには、まずこの社会的行為の類型論を根拠づけ、コミュニケーション行為の特徴づけを明示化しておくことが必要となる。そのさい、ハーバーマスからすれば、次のような疑念を晴らしておくことが不可欠であった。すなわち、コミュニケーション行為もまた、戦略的行為と同様に一種の目的活動としてとらえられるのではないかという疑念である。

すでに確認したとおり、ハーバーマスのいうコミュニケーション行為の概念は、行為における意思疎通の側面と目的活動の側面とを綜合したものだとされている。つまり、コミュニケーション行為とは、関与する行為者のあいだで意思疎通をおこない、そこで成立した相互了解にもとづいて何らかのは

たらきかけをおこなうことだとされていたわけである。このばあいハーバーマスの論理が首肯性を有するためには、ハーバーマスのいうところの意思疎通が目的活動には還元されえないということを示す必要がある。というのも、意思疎通もまた一種の目的活動としてとらえうるのであれば、コミュニケーション行為は行為における行為者間の目的活動と自然にたいする目的活動とを接合したことにしかならず、結局のところそれは目的活動そのものではないかという批判が成り立つことになるからである。かりにそうだとすれば、コミュニケーション行為も、意思疎通という媒介をへてはいるけれども、その基本的な構造において、戦略的行為や道具的行為と何ら変わらないものとしてとらえられることになる。もしそのようにとらえてよいのであれば、ハーバーマスの提唱する行為理論のパラダイム転換は、パラダイム転換とはみなされなくなる。もしそうであれば、目的合理的行為を範型とする行為理論と何ら変わらないからである。そうしてみると、意思疎通というものが目的活動には還元されえないことを示し、コミュニケーション行為と戦略的行為との概念上の区別を明確にすることこそが、ハーバーマスの理論戦略上きわめて重要だということができる。

　コミュニケーション行為と戦略的行為との区別は、どのようにして説明されうるのか。コミュニケーション行為は目的活動には還元されえないということは、どのようにして示されうるのか。次にこうした論点にかんするハーバーマスの論述を検討し、コミュニケーション行為と戦略的行為との分類の仕方をより精確にとらえなおすことにしよう。

3　戦略的行為とコミュニケーション行為の区別

⑴ 成果指向と意思疎通指向

　すでに繰り返し確認してきたとおり、ハーバーマスの行為類型論の最大のポイントは、社会的行為を戦略的行為とコミュニケーション行為とに分類するその仕方にあるということができる。そうだとするなら、コミュニケーション行為と戦略的行為との区別はどのようにして根拠づけられうるのかが、解

明されなければならない重大な論点として浮かびあがってくる。コミュニケーション行為の基本的特徴はいかなるものなのか。コミュニケーション行為は、戦略的行為といかなる点において異なっているのか。ハーバーマスの論理が首肯性を有するものとなりうるためには、これらの点が説得的に示されなければならない。本節では、この問いにたいしてハーバーマスがいかなる根拠づけをこころみているのかについて、ハーバーマスじしんの論理にそくして検討する。そのさいまず、ハーバーマスによる行為指向の分析を取りあげ、意思疎通という概念の合意について予備的な考察をおこなう。ついでハーバーマスによる言語行為分析を取りあげ、意思疎通の構造をハーバーマスがいかなるものとしてとらえているかについて、理解を深める。ここでは、このような手順をへて、コミュニケーション行為の基本的な特徴について解明を進めていくことにしたい。

　ハーバーマスは、まずさしあたっては、その行為が成果に指向しているかそれとも意思疎通に指向しているかを基準として、社会的行為を戦略的行為とコミュニケーション行為とに分類している。ハーバーマスからすると、行為者は、ある行為が成果に指向しているか意思疎通に指向しているかを暗黙のうちに区別している。ハーバーマスは、この区別を取りだすことによって、戦略的行為とコミュニケーション行為とを分類しようとしている。そうしてみるとハーバーマスは、日常的な相互行為のあり方に着目し、そうした相互行為のなかから、その根底にみられる論理を読みとろうとしているということができる。ハーバーマスは、日常の行為者たちが自明のものとしている基準を明示化することによって、戦略的行為とコミュニケーション行為とを分類しようとしているのであり、日常の行為のなかで暗黙のうちに受け入れられていることがらを分析することによって、意思疎通という概念を解明しようとしているのである。

　ここで、これまでに確認してきたことをふまえたうえで、ハーバーマスにしたがいながら、意思疎通という概念の合意について解明を進めていくことにしよう。すでに前節において確認したように、成果とは、行為者にとって望ましい事態の出現のことと定義されている。これにたいして「意思疎通

は、行為能力と言語能力を有している主体のあいだで一致の過程とみなされる」(Habermas 1981: I 386 = 1986: 23) とハーバーマスはいう。そしてさらに、「意思疎通のこころみは、うまくいったばあいには、了解 (Einverständnis) で終わる」(Habermas 1981: I 386 = 1986: 23) とされており、意思疎通の結果として達成された一致が、了解だということになる[3]。そのさいハーバーマスは、意思疎通というものは、ただたんに一致を成立させることではないという点に注意を促す。ハーバーマスからすれば、「意思疎通過程は、合理的に動機づけられた同意の条件をみたす了解を、その目標としている」(Habermas 1981: I 387 = 1986: 24)。ここで、了解には次のような重要な特徴があることを見逃してはならない。行為能力と言語能力を有する諸主体はコミュニケーションをつうじて了解を達成することができるのだが、そうした了解は命題の形をとっている (Habermas 1981: I 386 = 1986: 23)。しかも了解というものは、その内容を関与者たちがたがいに認知し、妥当なものとして受け入れているからこそ了解たりうるという点にその特徴がみいだされる。というのも、そのように認知され受け入れられていないものは、関与者からは妥当だとはみなされず、それゆえ了解たりえないからである (Habermas 1981: I 387 = 1986: 24)。この点において、「了解は、たんに事実的に成立する一致から区別される」(Habermas 1981: I 386-387 = 1986: 23-24) (強調はハーバーマスによる) のだという。了解というものは、関与者双方による認知と承認をその成立のための前提条件としているのである。

　この点に関連して、ハーバーマスは了解というものの持つ重要な特徴を指摘する。すなわち、了解というものは、外部的に影響力を行使することをつうじて強いることはできないという (Habermas 1981: I 387 = 1986: 24)。つまり了解というものは、その内容を当の関与者がみずから妥当とみなして受け入れているからこそ了解たりうるのであって、たとえば何らかのサンクションをつうじて強制することによっては、了解は生みだされないというのである。もちろんサンクションをつうじて何らかの同意をとりつけることはできる。だが、そこで引き起こされた同意は、それを受け入れた当事者にとってみれば、決して了解とは認知されえない。当の関与者からすれば、そうした同意はあくまでもしぶしぶ受け入れたにすぎず、そうした同意は了解ではありえ

ない。ここでハーバーマスは、行為者じしんのパースペクティヴを前提と
し、関与者本人が、その内容の妥当性を承認したことにもとづく同意だけが
了解たりうる、という点に注意を促している。その意味においてハーバーマ
スは、「コミュニケーションをつうじて達成された了解には合理的な基盤があ
る」(Habermas 1981: I 387 ＝ 1986: 24) と指摘する。つまり、了解のばあいに成立し
ている同意は、何らかの強制力によって引き起こされたのではなく、発言内
容の妥当性をそれぞれの関与者が自発的に受け入れることによってのみ成立
している。強制力に依拠することなく、あくまでも発言内容の妥当性のゆえ
に同意が成立するという面に着目して、こうした合意は「合理的に動機づけら
れ」(Habermas 1981: I 387 ＝ 1986: 24) ている、とハーバーマスは特徴づける。これ
にたいして、サンクションの潜在力をつうじて引き起こされた同意には、そ
うした合理性の基盤は存在しない。そうしたばあいひとびとは、その発言の
背後に強制力を感知し、そうした強制力が発動されたばあいに引き起こされ
るであろう結果を読み、したがわざるをえないと判断して発言に同意するの
であって、発言の妥当性を自発的に承認することによって同意しているので
はない。この種の同意は、ハーバーマスの用語法にしたがうなら、「経験的に
動機づけられ」(Habermas 1981: II 271 ＝ 1987: 104) [4] ている。

⑵ 言語行為の分析へ

　このようにハーバーマスはさしあたって、その行為が成果に指向している
かそれとも意思疎通に指向しているかにもとづいて社会的行為の類型論を組
み立てようとしている。しかもそうした行為指向の違いを行為者じしんのパー
スペクティヴから解明しようとしているという点に、ハーバーマスによる理
論構築の特徴がみいだされる。

　こうしたかれのこころみにおいてもっとも重要なのは、意思疎通の有する
特徴を十全に解明し、意思疎通が成果獲得の行為には還元されえないという
ことを示すことであった。ここでハーバーマスは、意思疎通というものの特
徴を解明するにあたって、言語行為の分析に注目する。ハーバーマスからす
れば、意思疎通の概念は、対話の分析なしには解明されえない (Habermas 1981:

I 386 = 1986: 24)。それゆえにこそハーバーマスは、言語行為の分析を利用する必要があると主張する。

　かれは、言語行為の分析に依拠することによって、意思疎通というものが目的活動には還元されえない構造を有することを示そうとする。さらにそのうえで、そのことにもとづいて、成果に指向した行為と意思疎通に指向した行為との境界づけを明確に説明しようとする。そのさいハーバーマスは、ジョン・L・オースティンからジョン・サールへと展開される言語行為論の成果を摂取しながら、かれ独自の体系的な理論を作りだそうとしている。その理論をかれは、形式的語用論 (formale Pragmatik) (Habermas 1981: I 440 = 1986: 74) として特徴づけている。言語行為を実際に分析するにあたっては、ハーバーマスは次のような二人のコミュニケーション参与者をモデルとして考察を進めている。すなわち、一方の行為者が言語行為を遂行し、もう一方の行為者が「イエス」または「ノー」と態度決定するというものである。話し手と聞き手という二人のコミュニケーション参与者をモデルとして、分析がおこなわれることになる (Habermas 1981: I 387 = 1986: 24)。

　ハーバーマスによれば、言語行為の分析を利用して成果に指向した行為と意思疎通に指向した行為を分類しようとするばあい、以下のような困難なことがらに出あうことになるのだという (Habermas 1981: I 387-388 = 1986: 25)。まず、コミュニケーション行為を遂行することによって、話し手と聞き手とは何ごとかにかんして意思疎通をおこなっているわけだが、そうしたコミュニケーション行為というものは、行為整合メカニズムの一つにほかならない。それぞれの行為者は目標を心に描き行為計画を設定しているのだが、意思疎通の行為は、ひとびとのそうした行為計画を結びつけているのであり、そのことをつうじてそれぞれの行為を相互行為連関へとまとめあげている。こうした意思疎通の行為を目的論的行為へと還元してしまうことはできない。ところが、言語に媒介された相互行為のすべてが意思疎通に指向した行為だというわけでもない。というのも、言語は成果指向的に使用することもできるからである。われわれは、言語をみずからの目標達成のための手段とし、言語という手段を操作的に投入することによって、自分にとって望ましい行動を相

手に引き起こさせることができる。われわれは、自分にとって望ましい行動を相手に引き起こさせることをつうじて、自分にとって望ましい事態を世界内に生じさせることができるのであり、つまりは成果を達成することができるのである。このばあい行為者は、言語を用いることをつうじて、他者を自己の目標達成のための道具として利用している。このように言語は、成果指向的に用いられうるのであり、しかもこうしたケースは決して例外的なできごとではなく、ごくありきたりのこととして日常的に繰り返されている。ハーバーマスはこのようなケースを引きあいにだし、こうした事例があるということじたい、意思疎通に指向するということを言語行為の分析から取りだそうとするこころみがきわめて困難だということを示しているのではないか、とみずからに問いなおすことになる。

　だがあくまでもハーバーマスからすると、意思疎通の行為は、目的論的行為には還元されえない。ハーバーマスは、言語行為を分析することをつうじて意思疎通の構造を解明し、意思疎通の行為が成果に指向した行為には還元されえないことを明らかにしようとするのである。ところが、言語に媒介された行為のすべてが意思疎通に指向した行為だというわけではない。この点からすると、言語行為をどれほど分析しても、意思疎通に指向した行為をモデル化する役には立たないのではないかという疑念が生じる。ハーバーマスは、この疑念を晴らし、言語行為を分析することの妥当性を主張できなければならない。この疑念にたいしてハーバーマスは、意思疎通に指向した言語使用こそがオリジナルな言語使用のパタンなのであって、成果に指向した言語使用は、オリジナルな言語使用にたいしていわば寄生的な関係にあるということを明らかにしようとする (Habermas 1981: I 388 ＝ 1986: 25)。ハーバーマスからすると、このことを明らかにできれば、言語行為を分析することによって意思疎通に指向した行為のモデルをえることができる、という主張が首肯性を有するものとなりうるというのである。

⑶ 発語内行為と発語媒介行為

オースティンによる発語内行為と発語媒介行為の区分

そうした課題にこたえるさい、ハーバーマスが手がかりとしているのが、オースティンによる発語内行為と発語媒介行為の区分である。周知のとおり、オースティンは言語行為における三つの局面として、発語行為 (locutionary act)、発語内行為 (illocutionary act) および発語媒介行為 (perlocutionary act) を区別している (Austin [1955] 1975: 94-108 ＝ 1978: 164-184)。まず第一に、話し手は、文法にしたがって、何らかの意味を持った一定の音声を発している。つまり、何ごとかを話すことそれじたいがある種の行為なのであり、それをオースティンは発語行為と名づけている (Austin [1955] 1975: 94-95 ＝ 1978: 164-165)。第二に、話し手は何ごとかを話すことによって、ある行為をおこなってもいる。つまり、何ごとかを話すことによって、同時に主張したり約束したり命令したり告白したりといったもう一つの行為をおこなってもいる。そうした行為をオースティンは発語内行為と呼んでいる (Austin [1955] 1975: 98 ＝ 1978: 170-171)。なお、主張や約束や命令や告白といった発語内行為がはたすさまざまな機能をオースティンは発語内の力 (illocutionary force) と呼んでいる (Austin [1955] 1975: 99-100 ＝ 1978: 172-173)。さらに第三に話し手は、発語内行為を遂行することをつうじて、関与者の感情や思考や行為にたいして、結果的にしかるべき効果を生起させてもいる。こうした行為をオースティンは発語媒介行為と呼んでいる (Austin [1955] 1975: 101 ＝ 1978: 174-175)。

オースティンによるこうした行為の区分を確認するために、ここではハーバーマスじしんが用いている次のような文例を引きあいに出してみることにしたい。

　　⑴ 話し手(S)は、聞き手 (H) にたいして、「わたしは、会社に辞職を申し出た」と主張した。

　　⑵ 聞き手 (H) は、話し手 (S) にたいして、「会社に辞職を申し出ないように」と警告した (Habermas 1981: I 391 ＝ 1986: 28)。

この二つの文のうち、後者の文例にオースティンの概念をあてはめてみると、次のように区分けすることができる。すなわち、こうした言葉を文法にもとづいて発することじたいが発語行為であり、こうした発言をおこなうことによってHはSにたいして「警告」という行為をおこなってもいる。これが発語内行為である。しかもそのさい、HはSを不安に陥れているとしたら、それは発語媒介行為である。

ここで、オースティンのばあいには、発語行為、発語内行為および発語媒介行為は、同一の言語行為にみられる三つの局面としてとらえられていることに注意しておこう。のちにみるようにハーバーマスはこの点を問題とし、それに修正を加えることになるわけだが、ここではさしあたり、オースティンじしんによるこうした区分の特徴を指摘しておきたい。まず第一に、繰り返しになるけれども、三つの行為の区別は、あくまでも分析的なものとされている。つまりこうした三つの行為は、あくまでも同一の言語行為の三局面にほかならず、具体的な言語行為がこの三つのいずれかに分類されるというわけではない。三つの行為の区分は実質的な行為類型論として構想されているわけではないのである。第二に、いま確認した論点とも関連するのだが、さしあたりこうした三つの行為は、すべての言語行為にみいだされるものとされている。三つの局面のうちいずれかが欠落した言語行為というものをオースティンは、少なくとも明示的には想定していない (Austin [1955] 1975: 101 = 1978: 174-175)。

ハーバーマスは、オースティンによる発語内行為と発語媒介行為の区別に着目する。かれは、意思疎通に指向した言語使用こそがオリジナルな言語使用のパタンであり、成果に指向した言語使用はそうしたオリジナルなパタンにたいしていわば寄生的な関係にあるということを示すために、この区別を利用しようとする。そのさいハーバーマスは、いままで検討してきたオースティンによる行為の規定にたいして疑問をさしはさんでいくことになる。この作業をおこなうにあたって、ハーバーマスは次の二つの点を確認することからはじめる。まず第一に、ハーバーマスは、命題内容と発語内の力とからなる言語行為は自足的な言語行為としてとらえられることに注意を促す (Habermas 1981: I 389 = 1986: 26)。このばあい話し手はコミュニケーションの

意図を持って発言しており、つまりは話し手じしんの発言を理解し受け入れ
てもらいたいという目標を抱いて発言している。こうした言語行為において
は、話し手が到達しようとしている発語内の目標は話し手によって語られた
ことそれじたいの明示的な意味から読みとられるのであり、この点にこそ、
こうした言語行為の特徴がみいだされる。つまりこの言語行為の意味は、そ
こで語られていることそれじたいから明らかにされるのであり、言語行為に
とって外在的な何ものかによって左右されているというわけではない。そう
した意味において、この言語行為は自足的だとハーバーマスはいうのであ
る。この点に着目すれば、この言語行為は、ハーバーマスのいうところの目
的論的行為と対照的な性格を有していると特徴づけられる。というのも目的
論的行為の意味は、行為者じしんが追求しようとしている意図や行為者じし
んが現実化しようとしている目的にもとづいてのみ確認されうるからである
(Habermas 1981: I 389 = 1986: 26)。これらの意図や目的は、行為者じしんの心の
なかに隠されている。語られていることからだけでは行為の意味が確認され
えないというそのかぎりにおいて、目的論的行為は自足的でありえない。さ
らに第二にハーバーマスは、オースティンのいうところの発語媒介効果が成
立するのは、発語内行為が目的論的行為の連関のなかで役割を引き受けるこ
とによってであるという事実を指摘する (Habermas 1981: I 389-340 = 1986: 27)。ハー
バーマスによれば、発語媒介効果は、いかなる言語行為においても成立する
というわけではない。話し手によって語られたことそれじたいからは読みと
られない意図を話し手が抱き、この目標の達成のために言語行為を道具とし
て用いることによってはじめて、発語媒介効果は生じるというのである[5]。

ハーバーマスによる区分の再構成

　こうした二つの点を確認したうえで、ハーバーマスはオースティンによる
言語行為の区分に大きな修正を加えるべきことを提唱する。すなわち、発語
行為と発語内行為との区分は分析的なものだが、発語内行為と発語媒介行為
との区分は分析的な性格を持たないという (Habermas 1981: I 393-394 = 1986: 30-31)。
つまり、ここでのハーバーマスの主張を敷衍するなら、言語行為には、命題

内容と発語内の力という二つの構成要素だけからなり、発語媒介効果をもたらさない言語行為と、そうした二つの構成要素を持った言語行為を目的論的行為の連関のなかに組み込むことによって、発語媒介効果を引き起こす言語行為との二種類があるということになる。このハーバーマスの考え方にしたがえば、言語行為はそうした二種類の行為に実際に分類されうるのであり、その意味において、発語内行為と発語媒介行為との区分は、むしろ実質的なものとみなされる。このようにしてハーバーマスは、命題内容と発語内の力という二つの構成要素を持つ行為（オースティンの用語法を利用すれば、発語行為と発語内行為からなる言語行為）を発語内行為と呼び、そうした発語内行為が目的論的行為の連関に組み込まれ、発語媒介効果を相手の側に引き起こすばあいの行為（オースティンの用語法を利用すれば、発語行為と発語内行為と発語媒介行為からなる行為）を発語媒介行為と呼ぶ。そこで、以下においては、こうしたハーバーマスの用語法に準拠して、発語内行為と発語媒介行為の概念を用いていくことにする。

　ここで、こうした解釈が、さきにハーバーマスのあげた課題をはたすための道筋を示唆しているということに注目しておきたい。ハーバーマスによれば、言語行為の分析をつうじて意思疎通の概念を解明することができるといいうるためには、意思疎通に指向した言語使用こそが言語使用のオリジナルなパタンであり、成果に指向した言語使用はそうしたオリジナルな言語使用にたいしていわば寄生的な関係にあることを示さなければならなかった。これまで検討してきた発語内行為と発語媒介行為との区分は、この課題にこたえるための鍵を提供している。

　命題内容と発語内の力からなる行為（ハーバーマスのいうところの発語内行為）は、言語行為として自足している。そうした行為は発語媒介行為を引き起こさなくても言語行為としてすでに成立しており、この発語内行為が目的論的行為の連関に組み込まれることによってのみ、発語媒介行為が成立しうる（Habermas 1981: I 395 ＝ 1986: 32）。しかもそのさい、この発語媒介行為のばあいにおいても、発語内の目標は達成されていることを見落としてはならない。発語媒介行為のばあいにもまた、命題内容ばかりでなく発語内の力もまた話し手と聞き手の両者によって認知されている。さきに引きあいに出した文例

を利用すれば、「会社に辞職を申し出ないように」という発言が聞き手にたいして発語媒介効果を引き起こしうるためには、その命題内容だけでなくこの発言の発語内の力が聞き手へと向けられた警告であるということが、聞き手にも認知されなければならない。そのような認知があるからこそ、聞き手を不安に陥れるという発語媒介効果が生みだされうるのである。そうしてみると、発語内行為こそが言語使用のいわば基本型であり、そうした発語内行為が成立しているということが、発語媒介行為が成立しうるための前提条件になっていることが分かる。つまり、意思疎通に指向した言語使用が成立しうるという前提があるからこそ、それを利用して成果に指向した言語使用もまた成立しうるという仕組みになっているということが確認できる (Habermas 1981: I 393-394 = 1986: 30-31)。

　ハーバーマスによって再規定されたところの発語内行為と発語媒介行為との区分に、ハーバーマスはなぜこれほどまでに重大な関心を寄せるのだろうか。それは、この区分のなかに、コミュニケーション行為と戦略的行為とを分類するための重要な手がかりをみてとっているからにほかならない。つまり、この両者の区分は、コミュニケーション行為の規定のあり方に直結しているということができる。そこで、この区分についてさらに検討を進めていくことにする。

発語内行為と発語媒介行為を境界づける基準

　ハーバーマスによれば、発語内行為と発語媒介行為とを境界づける基準は次の四つのものだという。まず第一に、話し手がその発言によって追求している発語内の目標は、語られたことの意味それじたいから読みとられる。発語内行為の目標が語られたことそれじたいから確認されるという意味において、このばあいの言語行為は自己確認的であるということができる。それにたいして、話し手による発語媒介行為の目標は、当の言語行為の顕在的な内容からは読みとられないのであり、そうした発語媒介行為の目標は話し手の意図をつうじてのみ解明されうる。ここで重要なのは、発語内行為が自己確認的であるという特徴づけであり、こうした発語内行為の性格は、それ以外

の三つの基準にも関連している (Habermas 1981: I 390-391 ＝ 1986: 27-28)。

　第二に、発語内行為のばあいには、その成果を獲得するための諸条件は、当の言語行為の記述それじたいから導出される。それにたいして、発語媒介行為のばあいには、その成果をえるための諸条件は、そうした記述それじたいから導出することができない。発語媒介行為のばあいには、当の言語行為を越えてのびている目的論的行為の連関に準拠しなければならない (Habermas 1981: I 391-392 ＝ 1986: 28-29)。このことを説明するために、ハーバーマスは、次のような例文を使用している。

(1) H は S にたいして、「会社に辞職を申し出ないよう」警告した。

(2) H は S にたいして、「会社に辞職を申し出ないよう」警告することによって、S を不安にした (Habermas 1981: I 391 ＝ 1986: 28) [6]。

　(1)の記述は、H が S にたいしておこなっている言語行為の記述であり、H が発語内の成果を達成するための条件は、この記述そのものから導きだされる。すなわち、S が H による警告を理解し、そうした H による警告を S が真である (ないしは正当である) と受け入れるばあい、H は発語内の成果を達成することができる。ところが、H が発語媒介行為をおこないその成果を達成しようとしているばあいには、(1)のような言語行為そのものの記述では不十分となる。それゆえ例文(2)のように記述せざるをえないけれども、B を不安にしたということは、言語行為そのものの記述ではなく、当の言語行為を越えた連関の記述だということになる。

　第三に、発語内の成果は、言語行為とは慣習に規制された連関にあるのであり、したがって内在的な連関にある。それにたいして発語媒介行為は、語られたことの意味にとっては外在的なままにとどまっている。発語媒介効果は偶然のコンテクストに依拠しており、発語内の成果とは違って、慣習によって確定されてはいない (Habermas 1981: I 392-393 ＝ 1986: 29-30)。

　第四に、発語媒介行為によって成果をおさめようとするばあい、話し手は発語媒介行為の目標を相手に知られてはならない。それにたいして、発語内

行為の目標は、相手に認知されることによってのみ達成できる。発語内行為は明示的に発言されるのにたいして、発語媒介行為のばあいには、それが発語媒介行為であると白状してはならない。そうしてみると発語媒介行為というのは、目的論的行為の下位類型に属し、行為の目標そのものを宣言したり告白したりしないという条件のもとで言語行為を利用して遂行されうる行為だということを確認することができる (Habermas 1981: I 393 ＝ 1986: 30)。

発語内行為と発語媒介行為の違い

　さて、これまで検討してきた発語内行為と発語媒介行為とを区別する基準にかんする論議をふまえると、この二つの行為の違いを特徴づける最大のポイントは、次のような点にあると考えられよう。すなわち、ハーバーマスのいうところの発語内行為のばあいには、その行為の目標が話し手と聞き手の両者に認知されているのにたいして、ハーバーマスのいうところの発語媒介行為のばあいには、その行為の目標は話し手にしか認知されていないという点である (Habermas 1981: I 395 ＝ 1986: 32)。発語内行為のばあい、その命題内容と発語内の力とは、話し手と聞き手の両者によって認知されている。そうであるがゆえに、発語内行為は話し手と聞き手の両者の行為を方向づけることができるのである。ここで説明を容易にするために、「明日の午後 5 時に駅で会いましょう」という言語行為について考えてみよう。この言語行為のばあい、明日の午後 5 時に駅で会うという命題内容と、この言語行為における発語内の力が約束であるということが、話し手と聞き手の双方に認知されている。それだからこそこの言語行為は約束としての効力を発揮しうるのであり、言語行為によるそうした提案が聞き手にも承認されたばあいには、話し手と聞き手のあいだにしかるべき拘束力が生じ、明日の午後 5 時までには駅に到着するよう両者を動機づけることになる。

　ところが、発語媒介行為のばあいには、こうした認知の対称性が成立していないというところにその大きな特徴がみられる。ここでも、説明を容易にするために、次のような例を考えてみよう。すなわち、話し手は聞き手にたいして「その窓を開けてください」と発言したのだが、じつはその窓は開かないも

のであり、その事実を話し手だけが知っていて、開きもしない窓を相手に開けさせようとして困らせてやろうとしている、という状況である。この発言のばあい、その発語内の目標は窓を開けるということであり、それじたいは話し手と聞き手の両者によって認知されている。認知しているからこそ、聞き手はそうした発言にしたがって、窓を開けようとする行動をおこすのである。しかし、この発語媒介行為の目標は聞き手を困惑させるということなのであり、そうした目標は聞き手には知られていない。聞き手には知られていないがゆえに、話し手は行為の目標を達成することができるのであり、もしそうした目標を抱いていることを聞き手に察知されてしまえば、聞き手を困惑させるという効果をおよぼすことができなくなる。そうしてみると、発語媒介行為の特徴は、その目標を隠蔽することによって成立する戦略的な言語行為だという点にみいだされるのであり、この意味において、この行為は、操作(Manipulation)として特徴づけられることになる (Habermas 1981: I 445 = 1986: 78)。

　こうしてみると、発語内行為のばあいには、話し手と聞き手とがめざす目標が話し手の発言をつうじて明示化されているというところにその特徴があり、しかもそうした目標が聞き手によって了承されたばあいには、一定の拘束力を持ち、そのことをつうじて行為整合がおこなわれることになる。この説明においては、いくつかの重要な点がある。まず第一に、話し手の発言は、そもそも批判可能だということである。話し手は、聞き手に対して提案をしている。この内容は、聞き手にたいして明示的なものとして示されている。この提案は、聞き手の批判に開かれている。聞き手が話し手の発言に納得しなければ、それにたいして批判をすることが可能である。第二に、了解の成立にとって、聞き手が話し手の提案を受け入れるということが決定的に重要である。第三に、聞き手が話し手の提案を受け入れる理由は、その提案が話し手にとってだけではなく聞き手にとっても妥当であるとみなしうるからである。そして第四に、そのようにして成立した了解には間主観的な拘束力が発生するということである。話し手と聞き手の双方が発言内容の妥当性を自発的に認めあっているからこそ、そうした了解にはしたがわなければならないとする行為義務が発生することになる。

妥当性要求の概念

　ここでハーバーマスは、こうした事態をより精確にいいあらわすために、妥当性要求 (Geltungsanspruch) という概念を導入している (Habermas 1981: I 404-405 = 1986: 41-42)。話し手は発言をおこなうことによって、その発言に妥当性要求を結びつけている。妥当性要求には批判可能だという特徴がある。聞き手が、妥当性要求を承認できないばあい、それにたいして異議を申し立てることができる。妥当性要求を承認するというばあいには、聞き手は、話し手の発言内容を妥当なものと認めているということになる。話し手によって掲げられた妥当性要求が聞き手によっても承認されたばあい、了解が成立する。妥当性要求が相互承認されたばあい、そこには、間主観的な拘束力が発生する。こうした拘束力の発生によって、行為整合がはたされることになる[7]。

　これにたいして発語媒介行為のばあいには、いま述べた意味での妥当性要求が掲げられていないという点にその特徴がみいだされる。話し手は発言をおこなうことによってその発語内の目標を明らかにしている。したがって、聞き手はそれにかんしては異議をとなえることができる。しかし、発語媒介行為のばあい、話し手の本当の目標は、そうした明示化された点にはないのであり、それは隠蔽されている。隠蔽された目標については、批判などはじめから不可能だといわざるをえない。こうした分析をふまえるなら、発語媒介行為は、このように他者からの批判をそもそも成立させない形で自己の目標を達成しようとする社会的行為だとみなすことができる。

⑷ 命令という言語行為

　これまでの分析にもとづいて、ハーバーマスは、コミュニケーション行為と戦略的行為との区別について、暫定的な規定をおこなう。ハーバーマスは次のようにいう。「わたしは、言語に媒介された相互行為のうち、すべての関与者が発語内の目標を、しかもそれだけを追求しているものを、コミュニケーション行為として数えあげる。これにたいして、関与者のうち少なくとも一人が、その言語行為によって相手の側に発語媒介効果を引き起こそうとして

いるばあい、そうした相互行為をわたしは言語に媒介された戦略的行為であるとみなす」(Habermas 1981: I 396 ＝ 1986: 33)(強調はハーバーマスによる)。このようにハーバーマスは、発語内行為と発語媒介行為との差異に着目することによって、コミュニケーション行為と戦略的行為の区別を根拠づけようとする。だが、じつはいまあげたこの規定だけでは重大な例外を見逃してしまうことになる。そこで、ハーバーマスにしたがって命令(Imperativ)という言語行為を取りあげ、その特質を分析してみることにしよう(Habermas 1981: I 402-406 ＝ 1986: 37-42)。

　ここでは、『理論』のなかでハーバーマスじしんがあげている例を引きあいに出しておきたい。すなわち、話し手が聞き手にたいして、「煙草を吸うのをやめなさい」と命令したという例である(Habermas 1981: I 402-404 ＝ 1986: 37-40)。このばあい、話し手は決して発語媒介効果を追求しているのではない。というのも、話し手は自分が引き起こしたいと思っている状態(聞き手が煙草を吸うのをやめること)を自分の発言のなかに明示しているからである。つまり話し手は、命令という発語内行為を遂行しているわけである。このばあい、話し手が引き起こしたいとする状態は、あくまでも発語内の目標であって決して発語媒介的な目標ではない。他方、聞き手もまた、この発言が命令であるということを理解している。「煙草を吸うことをやめる」という命題内容ばかりでなく、この発言の発語内の力が命令であるということをも聞き手が認知しているからこそ、この発言は命令として機能することができる。命令であることが話し手と聞き手の双方に認知されているからこそ、その発言は命令たりうるのである。こうしてみると、話し手はあくまでもハーバーマスのいうところの発語内行為を遂行しているのであって、発語媒介行為を遂行しているのではない。こうした検討から明らかなように、この命令という言語行為においては、すべての関与者が発語内の目標だけを追求している。そうしてみると、さきに暫定的に導入した規定にしたがえば、命令はコミュニケーション行為に分類されることになる。

　しかし、命令は意思疎通に指向した言語行為だと考えてよいのだろうか。命令というものを考えてみると、「言語行為に外的に結びついたサンクショ

ンのポテンシャル」(Habermas 1981: I 404 ＝ 1986: 40) を利用することによって、相手の意志のいかんにかかわりなく自分の側の意志を貫徹させようとするという点に、その本質があるということができる。ここでサンクションではなくサンクションのポテンシャルと表記しているのは、命令という発言がなされた時点では、何らかの制裁が発動されたわけでもなければ、何らかの利益が供与されたわけでもないからである。命令を受けた側は、話し手の発言にしたがわなければ制裁を受けるかもしれないとか、発言にしたがえばしかるべき利益が供与されるという事態を想定し、判断をおこなう。したがって、命令という発言の時点では、サンクションはあくまでもポテンシャルとして機能している。さて、命令という発言のこうした特質に注目するなら、命令という言語行為は、意思疎通に指向した行為ではなくあくまでも成果に指向している行為と特徴づけられるはずである。たしかに命令という言語行為は、ハーバーマスによる発語内行為と発語媒介行為との区分にしたがえば発語内行為だということができる。しかしここで注意しておきたいのは、この命令という言語行為のばあい、話し手は決して妥当性要求を呈示しておらず、この点において、さきほどまで検討を進めてきた通常の発語内行為のばあいとは決定的に異なっているいうことである。命令という言語行為は、それが命令である以上、批判不可能だという特質がある。つまり、命令はサンクションのポテンシャルによって裏打ちされているのであり、そうしたサンクションのポテンシャルの力によって批判をそもそも拒絶しているということができる。命令という言語行為は、そうしたサンクションのポテンシャルによって支えられているのであり、聞き手はもし自分が命令にしたがわなければ何らかの制裁が加えられるということ（あるいは命令にしたがったばあいには何らかの報償が与えられるということ）を知っているがゆえに命令にしたがうのである。命令は、言語行為の外部にあるそうした力によって支えられているということができる。命令にたいしては、たしかに抵抗することはできるが、批判することはそもそも不可能である。

　命令という言語行為によって、話し手は批判可能な妥当性要求を掲げているのではない。ここでハーバーマスは、妥当性要求に対比させる形で、権力

要求（Machtsanspruch）という概念を導入する（Habermas 1981: I 403 = 1986: 39）。命令のばあい、話し手が掲げているのは、批判可能な妥当性要求ではなく、批判を許容しない権力要求だとされる。聞き手は話し手の掲げた妥当性要求を自発的に承認するのではない。話し手の発言は、正負いずれかのサンクションによって裏づけられている。そのことを顧慮して、聞き手は命令にしたがうのである。命令という言語行為はたしかに発語内行為だということができる。けれども、命令という行為は、相手との意思疎通を指向しているわけではない。その意味において、命令はコミュニケーション行為ではなく、戦略的行為の一種として考えられなければならない。そのさい、発語媒介行為がいわば隠蔽された戦略的行為であるのにたいし、命令はあからさまな戦略的行為だということになる[8]。

　命令という言語行為にかんするこうした検討をふまえるなら、コミュニケーション行為にかんする規定は、より精緻化されなければならないことになる。ハーバーマスは、オースティンによる発語内行為と発語媒介行為との区分に着目し、それを実質的な行為類型論として位置づけなおすことによって、コミュニケーション行為と戦略的行為とを分類する基準をえようとした。つまりハーバーマスは、発語内行為をモデルとしてコミュニケーション行為の論理構造を明示化しようとしたのであり、それに対比させることによって、発語媒介行為を言語に媒介された戦略的行為であると特徴づけた。だが、ここでの検討によって明らかになったように、発語内行為をそのままコミュニケーション行為であるとすると、命令という言語行為をコミュニケーション行為に分類してしまうことになる。しかし、命令はあくまでも成果に指向した言語使用であり、戦略的行為として分類されなければならない。そうだとするなら、命令という言語行為をコミュニケーション行為から排除しうるような規定が、不可欠なものとなる。そのためには、発語内行為を手がかりとしながら、意思疎通に指向した言語使用の根本的な特徴を示すメルクマールを発語内行為のなかから取りだし、それを明示化するという作業が必要だといわなければならない。そうした作業をおこなうことによってはじめて、意思疎通に指向した言語使用と成果に指向した言語使用とを区別する基準が明示化

されうるのであり、コミュニケーション行為と戦略的行為との区分も、十分に根拠づけられうることになる。

　これまでの検討をふまえるなら、コミュニケーション行為の基本的特徴は、批判可能な妥当性要求の相互承認にもとづくという点にこそ求められなければならない。ハーバーマスはこの点こそが、コミュニケーション行為と戦略的行為とを分かつ決定的なメルクマールだとしているのであり、このことを決して見逃してはならない。コミュニケーション行為においては、たとえ潜在的にであれ話し手によって妥当性要求が呈示されているのであり、そのように呈示された妥当性要求を聞き手が承認することによって、関与者たちのあいだにしかるべき拘束力が生じ、行為整合の機能がはたされることになる。しかもそのさい、その関与者のすべてが自発的にこの妥当性要求を承認しているという点にコミュニケーション行為の特徴がみいだされるのであり、それだからこそ、そこで成立した了解にしたがうようそれぞれの関与者を動機づけることができる。これにたいして戦略的行為のばあいには、そのような妥当性要求は呈示されていないという点にその特徴がみいだされる。まず発語媒介行為のばあいには、話し手のめざす行為目標は隠蔽されているため、それについては批判などはじめから不可能な仕組みになっている。また命令のばあいには、話し手が掲げているのはサンクションに裏打ちされた権力要求であり、それにたいして批判をおこなうことは許容されていない。そうしてみると、戦略的行為のばあいには、相手の側からの批判を不可能にする形で自己の側の目標を達成しようとする点にその特徴がみいだされるのであり、そうした仕方で関与者たちの行為が整合されている。このように戦略的行為の論理構造を検討してみると、戦略的行為が目的活動として把握できるということが、きわめて明瞭に理解できよう。

⑸ コミュニケーション行為にかかわる規定の深化

　ここで、これまでの検討をふまえて、コミュニケーション行為にかんする規定の深化のさせ方について、あらためて確認しておきたい。ハーバーマスは、コミュニケーション行為と戦略的行為の区分について段階を踏んで説明して

いる。このことを無視するなら、ハーバーマスの議論について無用の誤解が引き起こされることになる。ハーバーマスは、コミュニケーション行為と戦略的行為の区分について、三つのステップを踏んで精緻化している。まず第一段階として、ハーバーマスは、行為指向に着目してコミュニケーション行為と戦略的行為とを区別する。つまり、行為者が意思疎通に指向するかそれとも成果に指向するかにしたがって、コミュニケーション行為と戦略的行為とを区別する。ここでは当事者の行為指向に着目して、社会的行為の概念区分がおこなわれている。たしかにこの段階においても、社会的行為の二つの種類の定義としては、すでに成立しているとみなすことができる。しかし、ハーバーマスは、ここでコミュニケーション行為の説明を打ちきろうとはしない。その理由としてさしあたり、たがいに関連しあう二つの点を指摘することができる。まず第一に、この段階では、行為整合の論理についての説明が不十分だということである。ここでの説明では、たしかに行為の特徴の記述としては正しいが、行為連関がいかなる論理で成立しているのかの解明という点では不十分である。第二に、ここまでの説明では、意思疎通に指向した行為が成果に指向した行為よりも基底的であるとする論点が欠落する。意思疎通に指向するか成果に指向するかということは、行為者じしんの視点からすれば、二者択一的な選択にほかならない。行為者じしんの視点からは、コミュニケーション行為と戦略的行為とは等しく選択可能であり、この二つの行為のあいだには上下関係はない。しかし、行為整合の論理や行為連関の成立にかかわる問題としてコミュニケーション行為と戦略的行為の関係をとらえかえせば、別様の説明が可能となる。

　そこで第二段階として、ハーバーマスは、発語内行為と発語媒介行為の概念を利用して、コミュニケーション行為と戦略的行為の区分をより精確に説明しようとする。すでにみたように、ハーバーマスは、オースティンの概念を利用しそれを再構成する。ハーバーマスのいうところの発語内行為の特徴は、話し手と聞き手の双方にかかわる行為目標が話し手の発言のなかに明示化されているという点にある。話し手は聞き手にたいしてしかるべき提案をおこなっているわけであり、それを聞き手が受け入れることによって了解が

成立し、この了解をとおして行為整合がなしとげられる。他方、発語媒介行為のばあいには、話し手がみずからの意図を聞き手にたいして隠すことによって、それにたいする異議申し立てをあらかじめ排除している。発語媒介行為は、言語という手段を用いながら、相手の意志のいかんにかかわらず、みずからの意図を実現させようとする行為としてとらえられる。ハーバーマスは、この区分を利用し、コミュニケーション行為を発語内行為として特徴づけるとともに、発語媒介行為を戦略的行為のモデルとした。このことは同時に、コミュニケーション行為の基底性という論点に一つの解答を与えることにもつながっていた。ここでいう発語媒介行為は、発語内行為の成立を論理的な前提としており、この点に着目すれば、戦略的行為よりもコミュニケーション行為の方が基底的だとみなすことが可能だからである。

　この第二段階の規定において見落としてはならないのは、ハーバーマスが関与者当人の行為指向によって社会的行為を規定するのではなく、行為連関がいかなる論理で成立しているのかという点に議論の中心を移行させ、その論理の差異によって社会的行為の区分を説明しているという点である。ハーバーマスによってとらえかえされた意味での発語内行為は、発話者の意図によっては規定されないという特性を有している。話し手の呈示した発語内の目標は、聞き手による批判にさらされているのであり、聞き手の受け入れがなければ、意味を持たない。発語内の目標は、話し手と聞き手とのやりとりのなかで定まってくる。発語内行為をもとにコミュニケーション行為を特徴づけるという説明のやり方は、意思疎通指向という点によってコミュニケーション行為を特徴づけるのとは異なって、すでに相互行為における反照的関係を前提とした論理構成になっている。

　しかし、発語内行為によってコミュニケーション行為を特徴づけるというこの説明では、命令という重大な例外が生じることになる。それゆえ、発語内行為と発語媒介行為というこの区分を継承しながら、命令というケースをも論理整合的に説明できる概念枠組みを練りあげる必要となる。そこで第三段階として、ハーバーマスは、通常の発語内行為にみられる行為整合の論理構造を妥当性要求の相互承認として特徴づけた。他方、命令というケースに

おいて呈示されていたのは、批判可能な妥当性要求ではなく、批判を拒絶する権力要求であるとした。そのうえでハーバーマスは、発語媒介行為と命令とが戦略的行為にあたるとし、命令というケースをのぞいた通常の意味での発語内行為だけをコミュニケーション行為として位置づけた。コミュニケーション行為には妥当性要求の相互承認というプロセスが不可欠であり、これこそがコミュニケーション行為を特徴づけるメルクマールであるとみなされるにいたった。

　ハーバーマスは、こうした三段階にわたる論理の深化をへて、コミュニケーション行為とは、批判可能な妥当性要求の相互承認にもとづく行為だと規定するにいたった。ハーバーマスは、コミュニケーション行為の基本的な特徴を妥当性要求の相互承認という点からつかみだしているのであり、そのことによって、コミュニケーション行為は目的活動には還元できない独自の論理構造を有するということを明らかにするにいたった。

4　コミュニケーション行為概念をめぐるいくつかの論点

(1) コミュニケーション行為の下位類型

　ここでは、『理論』の時点におけるコミュニケーション行為の概念規定についてより精確に理解するために、三つの論点を設定し、それらについて検討をおこなう。まず最初に取りあげておきたいのは、コミュニケーション行為にはいかなる下位類型が設定されうるのか、という点である。そのさい、さきに述べたコミュニケーション行為概念の特徴づけによって獲得された視座から、その下位類型がどのように整理されうるのかという点に留意して、その解明を進めることにしたい。

　いまコミュニケーション行為の基本的な特質として、妥当性要求の呈示とその相互承認という点をあらためて確認したが、ハーバーマスは、妥当性要求を分類し、この分類に対応させて、コミュニケーション行為の下位類型を体系的に構築しようとする。ハーバーマスは、主たる妥当性要求として次の三種類をあげている。すなわち、真理性要求 (Wahrheitsanspruch)、正当性要求

(Rechtigkeitsanspruch)および誠実性要求(Wahrhaftigkeitsanspruch)の三つである。ハーバーマスは、これら三つの妥当性要求について『理論』の序論において、以下のように説明している(Habermas 1981: I 149 ＝ 1985: 150)。

①真理性要求

おこなわれた言明が真である(ないしは、言及されている命題内容の存在前提がじっさいにみたされている)とする要求。

②正当性要求

当の言語行為が、妥当している規範的コンテクストにてらして正当である(ないしは、その言語行為がみたすべき規範的コンテクストそれじたいが正統的である)とする要求。

③誠実性要求

話し手の顕在的な意図が、発言されたとおりに思念されているとする要求。

このように話し手は、まず第一には、言明ないしその存在前提にたいして、真理性を要求しているのであり、ついで第二には、正統的に規制された行為およびその規範的コンテクストにたいして、正当性を要求しているのであり、さらに第三には、主観的体験の表明にたいして、誠実性を要求しているのである。

さらに、ハーバーマスの理論においては、これら三つの妥当性要求に、それぞれ「世界」(Welt)の概念が対応させられる。すなわち、真理性要求には客観的世界が、正当性要求には社会的世界が、誠実性要求には主観的世界が、それぞれ対応している。これら三世界について、ハーバーマスは次のように説明している(Habermas 1981: I 149 ＝ 1985: 150)。

①客観的世界

実在物の総体であり、それについては真なる言明が可能である。

②社会的世界

正統的に規制された対人関係の総体。

③主観的世界

　　当の行為者本人にのみ特権的に接近することのできる体験の総体であり、そうした体験について話し手は、聞き手のまえで誠実に話すことができる。

　コミュニケーション行為を営む行為者は、発言をおこなうことによって妥当性要求を掲げているわけだが、その行為者は、そうした妥当性要求を掲げることによって、それに対応する世界を引きあいに出している。ここでの世界という概念は、生起しているできごとの総体といった意味にさしあたり理解することができるけれども、コミュニケーション行為理論の文脈においては、これら三つの世界がコミュニケーションの場において一種の座標軸としての機能を営んでいるという点に、とりわけ光があてられている (Habermas 1981: I 126 ＝ 1985: 131)。話し手と聞き手とが何ごとかについてコミュニケートしようとしているとき、その両者はこれら三つの世界のなかの何ものかについて言及しているということができる。そうしてみると、世界とは、そうしたコミュニケーションの場において言及されるものの総体なのであり、コミュニケーションの場において言及されるものは、三つの世界のうちのいずれかに帰属される。つまりそうしたものは、客観的世界へと事実として帰属されたり、社会的世界へと規範として帰属されたり、主観的世界へと体験として帰属されたりする。ハーバーマスは、これら三つの世界がこうした帰属の機能をはたしているという点に着目して、座標軸としての機能を営んでいるとする。三つの世界は、言語行為において指示されるものの総体をなしている。世界へと帰属されたことがらは、状況の構成要素として意思疎通の対象となるのであり、この点において世界の概念は、生活世界の概念と対比的なものとして設定されている。生活世界は、意思疎通過程の背景をなし、さしあたっては関与者にとって自明で、主題化を免れた意味世界とされているからである (Habermas 1981: II 191-192 ＝ 1987: 27-28)。

　ハーバーマスによると、コミュニケーション行為を営む行為者は、さきにあげた三つの妥当性要求を同時に掲げているのであり、したがってこれら三

つの妥当性要求のいずれについても異議をとなえることができる。このこと
を説明するために、ハーバーマスは次の例を用いている。すなわち、ゼミナー
ルの場面において、教授がゼミナールのある参加者にたいして、「一杯の水を
持ってきてください」と要請したのにたいし、その学生は、自分に向けられた
発言を命令ではなく、意思疎通に指向した態度で遂行された言語行為である
と理解した、というものである (Habermas 1981: I 411 ＝ 1986: 47)。ハーバーマス
によれば、こうしたばあい、このゼミナール参加者は、原則的には、三つの
妥当性の局面においてこの要請を拒否することができるのだという (Habermas
1981: I 411-412 ＝ 1986: 47-48)。

　まず第一に、この学生はしかるべき存在前提があてはまっているという点
に疑問をさしはさむことができる。「いいえ。いちばん近い水道でもとても
離れているので、ゼミナールが終了するまでに戻ってくることができません」。
このばあいには、こうした所与の事情のもとで教授が真理であることを前提
にしているにちがいない言明そのものに疑いがさしはさまれている。ついで
第二に、教授の要請の規範的正当性に異議をとなえることができる。「いいえ。
わたしをあなたの被雇用者のように取り扱うことはできません」。このばあい、
所与の規範的コンテクストにおいて教授の行為が正当であるという点に疑い
がさしはさまれている。さらに第三に、この学生は、教授の発言の主観的誠
実性に疑問を提起することができる。「いいえ。本当は先生は、他のゼミナー
ル参加者のまえで、わたしに誤った印象を与えるという意図だけを持ってお
られるのです」。このばあい、教授が発言したとおりに思念しているという点
に異議がとなえられているのであり、教授は発語媒介効果を達成しようとし
ているのではないかとの疑念が、表明されているのである。このように、ハー
バーマスによれば、コミュニケーション行為を遂行しようとしたばあい、三
つの種類の妥当性要求が同時に掲げられているのであり、したがってこれら
三つの妥当性要求のなかのどれにたいしても、疑問をさしはさむことができ
る。しかもこのことは、意思疎通に指向した言語行為のすべてにあてはまる
のだという (Habermas 1981: I 412 ＝ 1986: 48)。

　こうしてみると、意思疎通に指向した言語行為は、原則的には、三種類の

妥当性要求を同時に掲げているわけだが、そのさい話し手が三つの妥当性の局面のうちとくにどの局面において自分の発言を理解させたがっているかは、その言語行為の発語内の役割に着目することによって読みとることができるのだという (Habermas 1981: I 414 ＝ 1986: 50)。まず第一に、話し手は、ある言明をおこなったり、何ごとかを主張したり、物語ったり、説明したり、叙述したり、予言したり、究明したりするときには、真理性要求の承認にもとづいた了解を聞き手とのあいだに追求している。第二に、話し手が指令を与えたり、約束したり、誰かを任命したり、訓戒を与えたり、何かを買ったり、誰かと結婚したりするばあい、そこにおける了解は、その関与者たちが当の行為を正当なものとして通用させるかどうかに依存している。第三に、話し手が体験文を発言したり、何ごとかを漏らしたり、告白したり、公表したりするばあい、そこにおける了解は、誠実性要求の承認にもとづいてのみ成立しうる。

　こうしたハーバーマスの視座からすると、意思疎通に指向した言語行為は、その純粋型においては、真理性要求、正当性要求または誠実性要求のいずれか一つをきわだたせているということができるのであり、この点に着目すれば、意思疎通に指向した言語行為の類型論を構築することができる。すなわち、事実確認的言語行為、規制的言語行為および表出的言語行為という三つの言語行為からなる類型論である (Habermas 1981: I 414 ＝ 1986: 50)。

①事実確認的言語行為

　　主として真理性要求が掲げられている。ここにおいては、基本的な言明文が用いられている。

②規制的言語行為

　　主として正当性要求が掲げられている。ここにおいては、(指令のばあいのように) 基本的な要請文があらわれたり、(約束のばあいのように) 基本的な意図文があらわれたりする。

③表出的言語行為

　　主として誠実性要求が掲げられている。ここにおいては、(一人称現在の) 基本的な体験文があらわれる。

ただし、これまでの検討からも明らかなように、ここでの類型論は、あくま
でも純粋型的なものとして理解されなければならないのであり、その点におい
て、コミュニケーション行為と戦略的行為とを区別するばあいとは、異なった
意味あいが与えられていることに注意しておきたい。コミュニケーション行為
と戦略的行為とを区別するばあい、この両者は、その基本的特質において相い
れないものとして位置づけられており、それゆえ個々の社会的行為は、コミュ
ニケーション行為か戦略的行為かのいずれかに分類可能であるとみなされた。
それにたいして、ここでの類型論は、そのような相反しあうものから構成され
ているわけではない。意思疎通に指向した言語行為は、原則として三つの妥当
性要求を同時に掲げているわけであり、そのうちのいずれがきわだたせられて
いるかによってここでの類型論は組み立てられている。そうしてみると、ある
一つの妥当性要求をきわだたせているからといって、それ以外の二つの妥当性
要求が消滅してしまったのではなく、三つの妥当性要求は併存しているわけで
あり、どの妥当性要求がきわだたせられているのかが不明瞭なケースや、ある
いは発話された文脈におうじてきわだたせられる妥当性要求が変化するケース
なども考えられる。こうした点からして、これらの三つの類型は明瞭には境界
づけられえないのであり、それゆえあくまでも純粋型的なものとして理解され
なければならない (Habermas 1981: I 437 ＝ 1986: 72)。

　さらに、これまでの分析を導きの糸として、言語に媒介された相互行為の
純粋型を整理することができる。いうまでもなく、コミュニケーション行為は、
成果に指向した言語行為たる戦略的行為と対比される概念として導入された
のであり、つまりは意思疎通に指向した言語行為いっぱんを指すものとして
設定されたということができる[9]。いま検討した意思疎通に指向した言語行為
の純粋型にかんする分析をふまえれば、そうしたコミュニケーション行為か
らは、三つの妥当性要求のうち主としてどの種類の妥当性要求を呈示してい
るかにもとづいて、三つの純粋型を取りだすことができる。すなわち、会話
ないしは事実確認的言語行為、規範に規制された行為およびドラマトゥルギ
カルな行為という三つの行為である (Habermas 1981: I 437-438 ＝ 1986: 72-72)。

①会話（事実確認的言語行為）

主として真理性要求を呈示している。

②規範に規制された行為

主として正当性要求を呈示している。

③ドラマトゥルギカルな行為

主として誠実性要求を呈示している。

これらの三つの行為は、これまでの検討を前提にすれば、コミュニケーション行為の下位類型として位置づけられている。そのさい、これらの下位類型は純粋型的な性格を持つことも確認できる。

⑵ 行為整合の力

第二の論点として取りあげておきたいのが、行為整合の力をめぐる問題である。コミュニケーション行為はいかにして行為整合の機能をはたすと考えればよいのだろうか。この点をハーバーマスにしたがって検討しておくことにしたい。

コミュニケーション行為によって了解が成立すると、その了解は行為整合する力を持ち、関与者のあいだの相互行為を方向づけることになる。了解は、関与者たちがそこで呈示されている妥当性要求を相互承認したがゆえに成立しているのであり、だからこそ関与者たちにたいして拘束力を持っている。しかもこのばあい、この拘束力は、決して強制されたものではないことをあらためて確認しておこう。たとえば命令のばあいであれば、何らかのサンクション・ポテンシャルに裏打ちされているため、聞き手はいやおうなしに命令にしたがわざるをえない。このばあいは、強制力によって行為を結びつける力が生みだされているわけだが、それにたいして、コミュニケーション行為のばあいには、そうした強制力によって行為を結びつける力が生みだされているわけではない。あくまでも、それぞれの関与者が自発的な意思にもとづき、提案の妥当性を納得することによって了解が成立しているのであり、そうした了解をつうじて行為へと動機づけられている。そのさい、関与

者は、妥当性に準拠しているという点において行為へと合理的に動機づけられているということができる。

　そのさい、コミュニケーション行為の持つ行為整合の力については、より精確な分析を必要としている。ハーバーマスは、こうした行為整合の力をめぐる問題にたいして、次のような論理で説明している (Habermas 1981: I 406-407 ＝ 1986: 42-43)。この合理的に動機づける力は、語られたことの妥当性から直接に引きだされるのではない。相互承認された妥当性要求を、必要とされたばあいには話し手が履行する (einlösen) という保証を話し手は引き受けているのだが、この保証から、この行為整合の力が引きだされているのだという。話し手は、意思疎通に指向した言語行為を遂行することによって妥当性要求を掲げているわけだが、そうした妥当性要求の妥当性を聞き手によって問いなおされたばあいには、その妥当性を明らかにするという保証を、話し手はおこなっている。話し手はこの保証を、真理性要求と正当性要求のばあいには、討議によってすなわち根拠を提出することによって履行することができるし、誠実性要求のばあいには、首尾一貫した行動をおこなうことによって履行することができる。話し手によって提案されている保証を聞き手があてにするようになるなら、語られたことの意味のなかに含まれている拘束力が効力を発することになるのであり、そうした拘束力が相互行為の帰結を方向づけている。このようにして合理的に動機づけられた了解が、行為整合の機能をはたしうるのだとハーバーマスはいう。

　この説明においては、了解が直接的に妥当性から引きだされる必要はないという点が重要である。コミュニケーション行為において話し手は、妥当性要求を呈示している。妥当性要求の呈示というこの事態をやや敷衍していうなら、話し手は、みずからの発言が妥当性を有していると考えているがあなたはそれを認めるかと、聞き手に問いかけている。そのさい話し手は、妥当性の根拠をただちに (つまり発言の時点で) 明示する必要はない。さしあたり話し手は、必要なばあいには (たとえば聞き手から求められたばあいには) 妥当性の根拠を示すという保証を聞き手にしさえすれば、それで十分なのである。この妥当性の根拠を示すという行為が、妥当性要求の履行にあたる。妥当性要求の呈示は妥当性に準拠してなされており、妥当性要求にたいして批判がな

されれば、根拠を示して反駁しなければならず、つまりは妥当性要求の履行がおこなわれる。妥当性、妥当性要求および妥当性要求の履行というこの三者のあいだの論理的な関係にもとづいて、了解が成立するのであり、そこから行為整合の力が生みだされるとされる。

⑶ コミュニケーション行為と討議

　ここでは、これまで検討してきた論点をふまえて、コミュニケーション行為と討議との関係について検討をおこない、コミュニケーション行為についての理解をさらに深めることにしたい。

　これまでの検討で明らかにしたように、コミュニケーション行為は妥当性要求の呈示とその承認にもとづく行為だということができる。そのことをふまえ、ここでは次のような論点を確認しておくことにしたい。すなわち、コミュニケーション行為は妥当性要求の呈示とその承認にもとづく行為だが、その過程は顕在的になされる必要はない、という点である。もちろん関与者のあいだでその妥当性要求そのものを主題とし、それを論議することもありうる。ハーバーマスは妥当性要求そのものを主題とする論議のことを討議(Diskurs)

論証の諸形式 ＼ 基準となる点	問題になっている発言	争点となっている妥当性要求
理論的討議	認知的・道具的	命題の真理性、目的論的行為の実効性
実践的討議	道徳的・実践的	行為規範の正当性
審美的批判	評価的	価値基準の適切性
治療的批判	表出的	表出の誠実性
説明的討議	－	シンボル的構成物の理解可能性ないし好形性

図 2-2　論証の諸類型（Habermas 1981: I 45 = 1985: 48）

あるいは論証（Argumantation）と呼び、コミュニケーション行為から明瞭に区別している（Habermas 1981: I 436 = 1986: 71）（**図 2-2**）。

　ここで討議という用語について、補足を二つ付け加えておきたい。まず第一に、討議という訳語についてである。英語の discourse は、しばしば談話と訳される。そのばあいの談話とは、「話されたり書かれたりしたことばが、二つ以上の文の連続体であって、一定のまとまりを有するとみなされるとき」（大塚高信・中島文雄監修 1982: 328）のことを指す。それにたいしてハーバーマスのいう Diskurs は、妥当性要求そのものを主題化しその妥当性をめぐって議論をおこなうという特定化された対話だけを指す。こうした意味内容を持っているため、談話ではなく討議という訳語があてられてきており、ハーバーマスの翻訳ではほぼ定着している。第二に、討議と論証の関係についてである。より厳密にいうなら、妥当性要求を主題化する対話全般を指す術語は論証である。ハーバーマスによると、「われわれが論証と呼ぶのは、参与者たちが争われている妥当性要求を主題化し、この妥当性要求を論拠によって履行したり批判したりするタイプの対話である」（Habermas 1981: I 38 = 1985: 42）（強調はハーバーマスによる）。この論証のうち、対話のなかで妥当性要求の履行が可能なもの（つまりは妥当性の根拠を議論のなかで明示的に示しうるもの）だけが討議と名づけられている。したがって、主題化されている妥当性要求が真理性要求と正当性要求のばあいには討議であるが、誠実性要求が主題化されているばあいには、批判として特徴づけられることになる。そうしてみると、コミュニケーション行為と対比されるべきなのは、概念的には、討議というよりも論証だということになる。ただし、討議という術語は広く流通しており、妥当性要求を主題化する対話を討議によって代表させることもさしあたりは許容範囲内であろう。そこで、この文脈においては、討議という用語を使用しておく。

　さて討議は、コミュニケーション行為において掲げられている妥当性要求に異議がさしはさまれたばあいに開始される。逆にいえば、とくに異議がさしはさまれないばあいは、コミュニケーション行為において呈示されている妥当性要求はさしあたり主題化されることはない。しかしここで見誤ってはならないのは、コミュニケーション行為においてはさしあたり主題化されて

いなくとも、妥当性要求は掲げられているのであり、とくに異議がさしはさまれないかぎりにおいてそうした妥当性要求は承認されているということなのである。この点を見誤ってしまい、妥当性要求が主題化された行為がコミュニケーション行為だと誤解すれば、コミュニケーション行為をあまりにも狭い概念として理解することになる。もしコミュニケーション行為とは妥当性要求を主題化する行為であるとするなら、コミュニケーション行為は日常の行為のうちのごく一部分のものにすぎないことになり、社会的行為をコミュニケーション行為と戦略的行為とに二分するという社会的行為の類型論そのものの妥当性が、疑問視されかねない。

　しかし、そうした理解はコミュニケーション行為と討議とを取り違えた結果だといわなければならない。ハーバーマスからすれば、妥当性要求の呈示と承認という過程は日常的な行為の連鎖のなかで繰り返されており、そうした行為の連鎖においては、妥当性要求そのものはとりたてて主題化されはしない。そうした日常的な行為を表象しそこからつかみだされたものがコミュニケーション行為の概念だということを、ここで確認しておきたい。関与者たちは、妥当性要求に異議がさしはさまれたばあいにはじめて、そうしたコミュニケーション行為の連鎖を中断し、討議を開始し、妥当性要求そのものを主題化することになる。そのようにして討議が開始されることになるわけだが、コミュニケーション行為が成立するためには、討議への移行がいつでも可能だということさえ保証されていれば十分なのであり、妥当性要求をつねに主題化する必要はない。つまり、コミュニケーション行為のレヴェルと討議のレヴェルとを峻別したうえで、コミュニケーション行為から討議への移行可能性を保証することだけが必要だということになる。

　ところで、コミュニケーション行為は原則的には三つの種類の妥当性要求を同時に掲げている。そうしてみると、これらの三つの妥当性の局面それぞれについて異をとなえることができる。ここで注意しておきたいのは次の点である。すなわち、真理性要求と正当性要求のばあいには、討議のなかで論拠を示すことによってその妥当性を確認することができるのにたいして、誠実性要求のばあいには、そうしたやり方ではその妥当性を確認することがで

きないという点である。真理性要求に疑念がさしはさまれたばあい、その発言の真理性いかんを主題とした討議がくりひろげられることになる。こうした討議をハーバーマスは理論的討議と呼ぶ (Habermas 1981: I 447 ＝ 1986: 79)。正当性要求に異議がとなえられたばあいには、その発言の規範的正当性を主題とした討議がおこなわれる。こうした討議をハーバーマスは実践的討議と呼ぶ (Habermas 1981: I 447 ＝ 1986: 79-80)。これにたいして、誠実性要求に疑念がさしはさまれたばあいには、討議のなかで論拠を示すことによってはそうした疑念を解消することができない。というのも行為者は、いくら自分は誠実だと主張したところで、その発言によっては、みずからの誠実性を証明することにならないからである。行為者は、みずからの発言と矛盾しない行為をおこなうことによって、誠実に行為していることを示さなければならないのであり、行為の経過のなかで首尾一貫した行為を示すことによってのみ、みずからの誠実性を証明することができる。

　討議とコミュニケーション行為とを概念上、明確に区別しておくことがきわめて重要である。コミュニケーション行為は、妥当性要求の妥当性いかんについての論議を主題的におこなう行為のことではない。ここであくまでも強調しておかなければならないのは、コミュニケーション行為という概念は、何か理想的な行為を思惟のなかで設定し組み立てたものではないということである。ハーバーマスはあくまでも日常的な行為の連鎖を表象し、そこからコミュニケーション行為の概念をつかみだしている。ハーバーマスはコミュニケーション行為という概念によって、日常的な行為連鎖のなかから、妥当性要求の相互承認という過程を読みとっているということをあらためて確認しておきたい。

5　コミュニケーション行為理論の社会理論的意義

　ハーバーマスは、社会理論たりうる行為理論の構築をめざして、行為理論のパラダイム転換を提唱した。コミュニケーション行為理論はそうした理論的探求の成果なのであり、その構成の基本的特徴について、これまで検討を

進めてきた。ハーバーマスは、社会理論の基礎視角として十全に機能をはたしうる行為理論を構築するために、行為理論の鍵概念を目的活動からコミュニケーション行為へと移行させた。そのさい、コミュニケーション行為が目的活動には還元されえないということの論証が、かれにとっての重要な理論的課題となった。それゆえかれは、言語行為の分析を利用して意思疎通の構造について解明を進めたのであり、意思疎通は目的活動としては把握しえないことを論理的に示した。ハーバーマスは、妥当性要求の相互承認にもとづくという点にコミュニケーション行為の基本的特徴をみいだしたのであり、このコミュニケーション行為の概念を準拠点として、コミュニケーション行為理論を展開している。

　われわれとしては、このように構築されたコミュニケーション行為理論が、ハーバーマス社会理論そのものの構成のあり方を方向づけているという点に注目しておきたいと思う。コミュニケーション行為理論はかれの社会理論の基礎視角とでもいうべき役割をはたしている。コミュニケーション行為理論が社会理論の基礎視角としていかなる意味を有しているのか。コミュニケーション行為理論の構成のあり方によって、ハーバーマスの構想する現代社会の社会理論にいかなる特徴が刻み込まれることになったのか。本章の最後に、こうした論点について検討を加えておくことにしたい。

行為整合への体系的視座

　まず第一に、コミュニケーション行為理論によって、行為整合への問いにかんして体系的な視座が与えられることになったという点を確認しておきたい。社会学の行為理論は、行為整合の問題を解明するということをその中心的な課題としてきた。自我の行為と他我の行為はいかにして整合されうるのか。社会的行為はいかにして可能なのか。社会学の行為理論においては、この問題こそがその関心の焦点に位置していた (Habermas 1984c: 571)[10]。しかもこの問いは、社会秩序はいかにして可能かの問いを相互行為レヴェルで表現したものにほかならない。

　すでに検討を進めてきたように、ハーバーマスは、意思疎通の分析をつ

うじて、コミュニケーション行為の論理構造を明示化しようとした。コミュニケーション行為は目的活動には還元しえない。そのことの論証をつうじて、ハーバーマスはコミュニケーション行為における行為整合メカニズムの独自な論理を解明した。目的活動としての行為を出発点とすると、複数の行為者がかれらの目的活動をかみあわせることとしてのみ、社会的行為は理論化されうる (Habermas 1984c: 576-577)。ハーバーマスは、この種の社会的行為にみいだされる行為整合のメカニズムをさしあたり影響力行使 (Einflußnahme) として特徴づけている。だが、目的活動を出発点とするかぎり、ひとびとのあいだの意思疎通にもとづく社会的行為は理論化しえない。それゆえハーバーマスはコミュニケーション行為への行為理論のパラダイム転換を提唱する。ハーバーマスは、コミュニケーション行為が目的活動には還元しえないことを明らかにすることによって、了解が影響力行使と並ぶもう一つの行為整合メカニズムであることを解明しているのである (Habermas 1984c: 574-575)。

コミュニケーション行為は、行為における意思疎通の側面と目的活動の側面とを綜合した概念である (Habermas 1981: II193-194 ＝ 1987: 29)。ハーバーマスからすると、そうしたコミュニケーション行為を出発点とすることによってはじめて、了解と影響力行使という二つの行為整合メカニズムを視野におさめることが可能になる。そうだとすれば、コミュニケーション行為理論によってはじめて、社会的行為はいかにして可能なのかの問いにたいする包括的な視座を獲得することができたのであり、行為整合の問題にたいして十全な解答を示すことができるようになったということができる。

行為の合理性への包括的視座

第二に、コミュニケーション行為理論によって、行為の合理性にかんする包括的な視座が獲得されるという点を指摘しておくことにしたい。ハーバーマスからすれば、目的活動としての行為を出発点とするかぎり、行為の合理性の把握にかんして決定的な限界が生じざるをえない。これまで検討してきたように、目的活動としての行為の特徴は、（さしあたっては単独の）主体が目標指向的に対象にはたらきかけ、成果を獲得するという点にみいだされる。

こうした行為概念を出発点とするかぎり、その行為の合理性は成果の合理性へと還元されることになり、いかにして成果をうまく達成しえたかという点でのみ評価されることになる。つまり目的活動としての行為の合理性は、あくまでも実効性 (Wirksamkeit) という側面ではかられるというのである (Habermas 1981: I 447 = 1986: 79)。ハーバーマスからすれば、こうした前提にもとづくかぎり、目的合理性 (Zweckrationalität) こそが、行為が批判されたり改善されたりしうる唯一の側面であるとして、目的合理性に固執せざるをえなくなる (Habermas 1981: I 446-447 = 1986: 79)。こうしてハーバーマスは、目的活動としての行為を出発点とするかぎり、目的合理性ないしは認知的・道具的合理性 (kognitiv-instrumentalle Rationalität) へと行為の合理性を切り詰めてしまう結果に陥ることを明らかにする。そうしたうえでハーバーマスは、行為の合理性というものが決して目的合理性には還元されえないという点に注意を促す。ハーバーマスからすれば、単独の行為者が客体へとはたらきかける目的活動としての行為ではなく、複数の行為者のあいだの意思疎通関係を出発点とし、そうしたひとびとのあいだで、意思疎通をつうじての了解がいかにして十分に達成されうるのかという点を基準として、行為の合理性を評価することができるというのである。このハーバーマスの論理にしたがうなら、行為の合理性は決して成果の合理性につくされるのではなく、意思疎通の合理性というべきものも、行為の合理性のなかに含まれなければならないことになる。ハーバーマスは、そうした意思疎通の合理性のことを目的合理性と対比させて、コミュニケーション合理性 (kommunikative Rationalität) と呼んでいる (Habermas 1981: I 114 = 1985: 120-121)。

　これまで検討してきたように、ハーバーマスによれば、意思疎通は目的活動には還元しえない独自の構造を有するものであり、この論拠を説得的に示すことこそが、コミュニケーション行為理論のもっとも重大な理論的課題であった。意思疎通は目的活動には還元しえないとするこの論点は、行為の合理性を検討するうえにおいても、重要なポイントとなる。意思疎通もまた一種の目的活動としてとらえうるのであれば、行為の合理性を把握するためには目的合理性という基準だけで十分だということになるからである。意思疎

通が目的活動には還元されえないという前提があるからこそ、コミュニケーション合理性という合理性の基準は有意味なものとして確認されうる。成果に指向して行為するひとびとが相互に影響力を行使しあい、その結果として行為がかみあわせられることとして意思疎通が把握されうるのであれば、行為の合理性はもっぱら目的合理性としてのみつかみだされることになり、コミュニケーション合理性などという概念が成立しうる余地は存在しえない。ハーバーマスは、言語行為の分析をつうじて、意思疎通に指向した行為は批判可能な妥当性要求の相互承認にもとづくという点にその根本的な特徴を有することを明らかにし、意思疎通は目的活動には還元しえないということの論拠を示すとともに、こうした基本的特徴をふまえることによってはじめて、意思疎通の行為にみられる合理性の基盤について解明しうるのだと主張することになる。コミュニケーションをつうじて達成された了解というものは、潜在的であれ妥当性要求の相互承認にもとづいている。了解というものの有するこうした性格に着目すれば、最終的には根拠に依拠しなければならないという特徴をそうした了解から引きだすことができる (Habermas 1981: I 37 = 1985: 42)。ハーバーマスからすれば、この点にこそ、意思疎通の行為に特有の合理性が示されているというのである。すでに検討したとおり、了解とは、ただたんに事実上一致しているということではない。当の発言内容の妥当性を関与者のそれぞれが自発的に承認しているという点にこそ、了解というものの持つ重要な特徴がみいだされる。もちろん発言の背後にある何らかの強制力によって同意をとりつけることはできるけれども、そのようにして引き起こされた同意は、関与者じしんからは決して了解とは認知されえない。あくまでも発言内容の妥当性を自発的に納得して承認するという点にこそ、了解というものの特徴があるのであり、意思疎通は、そうした了解の達成をめざしたものだということができる。ハーバーマスは、意思疎通の行為にみられるこうした特徴のなかから、目的活動とは異なるもう一つの合理性の基準を読みとっているのである。

　ハーバーマスからすると、コミュニケーション行為を出発点とすることによってはじめて、行為の合理性を論議するための包括的な視座がえられると

いうことになる。さきほども再確認したとおり、コミュニケーション行為とは、行為における目的活動の側面と意思疎通の側面とを綜合した概念であった。それゆえ、コミュニケーション行為から出発することによって、行為の合理性というものを成果の獲得と了解の達成という二つの側面から評価することが可能になる。さらに、前節で検討したコミュニケーション行為の下位類型を手がかりとすれば、コミュニケーション行為のなかに具体化される行為の合理性の諸側面について、分析を展開することもできる。コミュニケーション行為理論を前提とすることによって、目的合理性ばかりでなくコミュニケーション合理性をも視野におさめることができるようになる。

　さらにこうした論議は、近代社会の生みだした合理性を評価する視点を見極めるためにも、重要な手がかりとなる。ハーバーマスもいうように、近代の自己了解を強く特徴づけてきたのは、認知的・道具的合理性だということができる。主体が客体へとはたらきかけて、成果を獲得する。そうした成果の合理性とでもいうべきものが近代社会を方向づけてきたのであり、そうした合理性こそが現代社会の巨大な生産力を生みだしてきた。だが、他方において、そうした合理性こそが現代社会のさまざまな問題を生みだしてきたのではないかとの疑念も、表明されている。周知のように、ホルクハイマーとアドルノは、対象へとはたらきかけて成果をえる人間というものの理性のあり方を道具的理性 (instrumentalle Vernunft) として特徴づけ、そうした理性こそが、自然や（他者ばかりでなく自分じしんをも含む）人間にたいする支配を生みだしているのだとする[11]。こうした考え方から出発すれば、道具的・認知的合理性こそが近代社会の合理性にほかならず、しかもそれは自然や人間を支配する合理性だとの帰結が導かれよう。そうだとするなら、この視座からは、近代社会を特徴づける合理性そのものへの全面的な批判が展開されざるをえない。だが、ハーバーマスからすれば、近代社会へといたる社会の発展のなかで、認知的・道具的合理性ばかりでなく、コミュニケーション合理性もまた育まれてきたのであり、このことにも十分な評価がなされなければならない。現代社会へといたる社会発展のなかでひとびとは、客体へとはたらきかけて成果をえることばかりでなく、ひとびとのあいだの意思疎通をはかることもお

し進めてきた。そうした社会発展のなかで、ひとびとのあいだの相互批判を許容しあえるような文化や社会規範やパーソナリティのあり方もまた、育成されてきた。コミュニケーション行為という概念を出発点とし、コミュニケーション合理性という概念を手がかりとすることによってはじめて、社会発展のこうした側面が十全に評価されうるというのである。

社会理論としての生活世界論への回路

さらに第三に、コミュニケーション行為という概念を前提にしてはじめて、生活世界論を社会理論として生かす道が開示されるということを指摘しておきたい。そのさいまず確認されなければならないのは、ハーバーマスからすれば、コミュニケーション行為を出発点とすることによってはじめて、生活世界の問題性が問われうるということなのである。これまですでに検討してきたように、コミュニケーション行為とは、妥当性要求の相互承認にもとづく行為だとされている。そうしてみると、コミュニケーション行為は、行為者間の相互了解にもとづく行為だということができるわけだけれども、そうした相互了解がいかにして成立するのかを問題にしていけば、そうした行為者たちのあいだに共有されている意味基盤が重要な機能をはたしていることに目を向けざるをえない（Habermas 1981: I 449 = 1986: 81）。ある行為者が他者と意思疎通しようとするばあい、そうした行為者たちは、共有された意味基盤をそのコンテクストとして前提にしているのであり、そうした自明な意味基盤がまったく存在しなければ、意思疎通は成り立ちえない。エドムント・フッサールやシュッツはこうした自明な意味基盤を生活世界と呼び、その構成を問題にしようとした（Husserl 1954 = 1974; Schütz und Luckmann 1979 = 2015, 1984）。そうしてみると、コミュニケーション行為を出発点に設定すると、その論理展開のなかで、必然的に生活世界の問題性につきあたらざるをえないということができるのであり、その意味において、コミュニケーション行為への問いは生活世界への問いに直結しているということができよう。

そうだとするならハーバーマスは、こうした論理をつうじて、生活世界論にはコミュニケーション行為理論的な視座が不可欠の前提となっていること

を明示化しているということができる。ハーバーマスからすれば、目的活動としての行為を出発点とするかぎり、生活世界の問題性は十全には視野におさめることができない。というのも、目的活動としての行為から出発し、外界へのはたらきかけとして行為を理論化しようとするかぎり、当の行為者によるそうしたはたらきかけにかかわるものだけが主題化されうるのであり、当の行為者にとって自明なものとみなされる意味基盤は問題とされないからである。目的活動としての行為を前提とすれば、当の行為者にとって意識化されうるような要素(たとえば、手段、目的、価値、結果)は視野におさめられるけれども (Habermas 1981: I 384-385 = 1986: 21-22)、行為者にとって自明な意味基盤はまさしく自明であるがゆえに問題とはなりえない。もちろん、そうした意味基盤も、それが行為にとっての条件として当の行為者にかかわることがあれば、主題化されうる。けれども、こうした視角にとどまるかぎり、自明な意味基盤そのものすなわち生活世界それじたいを主題化するという視点は導かれえない。そうした点からして、生活世界そのものを主題化しうるためには、コミュニケーション行為理論の視角が不可欠だとハーバーマスはいうのである。ひとびとが意思疎通をおこなおうとするばあい、自明な意味基盤が重要な機能を営んでいるということができる。ひとびとのあいだの意思疎通関係を理論的な出発点とすれば、生活世界の問題性につきあたらざるをえない。そうしてみると、意思疎通に指向した行為から出発することによってはじめて、生活世界の問題性を主題化することができるというわけなのであり、その意味において、生活世界論はコミュニケーション行為理論をその理論的な前提としているということができる。

　ここで銘記しておかなければならないのは、ハーバーマスの理論構成において、コミュニケーション行為と生活世界とが相補的な関係にあるものとされているということである (Habermas 1981: II 182 = 1987: 17)。まず一方において、コミュニケーション行為が営まれるためには、自明な意味基盤としての生活世界が存立していなければならない。生活世界はコミュニケーション行為の資源として役立っているのであり、そうした資源を利用することによってコミュニケーション行為は成立する (Habermas 1981: II 203-204 = 1987: 38-39)。他

方において、生活世界は、コミュニケーション行為によってのみ再生産される。コミュニケーション行為は、生活世界を資源として利用するのだが、まさにそのことをつうじて、生活世界は再生産されるのだという（Habermas 1981: II 208-209 ＝ 1987: 43-44）。コミュニケーション行為の成立は生活世界を前提にしており、生活世界の再生産はコミュニケーション行為をつうじてのみなしとげられうる。この意味において、コミュニケーション行為と生活世界とは相補的な関係にあるというのである。そうしてみると、ハーバーマス社会理論の構成上、コミュニケーション行為理論と生活世界論とは、それぞれがたがいの存在を前提にしている。

　コミュニケーション行為理論が社会理論としての意義を十分に発揮しうるためには、生活世界論と接続されなければならない。実際の行為状況におけるコミュニケーション行為のあり方は、その基盤となっている生活世界のあり方に大きく左右されるといわなければならない。コミュニケーション行為理論は、生活世界論と接続されることによってその理論的可能性を十全に発揮させる回路を確保することになる。他方、コミュニケーション行為理論を前提とすることによって、生活世界論に次のような二つの重要な視点がもたらされる。その一つは、変動論的視点ないし再生産論的視点とでもいうべき視点であり、もう一つは、合理化論的視点とでもいうべき視点である。さきほども述べたように、コミュニケーション行為は生活世界を資源として利用しているのであり、そのことをつうじて生活世界は再生産される。この論点は、生活世界の流動的性格ないし過程的性格を強調することに直結する。生活世界は、さしあたっては行為者たちにとって自明な意味基盤として特徴づけられる。さらにそうした特徴づけをふまえたうえで、生活世界がコミュニケーション行為によって再生産されるという性格が明示化される。こうした論理展開をへて、この自明な意味基盤そのものすなわち生活世界が変動する性格を持ったものだということを明示化することができる。たしかに生活世界は、自明な意味基盤として機能しているけれども、この自明性はつねに安定したものであり続けるわけではない。たえずコミュニケーション行為のなかで問いなおされる可能性をはらみながら、再生産されているのである。も

ちろん生活世界はそれが生活世界である以上、その全体が問いなおされその自明性が完全に崩壊するということは、滅多にない例外的な事態である。しかし、その生活世界の個々の断片にかんしていえば、つねにその自明性が問いなおされる可能性をはらんでいる。コミュニケーション行為の概念を前提とすることによって、生活世界は、さしあたっては自明であるが、潜在的にはつねに批判可能な意味領域としてとらえなおすことが可能となる。

　さらにコミュニケーション行為の概念を前提とすることによってはじめて、生活世界の合理化という論点を主題化することができる。コミュニケーション行為の概念を検討したさいに明らかにしたように、意思疎通の行為にはそれ独自の合理性の基盤があるということができる。すでに何度も述べてきたように、妥当性要求を相互承認するという点に意思疎通の行為の根本的特徴がみいだされるのであり、しかもそうした相互承認は何らかの強制力によって誘発されたものではなく、あくまでも個々の行為者の自発性に依拠しているというところにその特徴がある。まさしくこうした点にハーバーマスは、合理性の一つの源泉をみいだしたのであった。コミュニケーション行為のこの基本的な特徴づけをふまえるなら、こうした特徴づけがより明確にあらわれうる方向へ生活世界が変動していく過程を生活世界の合理化として特徴づけることができる。生活世界は、行為者たちにとって自明な意味基盤としてさしあたり特徴づけることができるのだけれども、そうした生活世界の自明さはそれぞれの社会のあり方におうじて異なっているということができる。そうした生活世界の自明性は、いわば規範によってあらかじめ定められているばあいもありうるし、そうした規範の拘束力が弱く、それゆえコミュニケーションによって多くのことがらを取り決めなければならない可能性をはらんでいるばあいも想定されうる (Habermas 1981: II 203 = 1987: 38)。前者のばあい、問題化されうる生活世界の領域は小さいが、後者のばあいには、生活世界のなかの問題化されうる可能性をはらんだ領域は大きい。ハーバーマスは、コミュニケーション行為の概念を前提とすることによって、後者のケースの方がコミュニケーション行為がより純粋な形で営まれているとみなすことができるのであり、後者の方がより合理性が高い状態にあると判定して

いる (Habermas 1981: II 218-219 ＝ 1987: 52-53)。しかも、社会の発展過程をみれば、生活世界のなかで問題化される可能性をはらんだ領域が拡大するという傾向は確実にみいだされるのであり、こうした趨勢をハーバーマスは生活世界の合理化として特徴づけているのである (Habermas 1981: II 267-269 ＝ 1987: 100-102)。

コミュニケーション・メディア理論への視座

　第四に、コミュニケーション行為の概念を前提にしてはじめて、コミュニケーション・メディアを整序する視点が獲得されうることを指摘することができる。まずハーバーマスは、コミュニケーション行為理論を前提にして、コミュニケーション・メディアの基本的な機能をみさだめようとする。ハーバーマスからすれば、コミュニケーション・メディアのもっとも基本的な機能は、コミュニケーション行為の負担免除 (Entlastung) という点にこそみいだされなければならない (Habermas 1981: II 269-270 ＝ 1987: 102-103)。ハーバーマスによれば、コミュニケーション・メディアは、言語による意思疎通の支出を縮減し、コンセンサスの不成立というリスクを軽減し、自我と他我とのあいだの行為整合に役立つという機能を有しているのだという。つまりコミュニケーション・メディアが媒介することによって、自我の申し出を他我が受け入れるよう促進することができるのであり、そうした点において言語による意思疎通の負担軽減をはたし行為整合に役立つというのである。しかも、こうしたコミュニケーション・メディアの機能が社会的に重要なものとして位置づけられなければならない背景として、さきにみた生活世界の合理化という過程がみいだされることを確認しておかなければならない。ひとびとのあいだで営まれる日常のコミュニケーションは、生活世界をコンテクストとしており、生活世界を資源として利用することをつうじて成り立っている。つまり自我と他我のあいだの行為整合は、生活世界を基盤とし、言語による意思疎通をつうじて、なしとげられているのである。そうした点に注目するなら、生活世界は、間主観的に自明なものとして受け入れられることをつうじて、コンセンサスの前貸しとでもいうべき機能を引き受けているのであり、ひとびとは多かれ少なかれそうし

たコンセンサスの前貸しを利用して意思疎通をはかっているということができる (Habermas 1981: II 272 = 1987: 105)。ところで、社会が発展するその過程のなかで、動機や価値の一般化が進行し、無問題的なものの領域が収縮する。そうしたばあい、コミュニケーション行為を営む行為者たちは、生活世界によるコンセンサスの前貸しを素朴に前提とすることができなくなり、それゆえに自分たちじしんによる解釈のはたらきに依拠しなければならなくなる。そのことによって同時に、意思疎通の支出は増大し、コンセンサスの不成立というリスクも増大する (Habermas 1981: II 272 = 1987: 105)。だがこのことは他面において、言語による意思疎通の持つ重要性が高まっているということをも意味しており、つまりは批判可能な妥当性要求の間主観的な承認に依拠するという意思疎通の基本的な性格がより明確なものとして浮かびあがってきたということを指し示してもいる。すでにみたように、言語による意思疎通をつうじた了解の達成というものは、あくまでも関与する個々の行為者たちによる自発的な承認にもとづくという点にその基本的な特徴があり、何らかの強制力や不透明さにもとづくものではないという点において、合理的であるとハーバーマスはみなしている。言語による意思疎通というものには、基本的にはこうした特徴がみられるのだけれども、生活世界がその自明で無問題的な性格を強固に持っているばあい、そうした合理性はポテンシャルにとどまっているのであり、当の生活世界のなかで言語による意思疎通の重要性が増すということは、そうした合理性のポテンシャルが解きはなたれ現実化するということにほかならない。ハーバーマスは、まさしくこうした過程を生活世界の合理化として特徴づけているのである。だが、その反面において、生活世界の合理化は、意思疎通の必要を上昇させ、解釈の支出を増大させ、コンセンサスの不成立というリスクを拡大する。生活世界の合理化の過程は、意思疎通に過大な負担を強いることになるのであり、こうした負担を軽減する機能をコミュニケーション・メディアは担っているということができるのである。

　コミュニケーション・メディアの基本的機能にかんするこうした認識をふまえ、ハーバーマスは、コミュニケーション・メディアはその性格からして

二種類に分類すべきだと主張する。すなわち、言語による意思疎通を濃縮するコミュニケーション・メディアと言語による意思疎通にとってかわるコミュニケーション・メディアとに分類しなければならないというのである (Habermas 1981: II 269-270 ＝ 1987: 103)。前者の例としてハーバーマスがあげているのは、専門的名声 (fachliche Reputation) や価値コミットメントないしは道徳的・実践的リーダーシップであり、ハーバーマスはそれらを、一般化された形式のコミュニケーションとして特徴づけている (Habermas 1981: II 272 ＝ 1987: 105)。他方、後者の例としてハーバーマスがあげているのは、貨幣と権力である (Habermas 1981: II 272 ＝ 1987: 105)。ここでまず確認しておかなければならないのは、こうした分類の前提になっているのがコミュニケーション行為の概念だということであり、コミュニケーション行為の基本的特質にかんする分析をふまえてこうした分類が根拠づけられているということである。まず前者のばあい、そうしたメディアは、コミュニケーション行為にとってかわるものではなく、コミュニケーション行為を促進するものとして位置づけられている。このばあい、たしかにそうしたメディアが媒介することをつうじて行為整合はなしとげられているのであり、その意味において、言語による意思疎通の負担軽減がはかられている。しかしこの種のメディアは、妥当性要求の呈示と承認という過程をいわば第一審級においてのみ軽減しているにすぎないという点にその特徴がある (Habermas 1981: II 275 ＝ 1987: 108)。というのも、これらのメディアはそれじたい言語によるコンセンサス形成を利用しなければならず、それゆえこれらのメディアは生活世界の文脈から切り離されえないからである (Habermas 1981: II 273 ＝ 1987: 106)。たとえば専門的名声がメディアとして機能していれば、自我の側からの申し出がそうしたメディアに依拠しているばあい、この申し出を受け入れるよう他我の側に促すことができるのであり、そのかぎりにおいてこのメディアは行為整合に役立つことができる。このばあい他我が自我の申し出を受け入れたのは、自我の申し出の背後にある何らかの強制力によるのではなく、専門的名声にもとづく自我の申し出を信用したからにほかならない。専門的名声はそもそも、言語によるコンセンサス形成に依拠しており、当の生活世界の文脈に埋め込まれている。そうであるがゆえに、

専門的名声は信用をうることができるのであり、行為整合の力を持つことができる。メディアとしての専門的名声がこのような特質を持つからには、この専門的名声の根拠を問うことも可能になるのであり、さらには専門的名声というコミュニケーション・メディアによって媒介された行為整合のあり方にも疑問をさしはさむことが可能となる。このばあい、言語による意思疎通の場面へと引き戻され、潜在的に掲げられていた妥当性要求の妥当性いかんが主題化されることとなる。そうしてみると、この種のコミュニケーション・メディアの持つ行為整合の力は、最終的には妥当性要求の相互承認から引きだされているということができるのであり、そのかぎりにおいて、この種のメディアによって媒介された行為は、コミュニケーション行為と同一の論理構造を有している。つまりこの種のコミュニケーション・メディアは、意思疎通過程を濃縮しているにすぎず、意思疎通過程そのものにとってかわっているわけでは決してない。この種のメディアに媒介された行為は、さしあたっては妥当性要求の吟味にはさらされないけれども、潜在的には妥当性要求の吟味はいつでも可能とされているのであり、つねに批判されうる可能性を保持している。

　これにたいして、後者のコミュニケーション・メディアすなわち貨幣メディアと権力メディアのばあい、コミュニケーション行為にいわばとってかわっているところにその特徴があるとされる (Habermas 1981: II 273 = 1987: 105-106)。つまりこれらのメディアは、言語による意思疎通過程を回避して、他の相互行為参与者の決定へと影響力行使をおこなうことを可能としているというのである。その意味において、貨幣メディアと権力メディアは、行為整合の場面において負担免除としての機能をはたしているとされる。そのさい注目しておかなければならないのは、このばあい、行為整合は言語によるコンセンサス形成の過程から切り離されているのであり、それゆえそこでの行為整合を意思疎通過程へと引き戻して吟味しなおすことができないということである。ここでの行為整合は、妥当性要求の相互承認に依拠してはいない。貨幣メディアや権力メディアに媒介された申し出をひとびとが受け入れるのは、そうした申し出の妥当性を承認することによってではない。これらの

メディアは、サンクションによって裏打ちされており、そうしたサンクションのポテンシャルをみてとることによって、ひとびとは、これらのメディアによって媒介された申し出を受け入れる。この種のメディアの持つ行為整合の力は、当の意思疎通過程を越えた連関つまりは経済システムや国家行政システムによって生みだされているのであり、意思疎通過程に内在する妥当性要求の相互承認から生みだされているわけではない。そのため、この種のコミュニケーション・メディアによって媒介された行為整合のあり方にたいして疑問をさしはさむことは不可能である。むしろ貨幣メディアや権力メディアに媒介された行為は、批判不可能だというところにその基本的な特徴がみいだされる。ハーバーマスからするなら、この種のメディアは、言語による意思疎通過程を濃縮するのではなく、それに完全にとってかわっているのであり、これらのメディアは、脱言語化されたコントロール・メディアとして特徴づけられる。

　こうした分析をふまえて、ハーバーマスは、パーソンズによるコミュニケーション・メディア理論にたいしても批判的な検討を加えようとする。パーソンズは、社会システムのレヴェルにおけるコミュニケーション・メディアとして、貨幣、権力、影響力および価値コミットメントの四つをあげているが、ハーバーマスからするなら、これら四つのメディアもまた二つに分類されなければならない。すなわち、さきにあげた分類法にしたがえば、影響力と価値コミットメントが言語による意思疎通を濃縮するコミュニケーション・メディアにあたり、貨幣と権力が言語による意思疎通にとってかわるコミュニケーション・メディアにあたる (Habermas 1981: II 412 ＝ 1987: 246-247)。ハーバーマスは、このように「メディアの二元論」を提起するわけであるが (Habermas 1981: II 419 ＝ 1987: 253-254)、ここで留意しておかなければならないのは、コミュニケーション・メディアを二種類のものに分類しなければならないというハーバーマスの主張の持つ、より根本的な意味あいである。ハーバーマスは、メディアの二元論を提起することをつうじて、コミュニケーション・メディアというものの基本的な特質はどのように把握されなければならないかという論点を呈示しているのであり、こうした観点からパーソンズのメディア理論

を批判的に摂取しようとしている。ハーバーマスによるこうした論議は、言語による意思疎通過程の特徴をみさだめ、それを基点として論理展開することによって可能とされている。ハーバーマスからするなら、言語による意思疎通過程の基本的な特質をとらえそこなっているという点にこそパーソンズ社会理論の決定的な問題点がある。そうした問題をかかえているために、パーソンズは、コミュニケーション・メディアを分析するにあたっても、戦略的な影響力行使を基軸としたサンクション図式に拘泥せざるをえず、メディアの非対称性に目を向けることができなかったという (Habermas 1981: II 414-417 = 1987: 248-251) [12]。

生活世界とシステムへの視点

さらに第五には、コミュニケーション行為理論を出発点とすることによって、生活世界とシステムという二層的な社会概念が構築されているという点を指摘しておきたい。ハーバーマスは、生活世界とシステムとからなる二層的なものとして社会をとらえるべきことを提唱している。つまり、日常的な意味的世界としての生活世界と、そこから自立化し物象化した行為連関としてのシステムとから、社会は成り立っているという (Habermas 1981: II 225-228 = 1987: 59-61)。ハーバーマスは、生活世界から自立化し物象化した行為連関としてシステムというものを位置づけるという視点を明確に示しているのだが、ここでさしあたり確認しておきたいのは、コミュニケーション行為から出発し、生活世界の基本的な特質をみさだめ、生活世界とは質的に異なる行為連関としてシステムを特徴づけるという理論戦略を採用しているということである。さきに述べたコミュニケーション・メディアにかんする基本的な認識をふまえるなら、システムとは、貨幣や権力といった脱言語化されたコントロール・メディアによって媒介され、自立化した行為連関としてとらえなおすことができる。ハーバーマスは、システムというものの基本的な特徴として、規範に左右されない (normfrei) という点を指摘しているが (Habermas 1981: II 226 = 1987: 59)、この点において、生活世界とシステムは質的にまったく異なった行為連関としてつかみだされているということができる。コミュニケーショ

ン行為の概念を前提とし、生活世界とコミュニケーション行為とを相補的な
ものと位置づけるなら、潜在的には批判可能な行為領域として、生活世界と
いうものの基本的な特徴を押さえることができる。さらに、生活世界につい
てのこの基本的な特徴づけをふまえたうえで、それとはまったく対照的なも
のとして、規範に左右されないというシステムの基本的な特徴がつかみださ
れている。ハーバーマスからするなら、生活世界の基本的特質にかんする認
識をふまえてはじめて、システムというものの特質が明瞭にとらえられるこ
とになるのであり、生活世界とシステムとを質的に異なった行為連関として
つかまえることが可能になる。またさらには、このような把握を前提にして
はじめて、システム複合性の増大と生活世界の合理化とを峻別する視点が導
出されることになる。

　このような検討をふまえるなら、生活世界とシステムという区分がたん
なる領域的な二分法ではないことをあらためて確認することができる。ハー
バーマス社会理論においては、生活世界とシステムとはあくまでも質的に
異なった行為連関として位置づけられているのであり、特定の行為領域を
生活世界とシステムのいずれかに割りあてるということは、少なくともかれ
の究極的な目標ではない。たとえば、経済と政治はシステムであり、家
族と公共圏は生活世界にあたるといういい方は、たしかに可能であろう。
具体的な表象として思い浮かべるべきものを列挙したという意味において
であれば、こうした表現はまったく適切なものであるといってさしつかえ
ない。しかし、こうした言明を、ある領域は生活世界でありまた他の領域
はシステムであるといったように、具体的な領域を実体的に生活世界かシ
ステムのいずれかに割りあてるという思考法を表明していると図式論的
に理解するなら、それはハーバーマスの本意とはまったく異なっている[13]。
ここであくまでも重要なのは、ハーバーマスは生活世界とシステムとを質
的に異なった行為連関として特徴づけているということなのである。生活
世界とシステムとの区分は、領域的で静態的な二分法では決してない。ハー
バーマスは、コミュニケーション行為の概念を前提にして、生活世界をい
わば潜在的には批判可能な行為領域としてとらえなおすことができたし、

生活世界にかんするこうした把握を前提にして、生活世界とはまったく性格を異にする物象化した行為連関としてシステムをとらえなおすことができた。コミュニケーション行為から出発することによってはじめて、生活世界とシステムという二層的な社会概念がたんなる領域論的な二分法ではなく、明瞭な差異を示しつつ連関している二種類の行為連関であることが明らかになった。

　そうしてみると、ハーバーマスは、こうした論理構成をつうじて、システムとしてとらえるべきものは何かを明示化しているということができる。ハーバーマスの論理にしたがうならば、システム概念を社会理論のなかに正当に位置づけそれを生かしていくためには、すべての行為領域をシステムとしてとらえるという方途をとるべきではなく、むしろもっぱら生活世界から自立化し物象化した行為連関にのみシステム概念の適用を限定すべきだという結論が導きだされる。この視角は、社会科学的認識におけるシステム理論の限定性と同時に必然性をも明らかにしている。現代社会においては、物象化した行為連関が実際に成立しているというのがハーバーマスの基本的な認識であり、だからこそそれをつかまえるための理論的装置としてシステム理論は不可欠だとされる。しかも、ハーバーマスのこうした論理構成において留意されなければならないのは、システム概念は、生活世界にかんする認識をその根本前提にしているということである。つまり、システムというものの認識は、コミュニケーション行為理論を出発点とし、生活世界論をふまえることによってのみ、社会理論のなかで的確なものとして位置づけられうる。

現代社会への時代診断の基礎

　第六には、これまで検討してきたような概念構成にもとづいて、現代社会にかんする時代診断がくだされていることを指摘しておきたい。ハーバーマスは、現代社会にみいだされる病理現象の根源を「システムによる生活世界の植民地化」として特徴づけている。ハーバーマスによれば、生活世界の合理化がシステムの自立化を可能とし、システムがその独自の論理にもとづいて運

行しうるようになったのだが、現代社会においては、システムが過度に肥大化し、生活世界をシステムの自己再生産の論理にしたがわせようとする。この事態を念頭において、ハーバーマスは生活世界の植民地化（ないし内部植民地化）と呼んでいるのだが、このことにより、生活世界の再生産に障害が引き起こされるのであり、その結果として、意味喪失、アノミーおよび精神障害といった病理現象が生みだされるのだとする。生活世界のシンボル構造の再生産はコミュニケーション行為をつうじてのみなしとげられうる。そうした意味領域に国家行政システムや経済システムが介入し、システムの自己再生産の論理に生活世界をしたがわせようとすることによって、現代社会の病理現象は引き起こされる。この生活世界の植民地化というテーゼは、きわめて抽象度の高い言明であり、具体的な社会現象を分析する理論的装置へと鍛えあげていくためには、さらにいくつかの概念的な媒介項を必要とする。だが、そうだとしても、ハーバーマスはここで、現代社会の複合的な諸現象を解析するための基本的な視座を呈示しているのであり、その点については十分な評価をしておく必要がある。ハーバーマスは、このようにして獲得したパースペクティヴを、さまざまな局面での現代社会認識に生かそうとしている。ハーバーマスは、コミュニケーション行為理論を基点とし、生活世界とシステムとからなる二層的なものとして現代社会をとらえ、現代社会における生活世界とシステムとの関係のあり方を生活世界の内部植民地化として特徴づけることによって、現代社会のさまざまな現象を分析する道筋を明示化したということができる。

　そして最後に、これまで指摘してきたような点はすべて、コミュニケーション行為を出発点とすることによってはじめて可能となっているということを、あらためて確認しておきたい。そうした意味において、コミュニケーション行為理論は、ハーバーマス社会理論の基礎視角として機能しているということは、十分に強調されなければならない。ハーバーマスの社会理論は、コミュニケーション行為理論を基礎視角とし、一貫した論理構成のもとに組み立てられている。ハーバーマスの理論を理解するにあたっては、かれの理論を貫く論理構造こそがつかみだされなければならないのであり、この論理構造に

てらして、ハーバーマス理論の個々の部分が理解されなければならない。ハーバーマス理論を精確に理解し、そこからそのアクチュアリティを引きだすためにも、こうした方法をとる必要がある。

【注】

1 本書では、Verständigung には意思疎通という訳語をあてている。この語には、邦訳書では了解という訳語が与えられている（Habermas 1981: I 385 ＝ 1986: 22）

2 ここで行動停止と訳したのは、Unterlassen である。この文脈では、目標の達成のためにあえて行動をしないことをいいあらわしている。

3 本稿では、Verständigung に意思疎通という訳語をあて、Einverständnis には了解という訳語をあてている（邦訳書では、それぞれ了解と同意が使われている）。Einverständnis は一致が成立しており、Verständigung はそうした一致をめざす過程であるという両者の位相差を、ここでは確認しておきたい。

4 合理的動機づけと経験的動機づけの対比は、コミュニケーション・メディア理論のなかで明示的に登場する（Habermas 1981: II 270 ＝ 1987: 104）。了解の特徴を説明するこの文脈では、合理的動機づけという表現だけが用いられており、経験的動機づけという表現はないが、ここでも、合理的動機づけと経験的動機づけの対比がなされていると理解しうる。

5 ハーバーマスが発語媒介行為をこのように位置づけるとき、ハーバーマスは、オースティンのもともとの規定に、独自の解釈を施している。オースティンの想定する発語媒介行為は、語られたことと内的な関連を有さない影響を生じさせる、という意味だけを有している。それゆえ、この影響は話し手と聞き手の双方の側で生起しうる。たとえば、話し手が何らかの発言をしたときに、予期されなかった反応が自分の側に生じたとしても、それは発語媒介行為と数えあげられうる。これにたいしてハーバーマスは、発語媒介行為を、目的論的行為の連関と関連づける。つまりハーバーマスは、話し手の意図したことを聞き手の側に引き起こす行為として発語媒介行為を解釈する。影響は、話し手の意図にしたがって相手の側にだけ引き起こされると理解される。

6 この例文は、さきに引用した文に接続するものである。すなわち、S（話し手）がH（聞き手）にたいして、「会社に辞職を申し出た」と語ったのにたいし、HがSにたいして「会社に辞職を申し出ないように」と警告したという対話を取りあげ、この後者の発言を、説明の文例としている。そのため、H（聞き手）がS（話し手）にたいして発話するという形になっている。

7 この論理構成をわれわれなりに敷衍するなら、次のように述べることができる。話し手は、意思疎通に指向して発言することによって、「わたしは、この発言が妥

当性を有していると考えているが、あなたはそれを受け入れるか」という問いかけを聞き手にたいしておこなっている。聞き手は、このように問いかけられたからには、この問いにたいし「はい」か「いいえ」かのいずれかで応答する必要がある。そのさい、「いいえ」という応答を選択するばあい、つまりは相手の提案を了承できないばあいには、批判という形式をとる必要がある。つまり、一方的に拒絶するのではなく、相手の発言を受け入れることができない根拠を示し、異をとなえる必要がある。こうした批判がおこなわれたばあい、話し手の側がなおもみずからの発言が妥当性を有すると主張したいのであれば、その根拠を示し、聞き手を納得させなければならないし、かりに聞き手の批判の方が首肯性が高いと話し手が判断すれば、話し手はもともとのみずからの発言を撤回するか、あるいは修正する必要が生じる。このような過程をへて意見の一致が成立したとき、妥当性要求は相互承認されたのであり、了解が成立したことになる（永井 2000a: 97）。

8　ここで検討してきたのは、『理論』における命令の位置づけである。『理論』公刊後に、ハーバーマスは命令の位置づけを変更するが、それについては第3章で検討する。

9　この点にかんして、佐藤慶幸は、「ハバーマス自身の理論展開には混乱と不整合な点がみられるのである」（佐藤慶幸 1986: 113）と指摘する。尾関周二もまた、佐藤慶幸の指摘を受けて、「さきに「戦略的行為」、「規範的行為」、「演劇的行為」と呼ばれたものには同じ名前で対応物が見いだされるのに、「コミュニケーション行為」には同名のものが見当たらず、その代わりに「会話」（Konversation）という名前で「事実確認的言語行為」がおかれている」（尾関 1989: 121-122）と疑問を表明している。しかし、われわれは、ハーバーマスの論理展開には不整合な点はみあたらないと理解している。ハーバーマスは、コミュニケーション行為の規定をしだいに深めていき、妥当性要求の相互承認という論理が作動していることをコミュニケーション行為の基本的なメルクマールとして位置づけ、この地点から、コミュニケーション行為の下位類型を構築している。この解釈上の相違点については、本論文の終章で検討する。

10　われわれは、『理論』の時点でのハーバーマスの見解を理解するための補助的な論文として「コミュニケーション行為の概念についての解明」（Habermas 1984c）を利用する。この論文は、1984 年に公刊された論文集『コミュニケーション行為の理論の予備的考察と補遺』のなかに収録されているが、オリジナルの原稿は 1982 年に書かれており、『理論』の時点でのハーバーマスの見解を、かれじしんが補足したテクストとして理解しうる。

11　ここでの整理は、ホルクハイマーとアドルノにたいするハーバーマスの解釈に依拠している（Habermas 1981: I 461-474, 489-518 ＝ 1986: 100-113、130-155）。

12　われわれは、『理論』のテクストをもとに、ハーバーマスのコミュニケーション・メディア理論についてより詳細に検討している。それについては、永井（2001）を参照。

13　ただし、ハーバーマスは『イデオロギーとしての技術と科学』において、そのような図式論的見解を表明していた。つまりハーバーマスは、労働と相互行為を区別したうえで、社会というシステムは、目的合理的行為と相互行為のどちらが優

勢であるかにもとづいて区別できるとしていた (Habermas 1968b: 63 ＝ 1970: 60)。
『理論』のハーバーマスは、こうした見解をとっていない。

第3章　コミュニケーション行為概念の再規定

1　問題の所在

　本章では、現時点でのハーバーマスがコミュニケーション行為概念をどのようにとらえているのかを確定し、それに付随する諸問題を取り扱う。ハーバーマスは、「コミュニケーション合理性にかんする言語行為論的解明」(Habermas 1996b) において、コミュニケーション行為概念について包括的に説明を加えている。この論文では、弱いコミュニケーション行為や強いコミュニケーション行為という、『理論』の段階ではみられなかった概念設定が登場しており、それにともなって、コミュニケーション行為と戦略的行為の区分けについても、変更が加えられている。本章では、『真理性と正当化』(Habermas 1999 = 2016) に収録されたテクスト (「意思疎通の合理性——コミュニケーション合理性にかんする言語行為論的解明」) (以下「合理性」論文と略記) をもとに、コミュニケーション行為理論の最新ヴァージョンを検討したい。このテクストは、基本的には 1996 年に公刊された論文と同じものであるが、いくつかの文言や表現にかんしては修正や変更がなされているので、ここで検討をおこなうにあたっては、新しい版に依拠することにしたい。

　現時点でのコミュニケーション行為理論は、『理論』の段階におけるそれとはどこがどのように異なっているのか。どの点について修正したことになるのか。そうした修正の理論的含意はいかなるものであるのか。さらには、そうした修正がハーバーマス社会理論の構成全般に影響をおよぼすのかどうか。およぼすとしたらどのような点であるのか。ここでは、これらの点について検討をおこないたい[1]。

2 1999年時点での行為類型論

(1) 意思疎通指向的言語使用と了解指向的言語使用

　ハーバーマスは、言語使用の類型化をおこない、それを手がかりにして行為類型論を説明している。まずここで、ハーバーマスが「合理性」論文において呈示した総括的な図表を参照しながら、言語使用の類型論についての検討を進めていきたい。ハーバーマスは、**図3-1**のように、言語使用の諸類型を呈示している。

発言	使用の方法
「心のなかでの」陳述文と意図文 （「純粋の」叙述と、「モノローグ的」行為計画）	非コミュニケーション的
規範に埋め込まれていない意志表明 （端的な命令、宣告）	意思疎通指向的
完全な発語内行為 （規範的、事実確認的、表出的）	了解指向的
発語媒介行為	結果指向的 （間接的意思疎通）

図3-1　言語使用の諸類型（1999年）（Habermas 1999: 129 = 2016: 154）

　非コミュニケーション的言語使用とは、行為者が、みずからの心のなかで、事実を認識したり、行為の意図を抱いたりすることである。それにたいして、ほかの三つの言語使用は他者へと向けられている。この区分においてまず目を引くのが、意思疎通指向的言語使用と了解指向的言語使用との区別である。この区分は、1996年の論文ではじめて登場した。了解（Einverständnis）と意思疎通（Verständigung）との区別について、ハーバーマスは次のように説明している。「厳密な意味での了解は、関与者が妥当性要求を同一の根拠から受け入れることができるばあいにだけ達成されうる。それにたいして意思疎通は、次のようなばあいにも成立する。すなわち、一方の側が、所与の事情のもとで相手がその選好にてらして説明した意図にたいして十分な根拠があるとみなして

おり、そうした根拠は、その相手にとって十分な根拠であって、その相手は一方の側の選好にてらして根拠をわがものとはしていない」(Habermas 1999: 116 = 2016: 137-138)。ハーバーマスは、前者の根拠を「行為者に依存しない根拠」と呼び、後者の根拠を「行為者にかかわる根拠」と呼ぶ。

　そもそも了解とは、行為者のあいだでの一致のことであるし、妥当性要求は間主観的に承認されることをめざして掲げられるものであるから、関与者は同一の根拠から妥当性要求を承認するという理屈になっているはずである。しかし、ここでハーバーマスは、厳密な意味では了解とはいえないけれども、意思疎通とみなすことができる言語使用がありうることを示唆している。ただし、この定義だけでは理解が困難であるので、ハーバーマスの例示を引きあいに出して検討を深めたい。ハーバーマスが意思疎通指向的言語使用として位置づけるのは、端的な命令と一方的な意志表明(告示)の二種類の発言である。これらは、いずれもモノローグ的な言語使用ではなく、相手にたいして向けられている。ハーバーマスが一方的な意志表明の例としてあげているのは、「明日わたしは旅に出る」(Habermas 1999: 117 = 2016: 138)とか「わたしは、明日東京で契約に署名する」(Habermas 1999: 119 = 2016: 141)という発言である。ハーバーマスによると、「一方的な意志表明のばあい、話し手は了解をあてにすることはできない」(Habermas 1999: 117 = 2016: 139)が、それにもかかわらず、弱い意味での「意思疎通」という表現をしてさしつかえない。というのも、このばあいにも、一方が掲げ他方が受け入れたり斥けたりしうる妥当性要求が作動しているからである(Habermas 1999: 117 = 2016: 139)。このようなばあい、話し手は、みずからの意図した行為が、(所与の事情と利用可能な手段のもとで)みずからの選好にてらして合理的行為であることを証明することによって、聞き手からの同意を獲得することができる。そのさい聞き手には、話し手によって説明された意図を受け入れないとしても、その告示をまじめなものとみなす十分な根拠がある(Habermas 1999: 117-118 = 2016: 139)。ハーバーマスのこの説明をもとに、ハーバーマスのあげた文例について、われわれなりに考えてみよう。「わたしは、明日東京で契約に署名する」と話し手が発言する。この発言には、どこで発言がなされたかは明示されていない。もちろんどこ

で発言がなされていても構わないのだが、ハーバーマスのテクストのなかに登場してくるのだから、ドイツ国内での発言とみるのが穏当であろう。つまり、聞き手からすると、突拍子もないことを言いだしたと受け止められるような発言だという例としてあげられているのである。聞き手からすると、なぜ遠く離れた東京にまで出かけなければならないのか理解できない。しかし客観的にみて東京に行くことが可能であり(明日のうちに東京に到着できる航空便に搭乗可能である)、しかも話し手がそれを真剣に発言しているということを聞き手が納得できれば、聞き手は、この発言を一方的な意志表明としては受け入れ可能だというのである。このばあい聞き手は、話し手が東京に行くべきであるかどうかについては関知していない。ただ、話し手が本当に東京に行くつもりであることに納得しただけである。つまり、聞き手は、話し手の発言内容が話し手にとって合理的であることを納得したのだが、そのさい話し手の意図が妥当であると承認したわけではない。そしてこのばあい聞き手は、話し手の発言によって掲げられている真理性要求と誠実性要求については承認している。

他方、ハーバーマスが端的な命令の例としてあげているのは、「座りなさい」(Habermas 1999: 117 = 2016: 138) とか「必要な金をいま寄こせ」(Habermas 1999: 119 = 2016: 141) といった発言である。ハーバーマスによると、命令は、作用においては一方的な意志表明と類似しているとはいえ、一方的な意志表明とは事情が異なっている。命令とは、話し手が、発言において提示したことを聞き手に引き起こさせようとすることである。そのさい、この命令が合理的であるのは、その実行可能性を前提とすれば、この命令を拒否できないという根拠を受け手が有するという想定にたいして、行為者(話し手)が十分な根拠を有しているということだという (Habermas 1999: 118 = 2016: 140)。ハーバーマスによると、「この付加的な根拠も行為者にかかわっている」(Habermas 1999: 118 = 2016: 140)。ここで、付加的といっているのは、実行可能性の根拠に加えてということを意味している。そうした根拠は、話し手が受け手にとって十分な根拠として帰属させるのであり、つまりは話し手が望んだ行為の遂行を受け手がおこなわなかったばあいには受け手に制裁を割りあて、あ

るいはそうした行為の遂行をおこなったばあいに受け手に報償を割りあてることによって、そうするのである（Habermas 1999: 118-119 ＝ 2016: 140）。ここでもまた、ハーバーマスがあげた文例をもとに、われわれなりに命令の特徴を確認しておこう。話し手が聞き手にたいして「必要な金をいま寄こせ」と発言した。店に押し入った強盗の発言と考えてよいだろう。そのさい、そこに金があるということが前提条件となる。今日の売り上げを銀行に預けた直後で、店に現金がないというのであれば、この命令は実行不可能である。この命令の前提となる事実認識が間違っていないということが、この命令が効力を有するための一つのポイントである。そのうえで、聞き手にはこの要求を拒否できない根拠があると話し手は考えており、その根拠を話し手は聞き手

言語使用	行為者の態度		
	客観化的	行為遂行的	
非コミュニケーション的	目標をめざした介入[2]	－	社会的行為ではない
意思疎通指向的	－	弱いコミュニケーション行為	社会的相互行為
了解指向的	－	強いコミュニケーション行為	社会的相互行為
結果指向的	戦略的相互行為	－	社会的相互行為

図 3-2　行為類型論（1999 年）（Habermas 1999: 130 ＝ 2016: 155）

に付与している。話し手は、短銃を突きつけて命令することで、聞き手はこの要求を拒否できないはずだとみなしている。聞き手は、話し手が本気で発言していることを聞き手のふるまいからみてとり、拒否すれば撃たれる蓋然性が高いことを認識し、命令におうじる。このばあい、聞き手は、話し手の発言を命令としては受け入れているが、金を渡すことが規範的に正当であると認めたわけではない。つまり命令のばあいにおいても、聞き手は、話し手の発言内容が話し手にとって合理的であることを納得したのだが、そのさい話し手のいっていることが妥当であると承認したわけではない。そして命令

のばあいにおいても聞き手は、話し手の発言によって掲げられている真理性要求と誠実性要求については承認しているのである。

　他方、関与者のあいだで真理性や規範的正当性が主題化される発言は、了解指向的言語使用である。ハーバーマスは、主張をもとに了解指向的言語使用を説明している。「主張という行為によって言明＞ｐ＜にたいして掲げられた妥当性要求が間主観的に承認されるのは、あらゆる関与者が同一の根拠から＞ｐ＜に納得するときにかぎられる。話し手と受け手とが言明＞ｐ＜をそれぞれの別々の根拠から真であると受け入れ、この両者が、そうした根拠がそのときどきに一方あるいはもう一方にとってのみ十分な根拠をなしていることを知っているかぎりにおいては、ｐにたいして掲げられた、間主観的承認に依拠した妥当性要求はそのものとしては受け入れられていない。よりよき論拠をめぐる討議的な競争は、概念的根拠からして了解をめざしているのであって妥協をめざしているわけではないから、妥当性要求の討議的履行は、行為者に依存しない根拠が、争われている妥当性要求を、原則的にすべての関与者にたいして合理的に受け入れ可能にするまで未決着のままである」（Habermas 1999: 117 ＝ 2016: 138）（傍点は、ハーバーマスによる）。

⑵ 行為類型論の呈示

　ハーバーマスは、言語使用の区別について論じたうえで、行為類型の説明をおこなう。ここでもまた、ハーバーマスが呈示した総括的な**図 3-2**をまず参照したい。

　ハーバーマスは、この図表によって、四つの行為からなる行為類型論を呈示している。そのうち、いちばん上にあげられている「目標をめざした介入」は、行為者がその目標の実現を単独でめざすものと特徴づけられており、社会的行為ではないとされる。残り三つが社会的相互行為であり、それぞれ、弱いコミュニケーション行為、強いコミュニケーション行為および戦略的相互行為と名づけられる。

　ここでまずハーバーマスにしたがって、コミュニケーション行為と戦略的行為との区分を確認しておきたい。ハーバーマスによると、まずコミュニケー

ション行為とは、「行為者たちがその行為計画を言語的意思疎通をつうじてたがいに整合させているばあいであり、つまりは、行為者たちが行為整合のために言語行為の発語内的な拘束力を利用するというやり方をおこなっているばあい」の行為のことである (Habermas 1999: 122 ＝ 2016: 144)。他方、戦略的行為とは、「関与者たちがその行為計画を相互的な影響力行使をつうじて整合させているばあい」(Habermas 1999: 122 ＝ 2016: 144) の行為のことであり、このばあい言語は結果指向的に使用されている (Habermas 1999: 122 ＝ 2016: 144)。

　ここでもまず目に付くのが、弱いコミュニケーション行為 (弱い意味でのコミュニケーション行為) と強いコミュニケーション行為 (強い意味でのコミュニケーション行為) の区分である。まずこの区分にかんするハーバーマスの定義的な記述を確認しておきたい。「弱い意味でのコミュニケーション行為とわたしが呼ぶのは、意思疎通が事実と、一方的な意志表明にたいする行為者にかかわる根拠におよんでいるばあいである。意思疎通が、目標そのものの選択にたいする規範的根拠に拡張するやいなや、わたしは、強い意味でのコミュニケーション行為と呼ぶ。このばあい、関与者たちは、それぞれじしんの選好を越えて、自分たちの意志を拘束させる、間主観的に分有された価値指向を引きあいに出す」(Habermas 1999: 122 ＝ 2016: 145) (強調はハーバーマス)。ここでハーバーマスは、意思疎通が規範的根拠にまでおよんでいるときには強いコミュニケーション行為と呼び、およんでいないときには弱いコミュニケーション行為であると説明している。ハーバーマスは、こうした記述をふまえたうえで、弱いコミュニケーション行為と強いコミュニケーション行為との概念上の切断面をより明確にさせるために、妥当性要求の作動範囲の違いに言及している。弱いコミュニケーション行為のばあいには、行為者たちは真理性要求と誠実性要求にのみ指向しているのにたいし、強いコミュニケーション行為のばあいには間主観的に承認された正当性要求にも指向している (Habermas 1999: 123 ＝ 2016: 145)。強いコミュニケーション行為のばあいには、三つのすべての妥当性要求のもとで批判されうるという特徴を有しているが、そのさい、規制的言語行為のように、規範的な妥当性要求が明示的に掲げられていてもよいし、主題化されないままであってもよい (Habermas 1999: 123 ＝ 2016: 146)。つま

り主張や告白といった、真理性要求が主題となっている行為や誠実性要求が主題となっている行為であっても、それは規範的に不適切であると批判されうる（Habermas 1999: 123-124 ＝ 2016: 146）。

　他方、戦略的相互行為は、「たがいに観察しあう、成果指向的な態度をとる行為者の決定によって規定される」（Habermas 1999: 128 ＝ 2016: 152）（強調はハーバーマス）。このばあい、行為者たちは、ダブル・コンティンジェンシーの条件のもとで出あっており、それぞれがみずからの利害関心のもとに、相手へと影響力を行使する（Habermas 1999: 128 ＝ 2016: 152）。戦略的相互行為にとって決定的なのは、「たがいにコミュニケーションする戦略的行為の主体は、その発語内の目標を留保なしに追求するのではない」（Habermas 1999: 128 ＝ 2016: 152）ということである。つまり、そうした主体は、語ったとおりのことを思念しているとはかぎらないことをたがいに想定しているのであり、そこでは誠実性要求は作動していない。戦略的相互行為のばあいは、それぞれがめざす目標がふさわしいかどうかは問われないから、当然のことながら正当性要求は欠如している。だが、そればかりでなく、真理性要求も作動していないのだという。戦略的相互行為のばあい、関与者たちは、みずからが真であるとみなす意見にしたがって決定をおこなっていると、たがいに想定している。しかし、ここで注意しなければならないのは、そこには真理性要求は作動していないということである。そもそも真理性要求は、間主観的承認をめざすものだが、ここでは、それぞれが何らかの事態を真であるとみなしているだけであって、真理性のいかんをめぐって対話がおこなわれているわけではないからである（Habermas 1999: 128-129 ＝ 2016: 152-153）。

　こうしてみると、社会的行為を概念的に区分けする契機は、妥当性要求を手がかりに明示化されている。つまり、妥当性要求の相互承認という論理が相互行為のなかで作動しているかどうか、また作動しているばあいにはそれがどの範囲にまでおよんでいるかという基準によって、社会的行為が分類される。相互行為において、誠実性要求と真理性要求のみが相互承認されているばあいは、弱いコミュニケーション行為であり、正当性要求も含めた三つの妥当性要求が相互承認されるばあいが強いコミュニケーション行為である。

他方、妥当性要求の相互承認という論理がまったく作動していないばあいは、戦略的相互行為とみなされるのである。

3 『理論』から何が変わったのか──理論的含意の検討

これまでわれわれは、1999年のテクストをもとに、現時点のハーバーマスがコミュニケーション行為についてどのような議論をしているのかについて検討をおこなった。このことをふまえて、そこでの議論が『理論』の段階における議論とどこがどのように異なっているのかということや、どのような点が『理論』から継承されているのかを明らかにしたい。

まず第一に、行為類型論の変更についてである。すでに第2章において確認したように、『理論』では、道具的行為、コミュニケーション行為および戦略的行為という三つの行為からなる行為類型論が呈示されている。他方、「合理性」論文では、目標をめざした介入、弱いコミュニケーション行為、強いコミュニケーション行為、戦略的相互行為という四つの行為に分類されている。両者の対応関係をみるなら、まず道具的行為は目標をめざした介入へと移行している。この両者は、内容的に照応しているとみてさしつかえない。ここで問題となるのは、社会的行為の区分である。「合理性」論文では、社会的行為が二類型から三類型に変更されており、しかも社会的行為内部での線引きが変更される。『理論』では、戦略的行為に位置づけられていた「命令」が弱いコミュニケーション行為へと位置づけなおされる。このことにともなって、戦略的相互行為に属すのは、発語媒介行為だけに限定される。

第二に、「合理性」論文では、意思疎通指向と了解指向の区別が導入される。この区分は、言語使用の局面においてまず導入され、さらには行為類型論にも反映される。『理論』では、関与者みずからが納得して受け入れた一致の状態が了解であり、この意味での了解をめざすやりとりが意思疎通とみなされた。『理論』においても、意思疎通と了解とは、言葉のうえでは使い分けがなされてきたが、そのさい概念的には、意思疎通をすれば了解が形成されるということが、当然のこととして想定されてきた。そのため『理論』では、了解

をめざすことが意思疎通指向として表現されてきた。『理論』でいう意思疎通指向は、「合理性」論文での新しい用語法では了解指向のことを意味している。「合理性」論文では、『理論』とは異なった意味で、意思疎通指向という概念が用いられるようになる。

　第三に、それとの関連において、「合理性」論文では、結果指向的という概念が登場する。これは、戦略的行為に対応する行為指向のことをあらわしている。『理論』においては、戦略的行為に対応する行為指向は、成果指向（erfolgorientiert）として特徴づけられていた。しかし、「合理性」論文では、戦略的行為には、結果指向（folgenorientiert）という概念が割りあてられている。このような言葉の変更には、意思疎通指向と了解指向の区別の導入ということが背景にある。よく考えてみると、『理論』で使っていた意味での成果指向ということであれば、弱いコミュニケーション行為にもあてはまる。弱いコミュニケーション行為のばあい、話し手は、みずからの設定した目標の達成を第一義的にめざしており、目標という点にかんしては、相手からの批判を受け入れていない。もしかりに、発語内行為の目標そのものが関与者のあいだで主題化されれば、強いコミュニケーション行為となり、弱いコミュニケーション行為ではなくなることになる。新たな行為類型論においては、発語媒介行為だけが戦略的行為として位置づけられている。それゆえ、この戦略的行為にだけ適用可能な概念を割りあてる必要があったと推定できる。そこで、結果指向という概念が採用されることになる。戦略的な相互行為においては、相互に相手の出方を読みながらみずからの目標を達成しようとするという形で、行為連関が成立する。そのさい行為者たちは、どのような帰結が生ずる

コミュニケーション行為の下位類型	妥当性要求	準拠する世界
事実確認的言語行為	真理性要求	客観的世界
規範に規制された行為	正当性要求	社会的世界
ドラマトゥルギカルな行為	誠実性要求	主観的世界

図 3-3　『理論』におけるコミュニケーション行為の下位類型[3]

のかをたがいに想定しあい、みずからの行為をそうした想定にもとづいて方向づける。結果指向というのは、この意味での結果ないし帰結をめざすということが示唆されている。

第四に、妥当性要求の相互承認という論理についてである。『理論』では、コミュニケーション行為のメルクマールとして、最終的には、妥当性要求の呈示と承認という論理を導出した。コミュニケーション行為の基本的特徴は、妥当性要求の相互承認という論理が相互行為のなかで作動しているという点であり、それが戦略的行為との違いとみなされた。「合理性」論文においては、新たな行為類型論が導入され、コミュニケーション行為と戦略的行為との線引きも移動した。しかし、妥当性要求の相互承認をコミュニケーション行為の契機としてみなすという点に着目すると、新たな行為類型論もまた、この基本的着想のもとに展開されており、その意味において、『理論』において獲得された視座が「合理性」論文においてもそのまま継承されているとみなすことができる。つまり、新たな行為類型論において社会的行為を区別する基準は、妥当性要求の相互承認という論理が作動しているかどうか、また作動しているばあいにはどこまで作動しているのか、という点にみいだすことができる。より詳しくいうなら、妥当性要求の相互承認という論理が作動していれば、コミュニケーション行為であり、そのさい真理性要求と誠実性要求のみが関与しているのが弱いコミュニケーション行為とみなされ、正当性要求も含めて三つの妥当性要求におよぶばあいが強いコミュニケーション行為として位置づけられる。

第五に、『理論』では、理論構築にさいして、概念間にみられるある種の平行構造を重視していたが、「合理性」論文では、そうした平行構造に固執するスタンスはとらず、むしろ論点ごとに視点を移行させることを強調するようになっている。ここでいうある種の平行構造の一例として、コミュニケーション行為の下位類型と、妥当性要求、それに関連する世界とがそれぞれに対応しあっており、しかもそれらのセットは理論的に同等の位置価を占めているとする考え方のことをあげることができる。

『理論』のなかでは、三つの妥当性要求（およびそれと対応する世界）は、理論的にみて、同じ重みで考えられていた。三つの世界は、言語行為において名指しされるものの総体であり、名指しされるものは、いずれかの世界に属するものとみなされた。客観的世界には事実が属している。事実について関与者たちは、真理性要求を掲げる。他方、社会的世界には規範が属している。われわれは、言語行為のなかで、事実に名指しするのと同じように、規範に名指しすることができる。他方、『真理性と正当化』のハーバーマスは、真理性と正当性の差異に注意を払っている。ハーバーマスは、真理性については「非認知的真理性概念」(Habermas 1999: 53 ＝ 2016: 51) を支持するのにたいし、規範的正当性は「認知的正当性概念」(Habermas 1999: 57 ＝ 2016: 56) であるとする。関与者たちは、真理性要求を承認する。しかし、そこで確認された真理性は可謬的であることを免れない。そもそも事実は、関与者たちの認識によって左右されるわけではなく、それじたい実在するからである。他方、事実が実在するというのと同じ意味で規範を実在するということはできない。規範は、関与者たちが討議的に承認することによって正当化されるのであり、規範的正当性は、事実とは違って、対象との関連を有さない (Habermas 1999: 56 ＝ 2016: 55) からである。

「合理性」論文では、コミュニケーション行為を説明するにあたって、理論的な硬直性を避けようとする姿勢がみられる。『理論』においては、コミュニケーション行為は三つの妥当性要求を掲げており、そのいずれについても批判しうるとされた。しかし、「合理性」論文では、二つしか掲げていないものがありうるとし、それについてもコミュニケーション行為（ただし弱いコミュニケーション行為）であるとした。また、「合理性」論文では、言語使用とコミュニケーション行為との関係を説明するにあたり、総括的な図表では、意思疎通指向の言語使用と弱いコミュニケーション行為、了解指向の言語使用と強いコミュニケーション行為といった概念的な対応関係があるように読めるが、論文の本文ではやや異なった記述をしている。言語使用を問題にする局面では、対話のなかで何が主題となっているのかが問題となる。端的な命令や一方的な意志表明といった意思疎通指向的な言語使用がおこなわれても、その

前提となる事実認識が話題になったり、その背後にある規範的文脈が問題になると了解指向的な言語使用になると説明している。ここで問われているのは、真理性の問題や、規範的コンテクストに話がおよぶかどうかであり、正当性要求が問題になっても、真理性要求が問題になっても、言語使用としては了解指向とされる。他方、コミュニケーション行為を問題にする局面では、行為整合の問題が主題化されている。「この区別［意思疎通指向的な言語使用と了解指向的な言語使用の区別］（引用者挿入）が行為整合の機能にどのように影響をおよぼすのかをみなければならない」(Habermas 1999: 121 = 2016: 144)。コミュニケーション行為のばあいには、真理性要求と誠実性要求だけが問題になるか、それとも正当性要求までもが問題になるかが、概念的な切断面となっており、そのことによって弱いコミュニケーション行為と強いコミュニケーション行為とが区別される。つまりコミュニケーション行為のばあいには、規範的なものとのかかわりの有無が概念的な区別のポイントになる。そうしてみると、主題としている対象が言語使用なのか、それとも相互行為なのかの違いによって、分類法の使い分けがなされているとみることができる。この点からみても、ハーバーマスが、概念の平行構造への過剰な拘泥をやめ、基本的な視点は一貫させながらも、対象におうじて論法を変えるといった手法を重視するように変化したと理解することができる。

　第六に、命令の位置づけをめぐる問題を取りあげたい。ハーバーマスの行為類型論のなかに命令はどのように位置づけられるべきかという論点は、『理論』の刊行直後から問題にされてきた。この論点は、コミュニケーション行為と戦略的行為とをどのように区分するのかという、理論上重要な点にかかわっているからである。『理論』では、規範によって権威づけられた指示と、端的な命令とを区別し、前者をコミュニケーション行為、後者を戦略的行為とした。そのさい、コミュニケーション行為と戦略的行為とは類型であることが強調されていた。つまり、ある行為はコミュニケーション行為か戦略的行為かに分類可能であって、ある一つの行為のなかに、コミュニケーション的な側面と戦略的側面があるという話ではないということが確認された。しかし、ハーバーマスじしんが、命令と規範的指示とは、截然と区別できないということ

を認めるようになった (Habermas 1985c)。というのも、命令のばあいであっても、規範的権威にまったく無関係であることは希であるからである。そしてもしそうだとするなら、コミュニケーション行為と戦略的行為とが分類できるとするハーバーマスの論理には、綻びがみえることになる。

　ここでわれわれなりに一つの例を出して、考えてみることにしたい。「車を停止しなさい」と警察官がわたしに指示をしたとしよう。このばあい、わたしはこれを命令と受け止める。というのも、この命令は、サンクションのポテンシャルに裏打ちされており、それにたいして批判することができないからである。しかし、他方において、この命令は、警察官という職務上の地位とその権限にもとづいている。この命令は、合法的な行為であり、そのかぎりにおいて、わたしはその正当性を認めざるをえない。このばあい、警察官の指示は、強制力に裏打ちされていると同時に、規範的な権威に依拠してもいる。命令とはいっても、規範的な正当性をまったく持たないというのは、極限的な事例に限定される。

　このような自説の変更をハーバーマスじしんがおこなうきっかけは、アーリング・スケイによるコメント論文 (Skjei 1985) のなかで、端的な命令を発語内行為として位置づけたことへの疑念が提起されたことによる。ハーバーマスは『理論』の「第三版への序文」(Habermas 1984d) において、スケイからの指摘をきっかけにして、端的な命令の位置づけを変更する。ハーバーマスは次のように述べる。

　　　E・スケイは、端的な命令の分析における難点をわたしに指摘した。規範的に権威づけられていない要求行為 >Ip< を理解するためには、p の充足条件を知ること、つまりは受け手が何をしたり何をやめたりするはずかを知ることでは不十分である。話し手が聞き手にたいして話し手の意志に畏敬の念を抱かせる期待を抱いてよいことを、聞き手が知るときにはじめて、聞き手は、要求の発語内の意味を理解する。話し手がその要求に権力要求を結びつけており、そうした権力要求を利用可能なサンクション・ポテンシャルにもとづかせうるということを、聞き手は知らな

ければならない。それゆえに、充足条件だけでなく、サンクション条件もまた、事実的な意志表明の受容条件に属している。たしかにこのサンクション条件は、発語内行為そのものの意味内容からは明らかにならない。というのも、サンクション・ポテンシャルは、言語行為とつねに偶発的にのみ、あるいは外的にのみ結びついているからである。このことは、わたしにとってみれば、そのような端的な命令を発語媒介行為と同じように取り扱うきっかけとなった。しかし、もしそうすると、命令が疑いなく属しているところの発語内行為が、戦略的行為の連関に埋め込まれうることにならなければならず、このことは、パラドックスにみちた帰結にいたることになる。つまり、そのような命令の実行にあたって、話し手は、同じ点において、意思疎通に指向して行為することができると同時に成果に指向しても行為することができなければならない。わたしがこの難点に対処したいと思う道を、スケイへの回答において示唆しておいた（Habermas 1984d: 4）（強調はハーバーマスによる）。

　スケイの指摘そのものは、端的な命令を発語内行為としてとらえても、発語媒介行為としてもとらえても、論理的に不整合になるという点に向けられている。スケイの批判は、あくまでも言語行為論の関心から、その概念上の矛盾を問題視している。しかし、ハーバーマスは、それをスケイじしんの問題関心とはやや異なった角度から受け止めた。端的な命令を発語内行為としてとらえるか、それとも発語媒介行為としてとらえるかという論点からはいったんは離れ、そもそも端的な命令とは何であるかを再考し、端的な命令と規範的指示との線引きを変更することによって、難点を解消しようとした。先の引用に付けられた注釈において、ハーバーマスは次のように述べている。

　端的な命令において、行為整合する拘束効果は妥当性要求をつうじてではなく権力要求をつうじて達成されるということは、たしかに正しい。しかし、この権力要求の機能作用を、相手への戦略的影響力行使という範例にしたがって分析することは、誤りであった。極端な事例にお

いてのみ、命令的な意志表明は、脅迫されたサンクションの力のもとへの剥き出しの服従にだけもとづいて、遵守される。通常の事例においては、端的な命令は、完全にコミュニケーション行為の枠内で機能する。というのも、話し手がみずからの命令によって掲げている要求の支えとしている権力地位は、聞き手によって承認されているのであり、しかもこの地位は、事実的に慣れ親しんだ権力に依拠し、いずれにせよ規範的権威にはっきりとは依拠していないばあいでさえ、聞き手によって承認されている。したがって、わたしは、規範的に権威づけられた命令と端的な命令との鮮明な区分は正当化されえず、ただ事実的に慣れ親しんだ権力と規範的権威のなかで使用される権力とのあいだにはむしろ連続体が存在することを首肯的なものとしたい（Habermas 1984d: 6）（強調はハーバーマスによる）。

　ここでハーバーマスは、端的な命令において、妥当性要求ではなく権力要求が呈示されているという点については見解を維持するが、通常のばあいには端的な命令と規範によって権威づけられた指示との明確な区別はできないとし、端的な命令は、極端な事例だけに限定する。これにともなって、ハーバーマスは、端的な命令を説明するさいに使用する事例を変更する。ちなみに、『理論』で使用された文例は次のようなものであった。

　　わたしはきみに、喫煙をやめるよう要求する。

（Habermas 1981: I 402 ＝ 1986: 38）

　　わたしはあなたに、喫煙をやめるよう指示する。

（Habermas 1981: I 404 ＝ 1986: 40）

　前者が端的な命令の例文であり、後者が規範によって権威づけられた指示の例文とされる。後者のばあい、「この発言は、承認された規範と、たとえば国際航空便の安全規則と、制度的枠組みを前提としており、そうした制度的枠組みが、しかるべき地位の所持者たとえばスチュワーデスに、しかるべき

状況たとえば着陸態勢において、しかるべき範囲のひとびと、このばあいは乗客にたいして、しかるべき規則を引きあいに出して、喫煙をやめるという指示を与える権限を付与する」（Habermas 1981: I 404 ＝ 1986: 40）。つまり、『理論』では、類似の発言であっても、規範的文脈の有無によって、端的な命令と規範的な指示とは区別可能であるとみなされていた。だが、スケイの批判を受けて修正をおこなってからは、極端な事例だけが、端的な命令と位置づけられることになり、端的な命令の例文としては、「金を出せ」という強盗の発言が使用されるようになった[4]。

　ハーバーマスは、端的な命令を極端な事例だけに限定することで、論理的な難点を解消しようとした。しかし、問題は、極端な事例ではない部分であろう。もし規範的指示と端的な命令の鮮明な区別はできないとするなら、コミュニケーション行為と戦略的行為との区別も曖昧になるのではないかとの疑念を引き起こすからである。ただ、戦略的行為とコミュニケーション行為との線引きということは、ハーバーマスの主旨を斟酌すれば、相互行為の関与者のパースペクティヴからするなら、ある行為はコミュニケーション行為か戦略的行為かのいずれかに分類可能だということを表現している。つまり、コミュニケーション行為でもあり、なおかつ戦略的行為でもあるような行為は、関与者のパースペクティヴからするならありえない。この主張そのものは理解可能であろう。問題は、命令という発言をどのような論理で解釈するかということにかかわっている。

　この批判のことを念頭におけば、「合理性」論文において、命令を弱いコミュニケーション行為に位置づけるということの一つの理由は明らかになる。つまり、概念的な難点を回避するためと理解することができる。だが、このことによって概念上の問題が解消されたとしても、それに付随して何らかの理論上の問題を引き起こしはしないのだろうか。

　端的な命令や一方的な意志表明は、有無をいわさず自己の意志を貫徹させようとするふるまいと考えられる。いくら「弱い」という形容詞が付けられているとしても、それをコミュニケーション行為と特徴づけることは、少なくとも直観的には奇異である。弱いコミュニケーション行為のばあい、当の行

為者がはじめに抱いた目標は変更することがない。もし自己の目標そのもの
を相手からの批判にもさらして、この目標を変更させる可能性を担保するな
らば、それは、定義上、強いコミュニケーション行為とみなされる。弱いコミュ
ニケーション行為は、成果の獲得を第一義的にめざしているのだから、『理論』
での術語を使えば、成果指向的なのである。

　ただし、論理的な整合性という観点でみるなら、すでにみたように、妥当
性要求の相互承認という論理がどこまで作動しているかを基準として、行為
が区別されていると理解することができる。つまり、妥当性要求の相互承認
という論理が全面的に作動しているばあいが、強いコミュニケーション行為
であり、部分的に作動しているばあいが、弱いコミュニケーション行為とさ
れる。他方、この論理がまったく作動しないばあいが戦略的相互行為である。
そのかぎりにおいて、論理的な首尾一貫性は確保されているとみなすことが
できる。

　第七に、意思疎通指向的言語使用や弱いコミュニケーション行為といった
概念設定の持つ現代社会論的な意義についてである。これらの概念が持ちだ
された背景には、理論的な整合性の確保といった観点とは異なった文脈での
理解が可能である。これにかんして菅原真枝は次のように指摘する。

> 　近年のハーバーマスは、多文化的な状況が尖鋭化している現代社会
> において、異質な他者とどのように向き合う可能性があるのか、異質な
> ものを異質なものとして互いにどう認めあえるのかの問題を追求しよう
> としている。それぞれが固有の自己理解や世界理解を獲得しているはず
> の他者が出会う場面が想定されるなかで、意思疎通の領域をいま見たよ
> うなかたちで措定することは、重要な意味を持ってくるように思われる。
> つまり、相手が依拠しているはずの根拠についてわがものにすることは
> できなくとも、相手が思ったとおりのことを真面目に表明していると
> してその発言を受け入れる限りでは、そこでは行為者たちのあいだで、意
> 思疎通のやりとりが可能なのであり、そうしたやりとりもまたコミュニ
> ケーション合理性の範囲内にあるのである（菅原 2003: 104-105）。

つまり、規範的な了解はえられないとしても、そこからただちに意見の不一致が生じるわけではなく、相手の価値についてはそれとして尊重することが可能だという事態に、理論的な表現を与えようとしたものと理解できるというのである。たしかに西研が指摘するように、世界観や価値観の対立があるときにどうして合意できるのかという問題は、ハーバーマスのコミュニケーション行為理論にたいして向けられる一つの疑問点であった（西・菅野 2009: 144-146）。このような疑念にたいして、ハーバーマスは、同一の根拠から受け入れ可能な合意だけでなく、それぞれの根拠から受け入れ可能な合意というものに理論的な場所を用意する必要があった。『事実性』では、政治的・倫理的討議と道徳的討議の区別が持ちだされ、正当性にかかわる討議に区分けがなされた（Habermas 1992: 198-200 ＝ 2002: 193-195）。道徳的討議においては、万人にとって受け入れ可能な規範は何かという観点で妥当性が吟味されるのにたいして、政治的・倫理的討議においては、われわれにとって受け入れ可能な規範は何かという観点で妥当性の吟味がなされる。後者の規範は、「われわれ」に属さないひとびとにとっては妥当性を有するとはかぎらない。しかし、多文化的な状況のなかでは、このような規範の存在を認める必要がある。『理論』の段階では、規範にかんする討議は実践的討議として一括りにされていた。それを現在のハーバーマスは区分けしている。このことをふまえるなら、一致はしえないけれども、認めることはできるという事項をとらえうる理論枠組みとして、弱いコミュニケーション行為の概念を位置づけることは可能である。

　第八に、戦略的行為の概念についてである。コミュニケーション行為との対比における、戦略的行為の概念規定の根幹は、すでにみたとおりである。つまり、妥当性要求が行為整合において作動していないばあいが戦略的相互行為とみなされる。ここで、『理論』との相違について言及するなら、「合理性」論文では、戦略的行為ではなく、戦略的相互行為という名称が用いられ、相互行為ということがことさらに強調されている。これは、行為から相互行為へと概念が変化したことを含意しているのだろうか。だが、われわれの理解では、『理論』の時点からハーバーマスは個々の行為を問題にしようとした

わけではなく、あくまでも相互行為を問題にしていた。だから、戦略的行為ではなく戦略的相互行為という表現を使用していることは、概念の変更というよりもむしろ、相互行為としての強調がかつては不十分だったとハーバーマスが認識していることの表明と理解できるであろう。ただ、このことに付随して注目しておいてよいのは、戦略的行為の典型としてあげられる例が変化しているということである。『理論』では、一方の側が、みずからの意図を隠したうえで、相手を利用して何らかの成果を獲得しようとする行為として、戦略的行為が描写された。つまり相手の側は、たがいに（『理論』での用法での）コミュニケーション行為をおこなっていると思っているが、自分は戦略的行為をおこなっている、という事例である。このケースでは、認知の非対称性を利用して、自己の側の目標を達成する。ところが、「合理性」論文では、相互行為の参加者双方が戦略的に行為するという事例があげられている。つまり、たがいに相手が戦略的行為をおこなっているという前提でやりとりをおこなうことが、取りあげられている。

　第九に、生活世界論との関係についてである。このことは、社会概念との接続をめぐる問題とかかわっている。ハーバーマスの理論のなかで、コミュニケーション行為と生活世界とは相補的関係にあるとされる。「合理性」論文では、コミュニケーション行為の概念的範囲が拡張されることになり、弱いコミュニケーション行為という概念が登場する。このことによって社会理論の構成は影響を受けないのだろうか。これは、理論構成上重要な問題だと思われるが、ハーバーマスじしんは、コミュニケーション行為の概念規定を修正することによって、生活世界とシステムといった社会理論の構成に修正が必要になるかどうかについては、語っていない。生活世界の概念については第4章で、社会理論の構成にかかわる問題については第5章において取りあげるので、それらの詳細については、のちの議論に委ねたいが、ここでは、必要なかぎりにおいて、社会理論の構成について触れておきたい。まず第一にハーバーマスは、コミュニケーション行為に相補的な概念として生活世界を導入する。すなわち、コミュニケーション行為は生活世界を資源として利用することによって成り立つと同時に、生活世界は、コミュニケーション

行為によってのみ再生産される。第二に、このことをふまえたうえで、生活
世界とは質的に異なった行為連関としてシステムの概念を導入する。生活世
界(生活世界のシンボル構造)はコミュニケーション行為によって再生産される。
他方、システムは、コントロール・メディア(貨幣メディアと権力メディア)をつ
うじて再生産される。第三に、システムによる生活世界の植民地化が問題と
される。コミュニケーション行為によって再生産される意味領域にシステム
が介入し、そこに障害が発生することが、社会病理の要因であるとみなされる。

　コミュニケーション行為の概念を再規定することにともなう理論的な影響
関係を特定するためには、これら三つの位相を二つに集約して考察する必要
がある。まず第一に、生活世界の再生産へのコミュニケーション行為の関与
という局面についてである。コミュニケーション行為が資源として利用する
かぎりにおいて、生活世界は再生産される。弱い意味でのコミュニケーショ
ン行為においても、たしかに生活世界は、少なくとも部分的には利用され
てはいる。つまり、社会規範にかかわるゲゼルシャフトという構成要素は利
用されないが、それ以外の文化とパーソナリティの構成要素は利用している。
このことからするなら、弱いコミュニケーション行為であっても、生活世界
の再生産に寄与しているとみなすことは可能であろう。ただ、規範的了解を
めざさない相互行為が、生活世界の規範的構成要素を再生産するとは考えに
くい。さらにまた、規範的要素への準拠を欠いた行為を想定したばあい、コ
ミュニケーション行為をつうじたコミュニケーション能力の形成という論点
はどのように整合的にとらえられうるかという問題は生じる。コミュニケー
ション能力の発達という側面では、弱いコミュニケーション行為では不十分
で、強いコミュニケーション行為が不可欠であるとみなすべきであろう。そ
のため、このような個々の論題にかんしていえば、より詳細な検討が必要に
なる。第二に、生活世界とシステムが対比され、さらにはシステムによる生
活世界の植民地化が主題とされるという局面についてである。このことを考
えるにあたって注意しておかなければならないのは、行為の類型論と社会概
念とのあいだに短絡的な連関を想定してはならないということである。ハー
バーマスの理論体系のなかでは、生活世界はコミュニケーション行為がおこ

なわれる場であり、システムは戦略的行為がおこなわれる場である、という
わけではない。生活世界のなかでの行為者は、コミュニケーション行為をお
こなうこともできるし、戦略的行為をおこなうこともできる。それぞれの再
生産を主題化する局面になってはじめて、社会概念と行為類型との対応関係
が有意味なものになる。つまり、生活世界(生活世界のシンボル構造)の再生産
にはコミュニケーション行為が不可欠であると同時に、システムの再生産に
おいては、貨幣や権力といったコントロール・メディアに媒介された行為が
不可欠である。こうした論理にとって重要なのが、コミュニケーション行為
概念のしめる社会理論上の戦略的位置である。コミュニケーション行為によっ
て再生産されるものとして生活世界をとらえる。それとの対比においてシス
テムは、生活世界から自立化し物象化した行為連関としてとらえかえされる。
そのさい、コミュニケーション行為かどうかは相互行為において妥当性要求
の相互承認という論理が作動しているかどうかという点で区別される。この
ように理解すれば、少なくとも社会理論の構成上の整合性は、コミュニケー
ション行為概念の修正によっても維持されうるとみなしうる。

【注】

1　これらの点を探るために、このテクストは重要だと考えられるが、このテクス
　　トについて検討した研究は少ない。菅原 (2001、2003) が主題的に検討しているが、
　　それ以外には、水上 (1999) や木前 (2009) が言及している程度である。
2　1996 年の論文 (初出時) においては、志向的行為と表記されている (Habermas
　　1996b: 86)。
3　この図は、ハーバーマスじしんによる「言語に媒介された相互行為の純粋類型」
　　(Habermas 1981: I 439 = 1986: 73) の一部を利用している。
4　『ポスト形而上学の思想』において、端的な命令の例として、ピストルを持っ
　　た銀行強盗が「手をあげろ」と発言する例が引きあいに出されている (Habermas
　　1988: 73 = 1990: 90)。

第4章　生活世界論の展開

1　本章の課題

　ここからは、相互行為の水準を越え、社会の概念へと議論を進めることにしたい。本章では、生活世界の理論を取りあげたい。ハーバーマスは、生活世界論を再構成し、生活世界を社会理論の基礎概念として位置づけ、生活世界論の社会理論としての展開をはかっている。いうまでもなく生活世界は、現象学の伝統に由来する概念だが (Husserl 1954 ＝ 1974; Schütz und Luckmann 1979 ＝ 2015, 1984)、ハーバーマスは、生活世界論の再構成をくわだてることによって、その基本的な発想法を生かしつつ生活世界の概念を経験的な社会分析のための基礎概念へと彫琢しようとしている。そうだとするなら、ハーバーマスによるこうした仕事の内容が十分に解明されなければ、かれの構想する社会理論の全体像には迫りえないし、さらにはハーバーマス社会理論の現代的な射程を明らかにすることもできない。

　本章では、ハーバーマスの構想する生活世界論の論理構造を検討する[1]。そのさい、まずはじめに、ハーバーマスの考え方をわれわれの観点から敷衍することをとおして、生活世界論という問題構成のあり方が社会理論にとっていかなる意味を持ちうるのかについて確認する (第2節)。次に、そうした予備的な考察をふまえたうえで、ハーバーマスの構想する生活世界論の論理構造を解明する。そのさいここでは、そうした論理構造を二つの段階に区別して追究する。というのも、ハーバーマスはまずさしあたっては言語行為論的なパースペクティヴから生活世界論を展開し、そこで生活世界論の基本的な発想法を確認したうえで、パースペクティヴを転換し、生活世界の再生産を解

明しうる理論へと生活世界論を展開しているからである。さしあたりここでは、前者を言語行為論的な生活世界論（第3節）、後者を再生産論的な生活世界論（第4節）と呼んで区別したい。もちろん、この区別はあくまでも論理展開の階梯のなかでの区分にすぎず、ハーバーマスの生活世界論のなかに二つの系統のものが混在しているというわけでは決してない。シュッツの生活世界論から社会理論として生かすべき基本的な発想法を確認し、それを社会理論の基礎概念として位置づけるためには、そうした論理のステップをふまなければならないというのがハーバーマスの考え方である。ハーバーマスのめざす目標が社会理論の構築である以上、生活世界論もまた、ただたんに行為者にとって自明なものとして世界がどのようにあらわれるのかを記述するにとどまらず、社会そのものの再生産の解明につながる理論枠組みでなければならない。ハーバーマスは、社会理論として生活世界論を生かすという問題意識のもとに、まずさしあたっては言語行為論的な視角から生活世界論の基本的な考え方をつかみだし、そうした考え方をふまえて、生活世界論をその再生産を問題にしうる理論へと彫琢しようとしている。ここではそうしたハーバーマスの論理をそれぞれの段階ごとにたどっていくことにしたい。さらに最後に、ハーバーマスの生活世界論にみられる基本的な特徴をあらためて確認したうえで、そのアクチュアリティについて検討を加えることにしたい（第5節）。

2　生活世界論という問題構成

　ハーバーマスは、生活世界を社会理論の基礎概念として位置づけるという理論戦略を採用している。そのさいかれは、シュッツによって提起された生活世界論という問題設定を社会理論によって有意義なものとみなし、この問題設定を生かしていくという方向を選択している[2]。生活世界論は、ひとびとによって自明なものとして生きられた意味世界の構成を問うという問題設定をおこなっている[3]。ハーバーマスの視角からするなら、こうした問題構成にはいかなる特徴があり、この問題構成からいかなる点が学びとられなければならないことになるのだろうか。ここではさしあたりこの点にかんして、わ

れわれなりに整理してみることにしたい。

　まず第一に、この問題構成は、意味世界が相対的に自立した領域を形成している。つまり生活世界論においては、意味領域がまさしく一つの世界を形成しており、そうした意味世界には独自の論理がみいだされると考えられている。だからこそ生活世界論は、生活世界の構造を問題にしうるのである。生活世界論は、日常の意味世界を一定の自律性を持った領域とみなし、そうした世界の構造を問題にしている。ここに、生活世界論という問題構成の第一の特色がみいだされる。いうまでもなくさまざまな社会理論は、それぞれの視角からひとびとの日常的な世界を主題化してきた。そのさいたとえばイデオロギー論や物象化論といった問題構成においては、日常生活の世界を解明するためにこそ、そうした日常世界を越えて社会全体を貫くメカニズムに光があてられてきた (Lukács 1923 ＝ 1991)。それにたいして、生活世界論は、日常生活の世界それじたいに独自の論理構造がみいだされるという前提に立ち、そうした論理構造をつかみだすことをその理論的な課題にしているのである。第二に、生活世界論においては、そうした意味世界がはじめから間主観的なものとして構成されていることを強調している。生活世界論は、間主観性への問いを正面から取りあげている。そうしてみると、生活世界論という問題構成の第二の特色は、間主観性問題を主題化している点にみいだすことができる。このことは、さらにコミュニケーションへの問いへとつながっていく。間主観性は個体が単独で構成するものではなく、複数の個体によって形成されるものであり、間主観性の構成の論理には、少なくとも潜在的にはコミュニケーションの論理が胚胎していると考えられるからである。第三に、生活世界論は、ひとびとにとって自明なものとして生きられた世界を問題にしている。こうした自明性への問いが、生活世界論という問題構成にみられる第三の特色だということができる。こうした自明性への問いは、意識を準拠点とする発想法の限界を突破する可能性を秘めている。生活世界論は、行為者の意識に立ちあらわれるカテゴリーだけを主題化するのではなく、行為者にとってはみなれているがゆえに意識されることのない意味基盤を問題にしている。こうした問題構成は、行為者の意識を準

拠点とする理論構成から脱却する道筋を示唆している。

　さらにこうした生活世界論の問題構成に注目し、それを生かしていくということは、行為理論の再構成という課題にも結びついている。ハーバーマスは、行為理論の視角から社会理論を展開しようとする。それにたいしてたとえばルーマンは、社会理論におけるシステム理論的視座の優位性を主張している (Luhmann 1982)。ルーマンは、行為理論では社会性を十全にはとらえることができないと行為理論の限界性を指摘し、社会理論を構築するためには行為理論からシステム理論へと移行すべきことを提唱した。しかし、ハーバーマスからするなら、ここで名指しされる行為理論の限界なるものは、意識理論の限界内にとどまるモノローグ的行為理論の限界にすぎず、行為理論そのものが社会理論の基礎視角として放棄される必要はまったくない。こうした観点からハーバーマスは、コミュニケーション行為理論を構築するとともに、シュッツの生活世界論をみずからの視角から再構成し、ハーバーマス独自の理論枠組みとして生活世界を練りあげている。ハーバーマスは、コミュニケーション行為によって再生産される意味世界として生活世界をとらえなおしている。ハーバーマスからするなら、行為の世界を直接にシステムとしてとらえるべきではない。まずさしあたっては行為の世界を生活世界として表象したうえで、それとは区別される自立化した行為連関だけをシステムとしてとらえるべきだというのである。ハーバーマスは、行為理論から出発し、その延長線上にシステム理論を導入するという理論戦略を採用している。かれは、こうした理論戦略を首肯的なものとするためにも、生活世界をみずからの観点から再構成しなければならなかった。

　さてここで、ハーバーマスがいかなる視角から生活世界論の再構成をこころみているのかについて、明らかにしておくことにしたい。まず第一に、コミュニケーション行為理論の視角からの再構成になっていることを指摘しておくことができる。ハーバーマスは、言語をつうじた意思疎通にみいだされる独自の論理構造に着目し、そうした意思疎通の過程を行為整合メカニズムの中核に位置づけた。コミュニケーション行為理論の視角からするなら、まずさしあたって、コミュニケーション行為のなかで主題化されることがらと、

そうしたコミュニケーション行為においては自明のものとみなされる意味基盤とが区別されるし、さらには、コミュニケーション行為をとおして再生産される意味基盤として生活世界がとらえなおされることになる。第二に、社会理論として生活世界論を生かすという視角から生活世界論の再構成がこころみられている。ハーバーマスは、生活世界とシステムとからなる二層的なものとして社会をとらえるという考え方を打ちだしている（Habermas 1981: II 180, 225-228 = 1987: 16、59-61)。いうまでもなく、こうした考え方は、正統的な生活世界論の発想法からするなら、かなり大胆な再解釈であるとみなされるにちがいない。シュッツの生活世界論をごくふつうに理解するかぎり、生活世界を越える機能的連関への視座は導きだされない。しかし、社会理論として生活世界論を生かそうとする観点に立てば、社会を生活世界としてのみ表象するのは、非現実的だといわざるをえない。少なくとも近代社会においては、市場メカニズムをつうじた行為連関の形成という場面に典型的にみいだされる機能的な行為連関の存在を認めなければならない。しかも、そうした機能的な連関は、行為者のパースペクティヴにもとづくかぎりとらえることができない。ハーバーマスは、そうした機能的な行為連関をシステムとして特徴づける。そのうえでハーバーマスは、意味的世界としての生活世界と、そこから自立化し、規範によって左右されない社会性と化したシステムとからなる二層的なものとして社会をとらえるという理論戦略を提起する。ハーバーマスからするなら、こうした方法こそが生活世界論を生かしていく道なのである。

3 言語行為論的概念としての生活世界

⑴ 言語行為と生活世界

　すでに述べたように、ハーバーマスは、コミュニケーション行為の概念を手がかりに生活世界論を再構成しようとこころみている。ここではそうしたかれのこころみを、言語行為とのかかわりで整理していくことにしたい。

　ハーバーマスの視角からするなら、ひとびとにとって当たり前のものとし

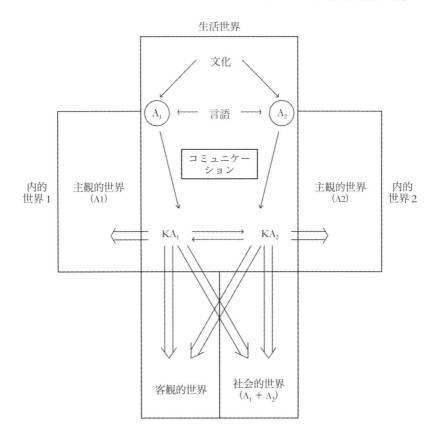

図4-1 コミュニケーション行為の世界への関連 (Habermas 1981:II 193 = 1987: 28)

A: 行為者、KA: コミュニケーション行為
行為者A1とA2は、生活世界のなかでコミュニケーション行為をおこなうことをつうじて、客観的世界、社会的世界および（それぞれの）主観的世界を指示する。

て生きられた世界の構成を問うという問題構成そのものが、意思疎通に指向した行為という考え方を前提にしてはじめて導きだされる。言語をつうじた意思疎通がいかにして成り立つかという問いを突き詰めていくと、ひとびとによって当然のものとして受け入れられた共通の意味基盤の存在に行きあたらざるをえない (Habermas 1981: I 449 = 1986: 81, 1984: 571)。目的活動として

の行為ではなくコミュニケーション行為から出発することによって、ひとびとにとって自明な意味基盤への問いが開かれるのであり、生活世界論という問題構成が可能とされるのである。

ハーバーマスは、言語をつうじた意思疎通を手がかりとして生活世界論の再構成をはかっていく。そのさいそうした再構成の手がかりとなるのが、そうした言語的コミュニケーションのなかで主題化されるものと、そうした言語的コミュニケーションの背景をなし言語的コミュニケーションを可能にするという機能を営むものとの区別である。そのことをハーバーマスは、世界と生活世界という二つの概念を用いて説明している（Habermas 1981: II 183-192 = 1987: 18-28）。ハーバーマスは、この論理段階においては、行為者が発言をおこなうさいにその指示対象とするものの総体を世界といいあらわしている。それにたいして、行為者がそうした発言をおこなうさいのとくに主題化されてはいない前提のことを生活世界としていいあらわしている。ハーバーマスによると、世界は三つに区別することができる。すなわち、客観的世界、社会的世界および主観的世界である。このそれぞれについてハーバーマスは次のように定義している（Habermas 1981: II 183-184 = 1987: 19）。

①客観的世界

実在物の総体のことであり、それについては真なる言明が可能である。この世界の構成要素は「事実」である。

②社会的世界

正統的に規制された対人関係の総体のことをいいあらわしている。この世界の構成要素は「規範」である。

③主観的世界

当の行為者本人にのみ特権的に接近することのできる体験の総体のことであり、そうした体験について話し手は、聞き手のまえで誠実に話すことができる。この世界の構成要素は「体験」である。

これら三つの世界は、ひとびとがコミュニケーションをおこなうさいの座

標軸をなしている (Habermas 1981: II 184 ＝ 1987: 19)。行為者は、コミュニケーションをおこなうさいにそこで主題化されるさまざまなことがらをこれら三つの世界のいずれかに帰属させる。通常のばあい行為者は、客観的な事実、社会的な規範および主観的な体験の三者を混同することなく、区別することができる。この区別をおこなうさいの座標軸となっているのが、これら三つの世界だというのである。他方、コミュニケーションをおこなうさいに文化的知識は共通の前提とされているし、またそこで用いられている言語そのものは、主題化されることはない。文化や言語は、とくに疑問視されることはなく、それゆえに確実なものとみなされている (Habermas 1981: II 190-191 ＝ 1987: 25-26)。文化や言語が共通の確信として機能するがゆえに、行為者たちは、それを前提として何ごとかについてコミュニケーションをおこなうことができる。そうした共通の基盤として、文化と言語は役立っている。通常のばあい疑問視されることなく自明であるがゆえに言語的コミュニケーションを可能とするこのような意味基盤を、シュッツは生活世界と呼んで主題的に探求した。言語をつうじたコミュニケーションを手がかりとするなら、そうしたコミュニケーションのなかで主題化されうるものが世界に属し、それにたいして自明であるがゆえに主題化されることのないものが生活世界という意味基盤をなすということになる (Habermas 1981: II 191-192 ＝ 1987: 27-28)。

　ひとびとが意思疎通をおこなうさい、さまざまなことがらを主題化する。それらのことがらは、客観的世界、社会的世界および主観的世界という三つの世界のいずれかに帰属させることができる。こうしたことがらは、共通に定義された状況の構成要素をなしている。他方、行為者たちは意思疎通をおこなうさい、慣れ親しんでおりごく当然のことと自明視された意味基盤を前提にしている。そうした自明なものは、あくまでもコミュニケーションの背後にとどまっており、そうした自明なことがらを前提としてコミュニケーションは進められる。ところで、そうした自明なことがらは、主題が移り変わることにより、自明性を失い、疑問視される可能性を有している。そのばあいには、そうしたことがらについて意思疎通をはかり、共通の定義を取り決める必要がその関与者たちに生じる。自明性を失ったそうしたことがらは、状

況の構成要素となり、三つの世界のいずれかに帰属されるようになる。こうしたことからすると、状況は生活世界からの一断片をなしており、主題が移り変わるにつれて、状況に属することがらもまた移り変わるということができる (Habermas 1981: II 185-187 = 1987: 21-22)。

　行為者たちが意思疎通をはかり何らかの発言をおこなうばあい、この発言は共通の状況定義にもとづいてこころみられている。他方、この発言はつねに、共通の状況定義であるとみなしていることが妥当であるかどうかを確認するテストである (Habermas 1981: II 185-186 = 1987: 21)。この発言はつねに客観的世界、社会的世界および主観的世界という三つの世界に準拠している。そのさい話し手は、これら三つの世界にかんして批判可能な妥当性要求を呈示している。話し手は、何らかの発言を聞き手にたいしておこなうことによって、みずからの発言が妥当であるという要求を聞き手にたいして呈示している。そのさい話し手は、聞き手によってみずからの発言の妥当性にたいして疑いがさしはさまれるという可能性を考慮に入れて発言をおこなっている (Habermas 1981: II 184 = 1987: 19)。話し手によって呈示された妥当性要求が聞き手によって承認されてはじめて、了解が成立することになる。そのさい話し手と聞き手にとっての座標軸として役立つのが、三つの世界である。話し手と聞き手は、そうした三つの世界の概念を利用することによって、客観的なことと社会的なことと主観的なこととを区別することができる。

　さて、コミュニケーションをおこなうさいに行為者たちは、文化や言語を利用している。しかもそこで用いられる文化や言語は、コミュニケーションのなかで主題化されていないという特性を有している。たしかにそうした文化や言語の一部分をコミュニケーションのなかで主題化することはできる。しかし、自分たちが当然のこととして受け入れている文化の総体や言語体系の総体を主題化したり、疑いをさしはさんだりすることはできない。文化や言語は、言語行為の自明な基盤として機能しているかぎり、そこで利用されている文化や言語は主題化されることはない (Habermas 1981: II 190-191 = 1987: 25-26)。文化や言語がコミュニケーションを可能にするという機能をはたさないばあいにのみ、文化や言語は、主題化されることになるが、そのばあいでさえ、そう

した文化や言語の総体を疑問視し問題化するということはほとんどありえない (Habermas 1981: II 204 ＝ 1987: 39)。われわれは意思疎通をおこなっているばあい、そうした意思疎通において用いている文化や言語にたいして外在的な位置をとることができず、そうした文化や言語を対象化することができない (Habermas 1981: II 191-192 ＝ 1987: 27)。いま実際に用いられている文化や言語は、つねに意思疎通の背後にあり、自明性をおびている。ハーバーマスは、文化や言語のこうした性質を「準超越論的な性格」と表現している (Habermas 1981: II 190 ＝ 1987: 26)。もちろん文化や言語は決して非経験的な超越論的実体ではなく、あくまでも日常的なコミュニケーション実践をとおして作りあげられ継承されていくのだけれども、現におこなわれているコミュニケーションにとってはつねに背後に退き、決してそれじたいとしては主題化されることがない。そうした性質をハーバーマスはここで準超越論的な性格といいあらわしている。

　こうした議論においてハーバーマスは、意思疎通に指向して発言をおこなうという局面を想定して、シュッツの理論において生活世界として特徴づけられてきたことがらの特性を再検討している。そのさいハーバーマスは、言語行為のなかで指示対象となることがらの総体として世界の概念を導入し、それとの対比において、言語行為の背景として言語行為を可能とする意味基盤として生活世界を位置づけなおす。ハーバーマスからするなら、シュッツのいう生活世界は、「文化として伝承され言語として編成された解釈パタンのストック」といいかえることができる (Habermas 1981: II 189 ＝ 1987: 25)。ハーバーマスは、こうした手法をつうじて、生活世界論を意識哲学から解放し、言語コミュニケーションの理論を中核にすえて生活世界論を再構成しようとしているのである。

⑵ 資源としての生活世界

　これまでみてきたようにハーバーマスは、さしあたっては言語行為論的な視角から、意思疎通のなかで主題化されるものと主題化されることなくその背後にとどまるものという対比として世界と生活世界という二つの概念を区別する。だが、ハーバーマスからするなら、生活世界は意思疎通をするさい

にその背景をなすという機能だけを営んでいるのではない。生活世界は、解釈のための知識在庫の総体をなしており、そこから行為者たちは、解釈のためのパタンをくみだしている。話し手と聞き手は、意思疎通をおこなうことによって文化的な知識在庫を利用している (Habermas 1981: II 191 = 1987: 26)。こうした観点からするなら、生活世界は、解釈パタンの貯蔵庫としてあらわれる。そのことをふまえるなら、生活世界と世界とは、対象の主題化という観点においてばかりでなく、行為の活動空間の制限という観点からも区別されうる (Habermas 1984: 571)。そこでハーバーマスは、コミュニケーション行為にとっての資源として役立つものを生活世界として特徴づけ、それにたいしてコミュニケーション行為にとっての制限としてあらわれるものを世界として特徴づける (Habermas 1981: II 203-204 = 1987: 38-39)。

　すでにみたように、ハーバーマスからすると、コミュニケーション行為とは、行為者たちの意思疎通にもとづいて何らかのはたらきかけをおこなうという行為であり、行為における目的活動としての側面と意思疎通としての側面を綜合した概念としてコミュニケーション行為は設定されている (Habermas 1981: II 193 = 1987: 29)。これまでのところでは、意思疎通の行為を考察のうえでの準拠点にとり、意思疎通の行為をおこなう行為者たちにとって生活世界はどのようなものとして立ちあらわれてくるのかという観点からハーバーマスの論述をたどってきた。これからは、より精確にハーバーマスの論述を検討するために、いま述べた意味でのコミュニケーション行為を考察のうえでの準拠点にとり、コミュニケーション行為をおこなう行為者にとって生活世界はいかなるものとして立ちあらわれるのかという問いを追究していくことにしたい。もちろん、コミュニケーション行為は行為者のあいだでまず意思疎通をおこなおうとし、そこで成立した了解にもとづいてのみ成果を獲得しようとするものであり、コミュニケーション行為は意思疎通の行為をその中核としている。したがって前項で意思疎通あるいはコミュニケーションを手がかりに進めてきた分析は、そのままこれ以降も引き継がれていくことになる。

　ハーバーマスからすると、コミュニケーション行為を営む行為者たちは、

その解釈活動のために文化や言語を利用している。そうした文化や言語は、コミュニケーション行為にとっての資源として役立っている。他方、コミュニケーション行為を営む行為者たちからすると、そうした行為者たちがその行為を発動するにあたってその制限として立ちあらわれてくるものすべては、行為状況のなかに含まれており、それらは客観的世界、社会的世界および主観的世界へと帰属される (Habermas 1981: II 203-204 = 1987: 38-39)。ここでハーバーマスは、生活世界の特性をコミュニケーション行為にとっての資源として役立つという点に集約している。それにたいして状況の構成要素は、コミュニケーション行為にとっての制限として立ちあらわれることに注意を促し、そうした状況の構成要素は、三つの世界を座標軸として整理されうるとした。生活世界論のこうした再構成は、シュッツの生活世界論のなかにみいだされる意識哲学的な残滓を払拭し、言語理論を中核にすえようとするものである。ハーバーマスの視角からすると、シュッツの生活世界論は、意識を基軸とする理論構成を脱却する方向性を示唆しながらも、体験する主体を最終的にはその分析の準拠点としており、生活世界の構造を分析するにあたって、あくまでも孤独な行為者の意識のなかに写しだされたものとして生活世界の構造をとらえるというやり方に固執している (Habermas 1981: II 198 = 1987: 33)。ハーバーマスは、まずさしあたってはコミュニケーション行為理論を背景に「文化として伝承され言語として編成された解釈パタンのストック」として生活世界を特徴づける。そのうえでさらにハーバーマスは、生活世界の基本的機能をコミュニケーション行為にとっての資源として役立つという点にみさだめている。

　ハーバーマスは、コミュニケーション行為にとって資源として役立つものとして生活世界を特徴づけた。このような特徴づけからすると、まずはじめに生活世界の構成要素として想定されるのは、文化と言語である (Habermas 1981: II 204 = 1987: 39)。すでに述べたように、文化と言語は、意思疎通をおこなうさい自明なものとして立ちあらわれる。文化と言語は、それがそもそも資源として役立たないというばあいにはじめて、奇異なものとして立ちあらわれる。しかし、そうしたケースは希であり、コミュニケーションが進めら

れているさいには、そこで利用されている文化と言語は、コミュニケーショ
ン行為にとっての制限として行為者に立ちあらわれることはない。文化と言
語は、通常のばあいにはコミュニケーション行為の資源としてのみ役立つの
である。ここで、文化と言語を生活世界の構成要素とみなすということそれ
じたいは、シュッツが生活世界論において分析しようとしていた事態をコミュ
ニケーション行為理論の視角から再定式化したものと考えることができる。
シュッツには、生活世界の内実を文化的知識在庫の問題として分析しようと
する視角がみいだされる (Schütz und Luckmann 1979 = 2015: 220-363)。ハーバーマ
スは、そうしたシュッツの考え方を意識理論から切り離すことによって、生
活世界をコミュニケーション行為にとっての資源として表現し、その構成要
素にあたるのが文化と言語であるとした。たしかにシュッツじしんは言語コ
ミュニケーションを言語行為論の視角からとらえているわけではなく、言語
それじたいを生活世界を成り立たせている不可欠の構成要素してとらえる視
点は、むしろハーバーマス独自のものであると考えられる [4]。だが、文化と言
語を生活世界の構成要素として位置づけるという考え方そのものは、シュッ
ツの考えを大きく離れるものではない。

　このことをふまえてハーバーマスは、生活世界論に一つの修正を施す。す
なわち、文化ばかりでなく、制度的秩序やパーソナリティ構造をも生活世界
の構成要素とみなすことを提案するのである (Habermas 1981: II 204-205 = 1987: 39-
40)。ハーバーマスからすると、制度的秩序とパーソナリティ構造は、コミュニ
ケーション行為にとっての制限として立ちあらわれると同時に、コミュニケー
ション行為にとっての資源としても役立つ。それゆえ、制度的秩序とパーソ
ナリティ構造を生活世界の構成要素と位置づけるべきだという。制度的秩序
は、規範的なものとしてはじめから社会的世界に属しているし、パーソナリ
ティ構造は、主観的なものとしてはじめから主観的世界に属している。規範
と体験は、状況の構成要素として立ちあらわれるのであり、それぞれ社会的
世界と主観的世界へと帰属される。他方において、コミュニケーション参与
者たちは、制度的秩序とパーソナリティ構造をそのコミュニケーション行為
のための資源としても利用している。こうした点に注目すれば、規範と体験は、

二重の位置を占めているということができる (Habermas 1981: II 204 ＝ 1987: 39-40)。すなわち、世界の構成要素であると同時に生活世界の構造の構成要素でもある。ハーバーマスからすると、行為者たちは、行為をおこなうさい、生活世界という基盤に支えられている。しかも、そうした基盤は、文化的な確信ばかりから成り立っているのではない。生活世界という基盤は、個人的な能力すなわちある状況にいかにして対処するかについての直観的知識や、社会的に習熟した行動様式すなわちある状況において何をあてにしうるのかについての直観的知識からも成り立っている (Habermas 1981: II 205 ＝ 1987: 40)。つまり行為者たちは、そうした直観的知識を利用することによって行為を遂行しているのであり、これらもまた文化と同様に行為を背後から支えているのである。

　ハーバーマスからすると、シュッツの生活世界概念は文化に一面化された生活世界概念にほかならない (Habermas 1981: II 205 ＝ 1987: 40)。ハーバーマスからするなら、生活世界を文化的なものにのみ限定する必要はない。コミュニケーション行為にとっての資源として行為者たちが利用しているものとして生活世界を規定するなら、価値や規範をつうじて統合されたグループの連帯や、社会化された個人の能力もまた、生活世界の構造の構成要素として位置づけることができる (Habermas 1981: II 205 ＝ 1987: 40)。そこでハーバーマスは、生活世界は文化、ゲゼルシャフト[5]およびパーソナリティ[6]の三者から成り立っていると主張する (Habermas 1981: II 209 ＝ 1987: 44)。ハーバーマスは、シュッツの生活世界論を手がかりにそれを言語行為論的に再構成することをつうじて、生活世界をコミュニケーション行為を営む行為者にとって資源として利用されているものとしてとらえなおした。そのうえでハーバーマスは、コミュニケーション行為にとっての資源として利用されているものは文化にとどまらず、ゲゼルシャフトおよびパーソナリティもそうであることを指摘し、生活世界概念の拡張をはかっている。こうした論理展開からは、対象の持つ基本的な特性をつかみとり、そのあとでそれを一般化するというハーバーマスの方法的態度を読みとることができよう。

4 再生産論的概念としての生活世界

(1) 生活世界の構造の再生産

　ハーバーマスは、シュッツの生活世界論を手がかりとして、生活世界を社会理論の基礎概念たりうるものへと彫琢しようとする。ハーバーマスは、自明な意味基盤そのものの構造を問うという生活世界論の問題設定を受け入れる。そのさいハーバーマスは、言語行為論的な視角から生活世界論の再構成をこころみ、体験する主体を準拠点とするシュッツの発想法を批判し、話し手と聞き手とからなるコミュニケーション関係をその中核にすえる。ハーバーマスによれば、シュッツの生活世界論は主体の意識に映しだされたものとして生活世界を記述するという方法をとっている。しかし、ハーバーマスからするなら、意識理論に固執する必要はまったくない。ハーバーマスは、言語コミュニケーションにとって不可欠の前提をなす意味基盤として生活世界をとらえるという方法的な視座をとり、さしあたり生活世界を文化として伝承され言語として編成された解釈パタンのストックとしてとらえなおす。そのうえでハーバーマスは、生活世界の基本的な機能をコミュニケーション行為にとって資源として役立つという特性にみさだめ、そうした視角から生活世界の構成要素を拡張する。そうしてみると、ハーバーマスのシュッツにたいする批判は、まず第一にシュッツの生活世界論が意識理論に固執しているということにたいしてなされており (Habermas 1981: II 196 ＝ 1987: 31)、第二にはシュッツの生活世界概念が文化の側面に一面化されているということに向けられているということができる (Habermas 1981: II 210 ＝ 1987: 45)。

　ハーバーマスは、シュッツの生活世界論を導きの糸として、生活世界の基本的な特性をコミュニケーション行為にとっての資源として役立っているという点にみいだしている。ハーバーマスはさらに、こうした検討をふまえたうえでパースペクティヴの転換をはかり、生活世界の再生産そのものを問題としうる理論枠組みへと生活世界論を展開しようとする。ここでは、そのように展開されるハーバーマスの生活世界概念を、生活世界の再生産論的な概念と表現し、その論理構造をたどっていくことにしよう。

第4章　生活世界論の展開　147

　前節で検討したように、ハーバーマスは、世界の概念と生活世界の概念とを対比させることをつうじて、自明な意味基盤としての生活世界の性格を究明し、さらにはそうした生活世界の基本的な機能をコミュニケーション行為にとっての資源として役立つものとしてつかみとっている。そのさい、そこで前提とされていたのが、コミュニケーション行為を営む行為者のパースペクティヴであった。たとえば、世界と生活世界とを対比させるという着想もまた、意思疎通に指向した行為者のパースペクティヴを前提としていた。意思疎通のなかで主題化されるものとそうした主題化を免れて意思疎通のための基盤として機能するものとの対比は、そうした意思疎通をおこなう行為者のパースペクティヴを出発点としていた。ハーバーマスは、行為者じしんのパースペクティヴからつかみだされたことがらを再構成するという手法をとって生活世界の分析を進めていったのであり、この方法をつうじてコミュニケーション行為にとっての資源という生活世界の性格づけもまたつかみだされていったのであった。

　ハーバーマスは、コミュニケーション参与者のパースペクティヴからつかみだされた特徴づけをふまえて、生活世界の再生産を解明しうる理論枠組みへと生活世界論を展開させようとする。そのさいハーバーマスは、パースペクティヴの転換をおこなっている。つまり行為者じしんのパースペクティヴを離れ、生活世界の再生産を問題とする社会科学者のパースペクティヴへと視座の転換がはかられているのである (Habermas 1981: II 205-212 = 1987: 41-48)。ここで、こうしたパースペクティヴの転換にかんして、あらかじめ三つのことがらを指摘しておくことにしたい。まず第一に、生活世界の再生産そのものを主題化しうるためには、社会科学者のパースペクティヴが不可欠とされている点である。いうまでもなく生活世界は社会科学的分析の対象となる以前にすでに行為者たちによって構成された世界にほかならず、行為者じしんによる日常的な活動がそうした世界を再生産している。したがってそうした生活世界のあり方を分析するためには、関与者じしんによって現におこなわれている活動を手がかりにする必要がある。しかし、行為者じしんのパースペクティヴに固執するなら、生活世界の再生産そのものを主題化することが

できない。関与者じしんは、あくまでも日常的な活動を営むことによって生活世界を意味基盤として利用しているにすぎず、そのことをつうじて生活世界の再生産過程の一部に関与するにとどまっている。生活世界の再生産過程の全貌を解明するためには、社会科学者のパースペクティヴからそうした生活世界の再生産過程そのものを再構成する必要がある。第二に、生活世界の再生産過程を解明するためには社会科学者のパースペクティヴへの転換が不可欠であるとはいっても、この社会科学者は外部的な観察者ではないことに注意しておきたい。行為者によってはまったく意図されることなく成立している機能的連関を分析するためには、外部的な観察者の観点からアプローチする必要がある。しかし、いま述べたように生活世界は、日常生活者によってすでに構成されている意味的な世界であり、生活世界論は、そうした意味的な世界の構造にアプローチするために、あくまでも解釈学的な方法論にもとづき、日常生活者による構成を手がかりにそれを再構成するという手法を選択せざるをえない[7]。第三に、パースペクティヴの転換をつうじて獲得されたこの理論水準においては、生活世界という意味世界の総体が主題化されており、そうした世界の再生産が主題化されている。この理論的課題のために、ここでは世界と生活世界の対比は考察の背景に退いている。世界に帰属されることがらは、状況の構成要素となり、主題化される。状況は、生活世界からの一断片をなしており、生活世界は、行為状況をみずからのなかに含み込んでいる。ここでは、生活世界はあくまでも意味世界の総体として表象されており、行為状況をその中核に含み込んだものとみなされている。

　ところで、すでにみたように、ハーバーマスは生活世界の特徴をコミュニケーション行為の資源として押さえたうえで、生活世界の構造の構成要素として、文化、ゲゼルシャフトおよびパーソナリティの三者をあげている。そのことをふまえてハーバーマスは、コミュニケーション行為がおこなわれることによってこれらの構成要素がどのように再生産されるのかを分析し、さらにはこれら三つの構成要素のあいだにみられる連関について分析をおこなう。こうした分析は、コミュニケーション行為と生活世界とのあいだの相補的な関係をクローズアップする。つまり、コミュニケーション行為は生活世

界を資源として利用することによってのみ可能とされ、生活世界はコミュニケーション行為をつうじてのみ再生産されうる。

　ハーバーマスは、コミュニケーション行為が生活世界の再生産にたいしていかなる機能をはたしているのかという点に注目して分析を進める。ハーバーマスによれば、①相互行為参与者たちは、たがいにその状況について意思疎通することによって、文化的伝承を利用すると同時に更新してもいる。②相互行為参与者たちは、批判可能な妥当性要求の相互承認をつうじて自分たちの行為を整合させることによって、社会的グループへの所属に依拠していると同時にその社会的グループの統合を強化している。③成長しつつあるひとびとは、能力を持って行為する意味のある他者との相互行為に参与することによって、その社会的グループの価値指向を内面化し、一般化された行為能力を獲得する (Habermas 1981: II 208 ＝ 1987: 43-44)。このように、コミュニケーション行為は、①意思疎通の機能的側面においては、文化的知識の伝承と更新に役立っている。②行為整合の側面においては、社会統合および連帯の創出に役立っている。③社会化の側面においては、パーソナルなアイデンティティの養成に役立っている (Habermas 1981: II 208 ＝ 1987: 44)。そうしてみると、生活世界の構造の再生産は、①通用している知識の存続、②グループの連帯の安定化、③責任能力のある行為者の養成をつうじてなされる (Habermas 1981: II 208-209 ＝ 1987: 44)。ハーバーマスは、コミュニケーション行為が生活世界の再生産に寄与する仕方を検討したのちに、文化の再生産、社会統合、社会化というこれら三つの再生産過程には、生活世界の構造の構成要素すなわち文化、ゲゼルシャフトおよびパースン (ないしパーソナリティ) がそれぞれ対応していることに、あらためて注意を促している。ハーバーマスは、これら三つの構成要素について次のように定義している (Habermas 1981: II 209 ＝ 1987: 44)。

①文化

　　文化とは、コミュニケーション参与者たちが世界のなかの何ごとかについて意思疎通するさいに解釈を手に入れる源となる知識在庫のことである。

②ゲゼルシャフト

構造の構成要素 再生産過程	文化	ゲゼルシャフト	パーソナリティ
文化の再生産	合意を可能とする 解釈図式 （「通用する知識」）	正統化	教育効果のある 行動パタン、 教育目標
社会統合	義務	正統的に秩序づけ られた対人関係	社会的所属
社会化	解釈のはたらき	規範同調的行為への 動機づけ	相互行為能力 （「パーソナルなアイデ ンティティ」）

図4-2　生活世界の構造の構成要素を維持することにたいする再生産過程の寄与
（Habermas 1981: II 214 ＝ 1987: 50）

構造の構成要素 再生産過程	文化	ゲゼルシャフト	パーソナリティ
文化の再生産	文化的知識の伝承、 批判、取得	正統化のはたらきを する知識の更新	教育知識の再生産
社会統合	価値指向の中核の 存続を疑いがたい ものとする	間主観的に承認さ れた妥当性要求を つうじての行為整 合	社会的所属のパタ ンの再生産
社会化	文化化	価値の内面化	アイデンティティの 形成

図4-3　意思疎通に指向した行為の再生産機能
（Habermas 1981: II 217 ＝ 1987: 51）

構造の構成 要素 障害の 生じる領域	文化	ゲゼルシャフト	パースン	評価の 次元
文化の再生産	意味喪失	正統化の 取り消し	指向の危機、 教育の危機	知識の 合理性
社会統合	集合的 アイデンティ ティの不確実 化	アノミー	疎外	成員の 連帯
社会化	伝統の断絶	動機づけの 取り消し	精神病理	パースンの 責任能力

図4-4　再生産障害のさいの危機現象（病理）(Habermas 1981: II 215 ＝ 1987: 50)

　ゲゼルシャフトとは、正統的秩序のことであり、そうした正統的秩序をとおしてコミュニケーション参与者たちは社会的グループへの自分たちの所属を規制し、そのことによって連帯を確かならしめている。

③パーソナリティ

　パーソナリティとは、主体を発話できるようにしたり行為したりできるようにする能力のことであり、つまりは意思疎通過程に参与しそのさいみずからのアイデンティティを保持することを可能とする能力のことである。

　ハーバーマスは、こうした三つの構成要素からなるものとして生活世界を把握し、コミュニケーション行為をつうじてこれら三つの構成要素が再生産されるとした。ハーバーマスは、これら三つの構成要素が再生産される過程をそれぞれ文化の再生産、社会統合および社会化として特徴づける(Habermas 1981: II 209 ＝ 1987: 44)。そのうえでかれは、これら三つの再生産過程からなる複合的な連関を分析することができると主張する。ハーバーマスは、こうした分析の枠組みを次のような三つの図表にまとめている(**図4-2、図4-3、図4-4**)。こうした分析にかんして、さしあたり次の二つの点に注意を促しておきたい。まず第一に、三つの再生産過程のそれぞれが生活世界の三つの構成

要素すべてに連関しているものとみなされているということを指摘しておきたい (Habermas 1981: II 214-216 = 1987: 49)。たしかに、たとえば文化の再生産という過程は、主として文化という構成要素にかかわっている。しかし、それ以外の二つの構成要素にも一定の影響をおよぼしてもいる。それと同じことは、社会統合や社会化という他の二つの再生産過程にもあてはまっている。生活世界の複合的な再生産連関を分析しうる枠組みとして生活世界の再生産論が構想されている。第二に、生活世界の再生産論は、それと同時に社会病理を分析する基本的枠組みともなっていることに注目したい。ハーバーマスからするなら、さまざまな社会病理は生活世界の再生産に障害が生じたことに起因するものとしてとらえなおすことができる (Habermas 1981: II 216 = 1987: 50)。周知のとおり、ハーバーマスは現代社会の病理現象の根幹を「システムによる生活世界の植民地化」として特徴づけた (Habermas 1981: II 522-523 = 1987: 358-359)。ハーバーマスからするなら、コミュニケーション行為によってしか再生産されない意味領域にシステムが介入することによってそうした再生産に障害が生じることから、現代社会のさまざまな病理が生じているとみなされなければならない。そうした時代診断の前提となっているのが、ここでの生活世界の再生産論なのである。

⑵ コミュニケーション行為と生活世界

　ハーバーマスの展開するこうした生活世界の再生産論の特徴は、コミュニケーション行為によって生活世界が再生産されるとし、その論理構造を追究する点にみいだされる。このことは、すでにみたように、コミュニケーション行為と生活世界とを相補的な関係にあるものとして位置づけることによって可能とされている。ハーバーマスからすると、一方においてコミュニケーション行為は、生活世界という意味基盤がなければ成立しえず、他方において生活世界は、コミュニケーション行為をつうじてのみ再生産されうる。生活世界とコミュニケーション行為との関係をこのようにとらえなおすことによって、生活世界は、日常的なコミュニケーション行為によってたえず再生産されるものとしてとらえられることになる。つまりハーバーマスの生活世

界論においては、コミュニケーション行為との関係に着目することによって生活世界が過程的な再生産の局面においてとらえなおされ、生活世界が静態的なものとしてではなく、変動の要因をはらんだ動態的なものとしてつかまえられているのである。

　しかし、コミュニケーション行為によって生活世界が再生産されていることを組み込んで生活世界論を再構成することの理論的インプリケーションは、いま述べた点につきるわけではない。つまりコミュニケーション行為理論を基軸として生活世界論を再構成することは、ただたんにコミュニケーション行為をつうじて生活世界が過程的に再生産されることを解明するだけではない。ここでは、この論点を明らかにするために、コミュニケーション行為についての特徴づけをあらためて確認することからはじめたい。ハーバーマスは、意思疎通に指向した行為としてコミュニケーション行為を特徴づけている。ハーバーマスからすると、コミュニケーション行為を営む行為者たちは、相手の意思を無視してみずからの目標を達成しようとするのではなく、あくまでもまず相手と意思疎通をはかり、そこで成立した了解にもとづいてのみ何らかの目標を達成しようとする。この行為は、主体による客体へのはたらきかけとしての行為つまり目的活動としての行為をモデルにしてはその論理構造を把握することができない。そこでハーバーマスは、言語をつうじた意思疎通に分析を加え、意思疎通の論理構造を解明し、そうした意思疎通を基軸とする行為としてコミュニケーション行為をとらえなおす。ハーバーマスからするなら、意思疎通に指向して行為しているばあい、話し手はみずからの発言によって、みずからの発言が妥当であるとする要求を呈示している。つまり話し手は妥当性要求を掲げているのであり、それが聞き手によって承認されたばあい了解が成立し、そうした了解にしたがってそれぞれの行為を方向づけるようその関与者たちを動機づける。しかも、この妥当性要求には批判可能であるという特徴がある。つまり、話し手は、みずからの発言の妥当性にたいして聞き手から疑いをさしはさまれたばあいには、みずからの発言が妥当であるとする根拠を何らかの形で示さなければならない。発言内容の妥当性が間主観的に承認されてはじめて了解が成立しうるのであり、そう

した了解にもとづいて営まれる行為がコミュニケーション行為とみなされている。もちろん、コミュニケーション行為が営まれているばあい、そこで発言の妥当性が問いなおされているわけでは必ずしもない。しかし、そうしたばあいであっても、コミュニケーション行為においては、妥当性要求の呈示と承認という過程は介在しているのであり、その妥当性について問いなおされる可能性をつねにはらんでいると考えられる[8]。

コミュニケーション行為にかんするこうした考え方をふまえると、コミュニケーション行為によって生活世界が再生産されるという事態からは、次のような二つの理論的インプリケーションを読みとることができる。まず第一に、生活世界は、つねにその妥当性が問いなおされる可能性をはらんだ意味領域としてとらえなおされる。たしかにコミュニケーション行為のなかで主題化されることがらは状況の構成要素にかぎられ、それ以外の多くのことがらはその背景に退き、自明なままにとどまっている。生活世界の一断片だけが、疑問をさしはさまれ、自明性を喪失する。生活世界のそれ以外の部分は、さしあたり自明なものとして立ちあらわれる。しかし、生活世界のそれ以外の部分もまた、潜在的には主題化されうる可能性を有している。ハーバーマスの視角からすれば、生活世界は、日常的なコミュニケーションのなかでたえず問いなおされうる可能性をはらんだ意味領域としてとらえなおされうるのであり、自明性と非自明性とが固定的なものではなく、たえず変転しうるものとしてとらえかえされる。第二には、コミュニケーション行為という考え方を前提にすることによって、生活世界の合理性の程度を論じたり、生活世界のしかるべき変動を生活世界の合理化として特徴づけることが可能になっている。ハーバーマスからするなら、コミュニケーション行為は妥当性要求の相互承認にもとづく点にその特徴があり、そうした行為においては、たとえ潜在的ではあれそこでの発言の妥当性が問いなおされ、そうした相互批判をつうじて関与者たちにとって妥当だと受け入れられうる内容での了解が形成されることが想定されている。コミュニケーション行為に参与しているひとびとのすべてが、たがいに相手への強制力を発動することなく、コミュニケーションをつうじた相互批判のなかで、妥当な結論をみいだし、それをあ

くまでもその妥当性のゆえに受け入れるという事態に、ハーバーマスはコミュニケーション合理性という表現を与えている（Habermas 1981: I 33-34 ＝ 1985: 38）。コミュニケーション行為は、この意味でのコミュニケーション合理性を少なくともポテンシャルとしては保有している。この考え方をふまえるなら、生活世界のあり方がそうしたポテンシャルをより解放させるように促しているばあいには、そうした生活世界は合理性が高いとみなすことができる。

　ハーバーマスの考え方にしたがうなら、あらかじめ規範によって方向づけられたコンセンサスと、コミュニケーションのなかで取り決められたコンセンサスとを比較するなら、後者の方がより合理性が高いとみなされる（Habermas 1981: I 107-108 ＝ 1985: 110）。もちろん、規範にもとづいてコンセンサスを形成するばあいであれ、その関与者たちは、あくまでも意思疎通に指向しているのであって、みずからの目標を無条件に達成しようとしているのではない。そうした関与者たちは、規範を引きあいに出すことによって了解を達成しようとしている。決してみずからの恣意を相手に押しつけようとしているのではない。だが、この規範をその関与者たちがごく当然のことと受け入れているばあいには、その規範が妥当かどうかについて問いなおされない。しかし、通用している規範は、必ずしも妥当であるとはかぎらない。そうだとするなら、規範はそれが規範として通用しているという理由でごく当然のこととして受け入れられるのではなく、規範そのものの妥当性もまたコミュニケーションのなかで問いなおしうる可能性が残されている方が、より合理的な生活形式であるといえるだろう。規範をそれが通用している規範だというただそれだけの理由で受け入れるのは、決して合理的な態度とはいえない。だが、ここで問題なのは、コミュニケーションのなかで規範そのものを問いなおすことがそれぞれの生活世界においてどれほど許容されているのかということであろう。その生活世界の自明性があまりにも強固であれば、そうした自明性そのものを問いなおし、そこで前提とされている妥当性を主題化するという可能性はあらかじめ封じられることになる。この問題を取り扱うためにも、生活世界の合理性の程度を問うという視角はきわめて重要である。

　生活世界論は、ひとびとによって受け入れられている自明性そのものを

主題化するという点にその特徴がある。しかし、シュッツじしんの生活世界論には、この自明性の質を問うという視点はみあたらない。もちろん、自明なものは自明でないものに転化しうる。シュッツは、レリヴァンスの問題を取りあげることをつうじて、自明なものと自明でないものとの変転のメカニズムを分析しようとした (Schütz und Luckmann: 1979 = 2015)。しかし、そうした視角からすると、自明なものはそれが自明であるかぎりにおいてその性質を変えないのであり、自明なものの持つ合理性の程度を問うという問題設定は、シュッツからは読みとることができない。自明なものには疑問をおこさせないという機能がある。自明なものは、問いを封じるというそうした機能をつうじてある種の権力作用をその背後に隠蔽するという可能性を保持している。シュッツの生活世界論は、こうした点を必ずしも解明しておらず、そのことにたいしては保守的性格とのレッテル貼りもなされてきた[9]。とはいえ、シュッツ理論がはたして保守的かどうかについての評価はここでは留保しておくことにしたい。権力作用が隠蔽されるような基盤そのものを主題化しうるためにこそ、自明性を問題にしているのだという解釈も成り立ちうるからである[10]。そうした解釈に立てば、いわば批判理論としての契機をはらんだものとしてシュッツの生活世界論を位置づけることもできるだろう。だが、ここで少なくとも確認されうるのは、シュッツの生活世界論はそのなかに生活世界の合理性の程度を問いうる理論装置を組み入れた形では展開されていないということである。自明な世界は、合理的でもありうるし非合理的でもありうる。自明性という視点は、あることがらが自明なものとして通用しているか通用していないかだけを問題にしうる。ハーバーマスの観点に立てば、自明なものの質を問うという視点を組み入れてはじめて、現に通用しているものがはたして合理的だといいうるのかどうかを問題にしうるのであり、自明なものが抑圧機能をはたすメカニズムを問題としうるのである。

　生活世界の合理性を問うというこうした論理構成において注意しておきたいのは、何が妥当なのかを決めるのは関与している行為者じしんであるという点である。ハーバーマスが合理性の基本的基準として持ちだしているのは、ひとびとの意思疎通のなかで発言内容やその前提にかんして妥当性が問いな

おされる可能性がどれだけ許容されているのかという形式的な条件だけである。自明なことが問題化しうる可能性が開かれていればいるほど、その生活世界は合理的だと評価されうる。だが、ひとびとのあいだの意思疎通のなかで何が妥当なものとみなされるのかは、あくまでも当の行為者たちに委ねられている。このことに関連して、コミュニケーション行為と生活世界とが相補的な関係にあることをあらためて想起しておきたい。コミュニケーション行為は生活世界を資源として利用することによってはじめて成立し、生活世界はコミュニケーション行為によってのみ再生産されている。このことをここでの文脈に関係づければ、生活世界の自明性もまた、コミュニケーション行為をつうじて再生産されているのであり、そうした生活世界の自明性がコミュニケーション行為のあり方を方向づけているといいかえることができる。このことをふまえるなら、まず第一に、どれだけそれぞれの生活世界がその自明性を問いなおす余地をひとびとに許容しているかは、個々の生活世界によって異なるということが確認されなければならないし、第二には、問いなおしを許容するそうした程度は、決して固定的なものではなく、コミュニケーション行為をつうじて変化しうるということがみてとられなければならない。そうしてみると、それぞれの生活世界のなかに、議論する場がどのように形成されているのかということもそれぞれの生活世界のあり方を分析するうえでの重要な論点になりうるであろう。こうした観点からすると、公共圏の理論を生活世界論と関係づけて読みなおすことも必要だろう[11]。

　ハーバーマスは、生活世界がコミュニケーション行為をつうじて再生産されているばかりでなく、そうした再生産がその関与者たちじしんの解釈活動に依存するようになる事態を生活世界の合理化と表現している（Habermas 1981: II 218-219 ＝ 1987: 52-53）。ハーバーマスは、このことを近代社会へといたる社会発展と関連づけ、こうした過程を「聖なるものの言語化」ともいいかえている（Habermas 1981: II 218 ＝ 1987: 52）。ハーバーマスによれば、そうした過程のなかで生活世界の自律化が進んでいき、物質的再生産の強制が聖なるものの権威という仮面の背後に身を隠すことができなくなる（Habermas 1981: II 219 ＝ 1987: 53）。つまりそうした強制があったとしても、それはみとおすことが可能にな

る。さらにハーバーマスは、生活世界の合理化を系統立てて論じるための糸
口として次の三つをあげている。すなわち、①生活世界の構造の分化、②形
式と内容の分離、③シンボル再生産の再帰化の三つである (Habermas 1981: II 219
= 1987: 53)。ハーバーマスからするなら、生活世界の合理化としてみなしうる
さまざまな事象をこれら三つに整理することができる。そこで第一に、生活
世界の構造の分化についてみると、生活世界の構造の構成要素は、文化、ゲ
ゼルシャフトおよびパーソナリティの三つであるが、これら三つが、近代社
会へといたる社会発展のなかでたがいに分化をとげる。これら三つの構成要
素のあいだでの分化は次のように生起する。まず文化とゲゼルシャフトのあ
いだでは、制度からの世界像の分離が生じる。パーソナリティとゲゼルシャ
フトのあいだでは、対人関係を創出するためのコンティンジェンシーの活動
空間が拡大する。文化とパーソナリティのあいだでは、伝統の更新が、個人
の批判の用意と革新能力とにますます依拠するようになる。こうした趨勢の
行きつく先は、文化については、流動化し再帰的になった伝統をたえず改訂
するという事態であるし、ゲゼルシャフトについては、正統的な秩序が規範
の定立や規範の根拠づけという形式的手続きに依存するという状態であり、
パーソナリティについては、高度に抽象的な自我アイデンティティがたえざ
る自己コントロールをつうじて安定化されるという事態である (Habermas 1981:
II 219-220 = 1987: 53-54)。第二に、文化、ゲゼルシャフトおよびパーソナリティ
という三つの構成要素が分出するということには、形式と内容の分離が対応
している。ハーバーマスは、これら三つの構成要素のそれぞれについて形式
と内容の分離を指摘している。まず文化についてみると、それぞれの文化に
そのアイデンティティを保証する伝統の中核は、神話的世界像においては具
体的な内容と緊密に結びついていたのだけれども、それがやがてそうした具
体的内容から切り離され、形式的な諸要素へと収縮する。ここでハーバーマ
スが形式的な諸要素としてあげているのが、世界概念（客観的世界、社会的世界
および主観的世界というコミュニケーションのなかで座標軸として機能する世界概念）、
コミュニケーション前提、論証の手続き、抽象的な基本的価値である。ゲゼ
ルシャフトについてみると、一般的な原理もまた未開社会においては特定の

文脈に固定されていたのだが、一般的原理がそうした文脈から切り離される。その結果、近代社会においては、法秩序や道徳といった原理は、具体的な生活形式にあわせて曲げられることなく貫徹する。またパーソナリティについてみると、社会化過程のなかで獲得される認知構造が、文化的知識の内容からますます切り離されていく。ひとびとが形式的能力を習得しうるさいの対象は、ますます可変的になる (Habermas 1981: II 220 ＝ 1987: 54)。第三に、シンボル再生産の再帰化とハーバーマスが特徴づけている事態について検討してみよう。ハーバーマスからするなら、生活世界の構造分化にともなって、それぞれの再生産過程が機能的に特定化する。すでにみたように、文化、ゲゼルシャフトおよびパーソナリティというそれぞれの構成要素には、文化の伝承、社会統合、社会化(教育)という再生産過程が対応している。近代社会においては、特定化されたそれぞれの課題を専門的に取り扱う組織が成立する。ハーバーマスは、こうした事態のことをシンボル再生産の再帰化と表現している。つまりハーバーマスは、生活世界の構成要素の再生産がその当の構成要素によって取りあげられているという事態をさして再帰化という表現を用いている。ハーバーマスがその具体的な例としてまず指摘しているのが、科学、法、芸術であり、さらには討議的な意志形成の形式である。しかしハーバーマスからするなら、こうした再帰化の現象は、文化や社会統合の領域においてみいだされるばかりでなく、社会化の領域においてもみいだされる。ハーバーマスがその例としてあげているのが教育過程の教育学化というべき事態である。このそれぞれの事態に共通しているのが、再生産過程そのものを対象として取りあげるということである。このことは一面において再生産過程を促進するという機能を持つが、それと同時に再生産過程そのものをいったん中断してそのあり方そのものを探求するという機能を有している。ハーバーマスからするなら、そうした意味において、こうした事態は生活世界の再生産の過程が制度化されたということだけでなく、まさしく合理化として特徴づけられるべきなのである (Habermas 1981: II 220-221 ＝ 1987: 54-55)。

　これまでみてきたようにハーバーマスの生活世界論は、生活世界の過程的な再生産を分析しうる理論枠組みへと精緻化されてきた。そのさい、コミュ

ニケーション行為理論を前提にして生活世界論を展開することによって、かれの生活世界論は、潜在的に批判可能な意味領域の総体を主題化する理論であるとともに、生活世界の合理性ないし生活世界の合理化を問題としうる理論として作りあげられた。このことにより生活世界論の社会理論化がはかられているということができよう。

5　生活世界論の社会理論的意義

　ここまでわれわれは、ハーバーマスの生活世界論について検討を進めてきた。そのさいただたんにハーバーマスの論述を表面的になぞるのでなく、そこに貫かれている論理構造をできるかぎりつかみだすよう留意して分析をこころみてきた。本節では、これまでの検討をふまえて、ハーバーマスの生活世界論の持つ特徴を再確認するとともに、そのアクチュアリティについて明らかにすることにしたい。さしあたりまず、ハーバーマスの生活世界論の持つ特徴を確認することからはじめよう。

　そのさいハーバーマスが生活世界論を再構成するにあたってその基本的なオリエンテーションとなっている二つのことがらを確認し、そのうえでかれの構想する生活世界論の特徴について列挙していくという手順をとることにしたい。そこでまずそうした基本的なオリエンテーションから確認していくことにすると、まず第一に、ハーバーマスはコミュニケーション行為理論の視角から生活世界論の再構成をこころみている。ハーバーマスは、コミュニケーション行為理論によって意思疎通をつうじた行為整合の独自のメカニズムを解明し、目的活動としての行為ではなくコミュニケーション行為を基点として社会学の行為理論は展開されるべきことを明らかにしている。コミュニケーション行為理論は、ハーバーマス理論の基礎視角となっており、生活世界論もまた、その視角から再構成されている。第二に、社会理論としての生活世界論の構築がめざされている。ハーバーマスの観点からするなら、シュッツの生活世界論は社会理論としてみるなら必ずしも十分なものとはいえない。生活世界論を社会理論として鍛えあげていくことこそが、ハーバー

マスのねらいだということができる。

生活世界論という問題構成

こうした基本的な方針を確認したうえでハーバーマスの生活世界論の特徴を個々に指摘していくとするなら、次のような点をあげることができる。まず第一に、ハーバーマスは生活世界論という問題のたて方そのものを学びとろうとしている。生活世界論は、日常の世界をただ問題にしているという点にその特徴があるのではない。日常の世界を生活世界として主題化している点こそが、生活世界論の特徴なのである。すでに第2節において確認したように、生活世界論は、日常の意味世界を一定の自律性を持った意味領域として取り扱い、しかもそのさい間主観性への問いと自明性への問いを設定することによってこうした意味領域の構造に迫っている。ハーバーマスは、生活世界論からこの問題設定を学びとろうとしているのである。第二に、意識理論を基軸とする生活世界論から言語理論を基軸とする生活世界論への転回がハーバーマスによってこころみられている。ハーバーマスからするなら、シュッツの生活世界論は、間主観的な世界の構成を問題にしてはいるけれども、最終的には主体の意識を基点とし、そうした意識に写しだされたものとして生活世界をとらえるという発想法に固執している。しかし、ハーバーマスからするなら、主体の意識を出発点にするというそうした考え方に固執する理由はまったくない。言語行為論の発想法を手がかりにするなら、日常的なコミュニケーション実践によってたえず再生産されるものとして生活世界を表象することができる。生活世界論は、この日常の意味世界が間主観的に構成されているということを主題化しており、そうした問題設定を生かすなら、生活世界論には、意識理論の限界を突破し、間主観的な世界そのものにアプローチする可能性が含まれている。ハーバーマスは、シュッツの生活世界論にみいだされる意識理論の残滓をとりさり、言語理論を手がかりに生活世界論の再構成をくわだてているのである。

第三に、ハーバーマスはコミュニケーション行為と生活世界とを相補的な関係にあるものとして表象している。いまここでハーバーマスは言語理論

を手がかりに生活世界論を再構成しようとしているということを確認したが、そのさいその具体的な方法として提起されているのが、コミュニケーション行為と生活世界とを相補的な関係にあるものとしてみなすという考え方である。ここで相補的な関係と表現されているのは、一方においてコミュニケーション行為は生活世界をその基盤とすることによってのみ営まれうるし、他方において生活世界はコミュニケーション行為をつうじてのみ再生産されるというすでに何度も取りあげてきたあの事態である。コミュニケーション行為と生活世界がこのような関係にあることに注目することによって、コミュニケーション的な日常実践をつうじて意味基盤が再生産されているという事態がクローズアップされることになる。こうした再構成をつうじて、主体の意識にとって生活世界がどのようなものとして写しだされるかという問題設定ではなく、あくまでもコミュニケーション行為という活動をとおして生活世界がどのように過程的に再生産されるのかという問題設定が可能になっているのである。

　第四に、生活世界の基本的な特性がコミュニケーション行為にとっての資源として押さえられているという点に注目しておきたい。ハーバーマスは、生活世界がコミュニケーション行為の背景的な基盤となり、そうした生活世界を利用することによってコミュニケーション行為が営まれうることに注目していた。かれは、生活世界のそうした機能をコミュニケーション行為にとっての資源として定式化した。そのうえでハーバーマスは、コミュニケーション行為にとって資源として役立つものは文化だけではないことを指摘し、ゲゼルシャフトやパーソナリティもまた文化と同様にコミュニケーション行為にとっての資源として役立つということに注意を促した。シュッツが生活世界の構成要素とみなしていたのは、もっぱら文化的な知識在庫にとどまっていた。しかし、ハーバーマスからするなら、ゲゼルシャフトやパーソナリティもまた、コミュニケーション行為にとっての資源として役立っているのであり、これらもまた生活世界の構成要素として位置づけられなければならない。このことをふまえれば、シュッツの生活世界論は、文化の側面に一面化された生活世界論になっているとみなされる。たしかにハーバーマスによるこう

した再解釈は、意表をついたものであった。というのも、ゲゼルシャフトやパーソナリティは、意思疎通関係のなかで主題化されうるものであり、その点において文化とは異なっているからである。しかし、他方においてゲゼルシャフトやパーソナリティは、コミュニケーション行為のなかでとりたてて主題化されることがなく利用されてもいる。このことからするなら、ゲゼルシャフトとパーソナリティもまた、文化と同様に生活世界の構成要素として位置づけられうることになる。ここでハーバーマスは、生活世界の基本的な特徴をコミュニケーション行為にとっての資源であることとしてつかみだし、そうした特性を持つものは何かという形で生活世界のカテゴリーに含まれうるものをより一般的にとらえようとしている。こうした点にも、ハーバーマスの思考法の特徴をみいだすことができるだろう。

社会理論としての生活世界論

　第五には、意味世界の総体を問題にし、その再生産メカニズムを主題化しうる理論へと生活世界論が彫琢されていることを指摘しておくことができる。もちろん、生活世界の再生産を主題化するにあたってその基礎視角となっているのが、さきにあげたコミュニケーション行為と生活世界との相補的関係に注目するという発想法であり、生活世界がコミュニケーション行為をとおして再生産されているということについて、さらなる分析が加えられている。そのさい留意しておきたいのは、すでに第4節において検討してきたように、ここにはパースペクティヴの転換がみいだされるということである。コミュニケーション行為を営む行為者にとって生活世界はどのように立ちあらわれるのかという問題設定においては、あくまでも行為者のパースペクティヴが前提とされている。たしかに生活世界の特性を把握するためには、いったんはそうしたパースペクティヴをとることが必要とされる。しかし、生活世界を意味的な世界の総体としてとらえ、そうした世界の再生産メカニズムを主題化するさいには、そうしたパースペクティヴを離れ、コミュニケーション行為をつうじて生活世界がどのように再生産されているのかを分析しなければならない。ハーバーマスの視角からするなら、そのような分析をなしうる

理論として生活世界論を彫琢していくことが、生活世界論を社会理論として
生かしていくための方途なのである。

　第六に、ハーバーマスは生活世界とシステムとからなる二層的なものと
して社会をとらえようとしている。ハーバーマスからするなら、近代社会に
おいては、自立化し物象化した行為連関が成立しており、そうした行為連関
は、それに関与する行為者たちの行為指向を越えた独自のメカニズムをつう
じて作動している。ハーバーマスは、そうした行為連関のことをシステムと
して表象し、このシステムのメカニズムを分析する理論をシステム理論とし
て特徴づけた。ハーバーマスからするなら、システムは規範に左右されない
社会性の領域をなしている点にその特徴があり、そうした特性からするなら、
関与者じしんの構成する意味世界を再構成するような解釈学的な接近方法に
よってはシステムには迫りえない。ハーバーマスからするなら、システムの
存在を無視し、生活世界を社会そのものと同一視するのは、「解釈学的アイ
デアリズム」の誤謬に陥っている (Habermas 1981: II 223 ＝ 1987: 57)。生活世界論
を社会理論として生かしていこうとするなら、システムの存在を認めたうえ
で、生活世界とシステムという二つの質的に異なった行為連関からなるもの
として社会をとらえるという理論戦略を選択せざるをえない。いうまでもな
くこの方向での生活世界論の再解釈は、かなり大胆なものだといえるだろう。
シュッツの社会科学方法論にしたがうなら、社会現象は意味的な現象にほか
ならず、この基本的なスタンスに依拠するかぎり、生活世界は社会そのもの
としてのみ把握されることになり、それを越えたシステムの連関は、視野に
おさめられえない。システム連関を無視するという理論戦略は、現代社会の
社会理論を構築するという観点からすると、致命的な欠陥とみなさざるをえ
ない。しかしその一方で、生活世界論という問題設定には、社会理論として
生かすべき点が数多くみいだされる。生活世界であるとともにシステムでも
あるものとして社会をとらえるという二層的な社会概念の提唱は、生活世界
論を社会理論として生かすための方途を明示化している。

　第七に、ハーバーマスの生活世界論は、生活世界を過程的な再生産の局面
においてとらえており、自明なものと自明でないものとが流動的に推移する

という論理を説明しうる理論構成になっている。ハーバーマスは、生活世界に依拠してコミュニケーション行為が営まれるとともに、そのコミュニケーション行為をつうじて生活世界が再生産されるという円環的関係を主題化した。ハーバーマスは、そうした理論構成を採用することをつうじて、コミュニケーション行為をつうじて潜在的には問いなおされる可能性をはらんだ意味領域として生活世界をとらえなおしている。たしかに自明なものを基盤とすることによってはじめて、コミュニケーション行為は営まれうる。しかしそうした自明なものは、いつまでも自明であるとはかぎらない。そうした自明なものは、コミュニケーション行為のなかで主題化され問題化される可能性をはらんでいる。コミュニケーション行為をとおして生活世界が過程的に再生産されるという事態に注目することによって、自明なものと自明でないものとを固定化させるのではなく、流動的にたがいに推移するものとしてとらえることが可能になっている。

　さらに第八には、コミュニケーション行為についての考え方を基礎におくことによって、生活世界の合理性や生活世界の合理化を問題としうるように生活世界論が再構成されている。生活世界にかんする通常の考え方からすると、自明なものは自明であるかぎりにおいて、ひとびとにとっての意味基盤としてすでに機能しているのであり、そうした自明性の質的な差異については主題化されえない。自明なものは自明なものとして通用しているかぎりにおいて有効な意味基盤として機能しているのだから、そのことをいわば「生活世界的合理性」(野家 1985a: 35)[12] として特徴づけるという見解も考えられうるだろう。だが、そうした自明なものは、意思疎通関係のなかで主題化されたばあい、妥当なものとして関与者によって受け入れられうるとは必ずしもいえない。いったん自明性を喪失したら、もはや関与者によって受け入れられなくなるケースも十分に考えられる。そうだとするなら、自明なものを自明であるというそのことのゆえに合理的だと特徴づけることは不適切だといわざるをえない。現実の生活世界のあり方を分析するためには、やはり自明なものの合理性の程度を問うという視角こそが必要になるだろう。すでにみたように、ハーバーマスの視角からすると、生活世界のあり方としては、コミュ

ニケーション行為のなかで問いなおされる可能性をより多くはらんでいる方がより合理性が高いとみなされうる。この視角は、シュッツじしんにはみいだされず、ハーバーマス独自のものだといわなければならないが、生活世界論を現実的な社会分析に利用していくためには、欠かせないものである。

　第九に、こうした生活世界論の再構成という営みを社会理論の構成のあり方をめぐる論点として取り扱うなら、社会理論として生かしうるように行為理論を再構成しようとするこころみとみなすことができるし、さらには行為理論の観点からシステム理論を社会理論へと導入するための基礎的な作業として位置づけることができる。行為理論が、はたして社会理論の基礎視角として有効なのかという問題提起はさまざまな論者によってくりひろげられてきた。ここではそれらを列挙することはできないが、そうした問題提起の要点をまとめるなら、次のような問いとして表現することができるだろう。すなわち、意味的な行為を手がかりに社会へとアプローチするという点に行為理論の特徴をみいだすとするなら、そうしたアプローチでは行為者によって意図されざる機能的な連関がとらえられないのではないか。かりにそうだとするなら、この点は、社会理論としては致命的な欠陥とみなさざるをえないのではないか。こうした問いが、行為理論的なアプローチにたいして向けられてきたのである (細谷 1968)。こうした問いにたいして、ハーバーマスの論理を用いれば二段構えで回答できるだろう。つまりまず第一に、社会はその一面において関与者たちによる意味的な行為によって構成されているのであり、そうした意味的に作りあげられたリアリティについて解明するためには、行為理論は有効な理論装置である。ただし、従来の行為理論は、このリアリティに迫るためには不十分な点がみられた。そこでまず、目的活動を基点とする行為理論からコミュニケーション行為を基点とする行為理論へのパラダイム転換がはかられなければならないし、ついでそうしたリアリティをいいあらわす概念として生活世界を導入し、生活世界論の精緻化がこころみられなければならない。第二に、とはいえ近代社会においては、そうした生活世界から自立化し物象化した独自のリアリティが成立し、そうしたリアリティは、独自の運行法則を示すようになるとみられるのであり、このことを事実

認識として受け入れるなら、行為理論的なアプローチには一定の限界がある
ことを認めざるをえない。というのも生活世界を越えた独自のリアリティは、
行為者じしんによる意味づけとは直接的な関係を持たないため、行為者たち
の抱く意味を手がかりにそうした現象へとアプローチすることができないか
らである。それゆえ、そうしたリアリティの持つ独自のメカニズムへと観察
者の観点から迫ろうとするアプローチが必要とされる。ハーバーマスは、自
立化し物象化した行為連関をシステムとし、システムへと観察者の観点から
アプローチする理論をシステム理論として特徴づけている。ハーバーマスか
らするなら、システム理論は現代社会の社会理論のなかに組み入れられなけ
ればならない。しかし、行為連関をすぐさまシステムとして表象すべきでは
ないというのがハーバーマスの見解なのである（Habermas 1981: II 229-232 = 1987:
65-68）。ハーバーマスは、まずさしあたってはコミュニケーション行為によっ
て再生産される意味世界として生活世界の概念を導入し、それとの対比にお
いて生活世界から自立化し物象化した行為連関をあらわす概念としてシステ
ムを導入する。ここでハーバーマスが主張しているのは、生活世界論を前提
としてはじめてシステム理論を社会理論として生かしうるということであり、
この意味において、行為理論の方がシステム理論よりも方法論的に優位にあ
るということである。ハーバーマスは、行為理論を再構成し社会理論たりう
る行為理論を作りあげたうえで、システム理論を行為理論の観点から導入す
るという基本姿勢をとっている。生活世界論の再構成という仕事もまた、こ
うした理論的な作業の一環として位置づけられるのである。

生活世界論の展開可能性

　これまでのところにおいて、ハーバーマスの生活世界論の持つ特徴を指摘
してきたが、最後に、そうした特徴を押さえたうえで、ハーバーマスの生活
世界論をかれの課題意識をふまえて展開させるにはどのような方途が考えら
れうるのかについて検討したい。これまで検討してきたハーバーマスの生活
世界論は、主として『理論』の「中間考察第二」によっている。ハーバーマス
の社会理論は『理論』以後も深化を続けているが、生活世界論そのものについ

てみると、かれじしんによって大きな展開がなされているとはいえない。そうだとするなら、かれの問題提起を受けてどのように生活世界論を展開させるかは、むしろわれわれの手に委ねられている。さしあたりここでは、あくまでもハーバーマスの生活世界論の持つ現代社会理論としてのアクチュアリティを生かす方向で、そうした展開を構想したい。この観点に立つなら、ハーバーマスの生活世界論を展開させるには、二つの方向性が考えられる。その第一の方向性は、理論的な精緻化である。これまで検討してきたように、ハーバーマスは、コミュニケーション行為理論をふまえて、生活世界論を社会理論化する方向で生活世界論の再構成をこころみている。とはいえ、そうしたハーバーマスの議論は、シュッツの生活世界論と比較してみると、いわば生活世界論の骨格を示すにとどまっている。シュッツは、ひとびとによって生きられた世界の構成を描くにあたって、その空間的・時間的・社会的組み立てを問題にするばかりでなく、そこに生きる行為者が日常生活において用いているさまざまなカテゴリー（たとえば類型、レリヴァンス、知識在庫など）を分析することによって、生活世界論の精緻化をはかっている (Schütz und Luckmann 1979 = 2015)。もちろんハーバーマスからするなら、シュッツ理論の意識理論的残滓は払拭されなければならず、生活世界論は言語理論をもとに再構成されなければならない。しかし、生活世界論の理論的な複合性という点でみるなら、シュッツ理論には学びとられるべき数多くの理論的資源が残されている。そうだとするなら、コミュニケーション実践をつうじて意味基盤が再生産されるというハーバーマスの基礎視角を生かしつつ、シュッツの生活世界論をさらに検討しなおすという作業も必要とされるだろう。

　さらに、ハーバーマスの生活世界論を展開させる第二の方向性は、経験的社会分析のための枠組みとして生活世界論を生かしていくことである。ハーバーマスは、生活世界の具体的な表象として公共圏と私的圏域（家族）をあげている。ここに着目すれば、生活世界論を公共圏の理論や家族の理論として展開させることが、社会学的に重要な仕事となる。さらには、地域社会分析のための基礎理論として生活世界論を展開させることも、有望な方向性であるように思われる。それぞれの地域社会が世界経済や国家権力の影響を受け

ながらも、一定の自律性を持ち、固有の意味世界として存立し変動をとげていく、という事態を理論的に整理していくための基礎視角として生活世界論を彫琢していくことは、十分に可能であろう。いわば生活世界として地域社会をとらえるという考え方は、一つには社会史における生活のとらえ方と通底するものがあると考えられるし、さらには内発的発展論が想定する社会モデルとも、地域社会の持つ内的な力を重視するという点において共鳴しあっている[13]。ハーバーマスがコミュニケーション行為理論を基礎として生活世界論を再構成することによってくわだてているのは、意思疎通をつうじた社会形成の論理の明示化だと考えられる。ハーバーマスが生活世界論として抽象的に語っていることをより具体的に表現するなら、それぞれの固有の文化を背景に、そこに生活するひとびとが意思疎通をはかりながらみずからの生活形式を作りあげていくという事態であろう。このことは、内発的発展論が想定している生活のあり方とも共通しており、この点に注目するなら、ハーバーマスの生活世界論は、内発的発展論が想定してきた生活形式に社会理論的な表現を与えているとみなすことができよう。

　ハーバーマスの生活世界論には、地域自治といった表象を結びつけることは十分に可能である。そのさい、生活世界を一定の自律性を持った意味領域とみなすことによって、外部からの支配とそれにたいする抵抗という問題設定に終始するのではなく、その地域のひとびとが意味的資源を利用しコミュニケーション行為をつうじて地域社会を形成するという論理を確認することが可能になる。生活世界論という理論装置を用いることによって、地域社会の持つ内的な力のゆえんを解析できるようになる。つまり、コミュニケーション行為をつうじて再生産される文化や社会的連帯や相互行為能力こそが、その地域社会の内的な力の源泉であることに光をあてられるようになる。

　ハーバーマスは、シュッツの生活世界をもとに言語理論的な視角から再構成を加え、生活世界論の社会理論化をはかっている。こうしたかれのこころみは、たんなる理論的整合性の追究ではなく、むしろ経験的な分析枠組みとして展開しうるための概念装置の整備だと考えられる。もちろんハーバーマスじしんのテクストにおいては、この理論枠組みにもとづいた経験的な社会

分析は十分に展開されているとはいえず、基本的アイデアの呈示にとどまっている。だが、ハーバーマスの基本的なオリエンテーションを生かしながら生活世界論を社会学的な分析装置として整備し、経験的な分析枠組みとして利用していくことはきわめて有望だと思われる。ハーバーマスが示唆した方向性をかれじしんが歩んだ以上に前進することは、われわれに与えられた課題であろう。

【注】

1　ハーバーマスの生活世界論については、『理論』刊行直後から多くの研究がある。とりわけ佐藤慶幸の先駆的な仕事を参照のこと（佐藤慶幸 1986）。さらに、以下をも参照。永井（1985、1986）。宮本真也（1994）。本章でわれわれは、これまでの研究蓄積をふまえつつ、ハーバーマスの生活世界論の基本的な論理構造を解明する。そのさい、基本的な視点や概念の確認、パースペクティヴの転換といった、論理構成を精確にたどりながら、ハーバーマスの生活世界論を明らかにする。この作業は、社会理論としてハーバーマスを読むための基礎的な作業となる。

2　本稿では、シュッツの生活世界論という表現をしている（シュッツとルックマンのではなく）。いうまでもなくそれは、『生活世界の構造』はシュッツとルックマンの共著の形式をとっているが、ルックマンは編集者にすぎず、実質的にはシュッツの仕事であるとする理解を前提としている。このことに関連して、シュッツのテクストをめぐる問題について、触れておきたい。ハーバーマスは、『理論』の中間考察第二においてシュッツに言及するにあたって、『生活世界の構造』の第 1 巻（Schütz und Luckmann, 1979 ＝ 2015）をテクストとして用いている。この書物は、シュッツの遺稿をルックマンが編集したものであり、その記述のなかには、シュッツじしんの考え方ではなく、むしろルックマンのアイデアが強く反映していると推定される箇所が見受けられる。そのため、この書物をテクストとして使用するにあたっては、そこに書かれていることのどこまでがシュッツによるもので、どこからがルックマンの独自の発想なのかを腑分けすることが必要になる。この「持分問題」を厳密に確定するためには、草稿そのものにあたって考証することが必要であるが、さしあたりはすでに公刊されている文献を参照することによって、この両者を区別することが可能である。具体的には、『社会的世界の意味構成』（Schütz 1932 ＝ 1982）や『著作集』（Schütz 1962 ＝ 1983、1985, 1964 ＝ 1991, 1966 ＝ 1998）所収の論文などシュッツの生前

に公刊された文献や、あるいは死後公刊されたものであっても『レリヴァンス問題の省察』(Schütz 1970 = 1996) といった遺稿にほとんど手が加えられずに出版されたもののなかに類似の記述がみられれば、シュッツの考えだと推定することができるし、ピーター・バーガーとルックマンの共著になる『現実の社会的構成』(Berger and Luckmann 1966 = 1977) にしかみられない記述があれば、それはシュッツの考えではなくむしろルックマンに由来する考えだと推定することができる。こうした基準にてらしてみれば、『理論』のなかでハーバーマスが使用している箇所は、シュッツによるものだとみなすことができる。またわれわれが『生活世界の構造』に言及するばあいにも、この持分問題のことを意識している。

3　このような生活世界論の位置づけは、『理論』のなかで明言されているわけではないけれども、中間考察第二におけるシュッツ理論の取り扱い方からそれを読みとることは、十分に可能であろう。

4　シュッツの生活世界論には、マックス・シェーラーの相対的自然的世界観の概念をふまえて、生活世界の構成のあり方と言語との緊密な関係を分析する視角がすでにみいだされる (Schütz und Luckmann 1979: 297-302 = 2015: 482-490)。しかし、言語行為をつうじて生活世界そのものが過程的に再生産されるという視点は、シュッツの生活世界論のなかには十分には展開されていない。

5　本書では、生活世界の一構成要素としての Gesellschaft について、ゲゼルシャフトと表記することにした。価値や規範をつうじて統合されたグループの連帯のことを指すのであるから、社会と訳すのが自然ではあるのだけれども、生活世界とシステムとからなる Gesellschaft には社会という訳語を使いたいため、それを区別する意味で、生活世界の一構成要素としての Gesellschaft には、別の日本語表記を用いることにした。

6　ゲゼルシャフトに揃えるなら、Persönlichkeit にも、ドイツ語に準拠してペルゼンリッヒカイトと表記するのが適当かもしれないのだが、パーソナリティという英語由来の表記の方が通常用いられているので、これについてはパーソナリティと表記した。なお、図表のなかで、Persönlichkeit にかえて Person という語が用いられているばあいにも、ペルゾンとは表記せず、パースンと表記した。

7　佐藤慶幸は、このようなハーバーマス理論の転換にかんして、「ハバーマスは生活世界の〈機能主義的説明〉へと移行するのである」(佐藤慶幸 1986: 47) と特徴づけている。しかし、われわれは、ここでの転換を機能主義的説明への移行とは理解しない。ここでたしかにハーバーマスは、社会科学者のパースペクティヴへと移行している。しかし、それは行為者によってすでに構成された生活世界を再構成するという方法によってであり、そのかぎりにおいて、行為者のパースペクティヴが前提とされている。ここでは、外部的な観察者の視点から、客観的な機能連関を析出するという手法がとられているわけではない。機能主義的な説明という特徴づけは、この二つのアプローチの差異を見逃すことになる。

8　この点にかんしては、永井 (1997b) を参照。

9　この論点については、江原由美子による整理が分かりやすい。江原は、シュッ

ツ理論にたいする批判を整理し、そのなかにシュッツ理論を保守的とする見解を位置づけている（江原 1985: 141-143）。

10 江原は、シュッツが自明性に着目するのは自明性を不思議なものとしてとらえているからであって、自明性を肯定しているわけではないことを強調している（江原 1985: 163-164）。

11 この論点については、永井（2000b）を参照。

12 生活世界的合理性という表現そのものは、野家啓一がハーバーマス論のなかで、論弁的合理性と対比させる形で用いている。

　　彼［ハーバーマス］（引用者挿入）の追求する「対話的合理性」の核心が、理性的対話が準拠すべき「理想的発話状況」の中にあるとすれば、その合理性はむしろ「論弁的（discursiv）合理性」と呼ばれるべきものであろう。あるいは、ハーバーマスの合理性概念は、余りにも「論弁的合理性」への傾斜が強すぎると言ってもよい。（中略）「対話的合理性」と呼ばれるものが「論弁的合理性」には解消し尽せない広がりと含蓄をもつことは確認しておくべきであろう。われわれの言語活動は、生活実践と分かち難く結びついている。ウィトゲンシュタインが言語ゲームを「言語と言語が織り込まれた諸活動の総体」と定義したのも、そのことを強調するためにほかならない。生活実践を統御するフォルムを「生活世界的合理性」と呼んでおけば、生活世界的合理性の幅は、常に論弁的合理性よりも広く、かつそれを包摂しているのである。論弁的合理性とは、ハーバーマスによれば、理想的発話状況の先取りとして対話者相互の間に共有されている「反事実的合意」のことである。それになぞらえていえば、生活世界的合理性とは、生活実践のネットワークの中で対話者相互の間に共有されている暗黙の「事実的合意」のことにほかならない（野家 1985a: 33-34）。

ここで野家は、『理論』およびそれ以降のハーバーマスではなく、1970年代のハーバーマスに依拠しながら、ハーバーマスの合理性は討議の合理性であって、この概念はあまりにも狭すぎるため、生活世界的合理性へと合理性概念を拡張すべきことを提案する。この議論の前提は、ハーバーマスは理想的発話状況概念を使用しているということである。われわれは、『理論』においてハーバーマスが理想的発話状況概念を実質的に放棄していると理解している。このことについては、終章で詳しく述べたい。

13 日本の社会科学における内発的発展論の系譜としては、西欧社会をモデルとする単線型発展論への批判を基本的モチーフとする鶴見和子の研究に連なるものと（鶴見 1996）、内発的発展と外来型開発を対比させる宮本憲一らの研究に連なるものがある（宮本憲一 1989、保母 1996）。内発的発展と外来型開発の対比は、その地域社会の運営を主導する主体が当該地域社会のなかから生みだされてきたのか、それともその外部から送り込まれてきたのかという点に目を向けさせる。これは、たしかに重要な論点であるが、問題の中心はここではない。むしろ、その先にある。内部のアクターが力を持つということは、そもそもいかなる事態なのか。またそのような事態は、いかなる論理によって成立しているのか。

これらの論点を説得的に説明できる理論を構想することが、より重要な仕事と
なる。

第5章　二層の社会概念の論理構造

1　本章の課題

　われわれは、本章において、生活世界とシステムという二層の社会概念を取りあげ、ハーバーマスによる社会把握の論理構造やその特質について検討を加えることにしたい。ハーバーマスは、『理論』の全体をつうじて、現代社会の社会理論を呈示するというくわだてを追究している。そうしたハーバーマスの構想の中核に、生活世界とシステムという二層の社会概念は位置している。

　ハーバーマスが生活世界とシステムという二層の社会概念を用いて現代社会の分析をおこなっていることそれじたいは、もはや周知のことがらであろう。だが一般的にいって、広く知られているということは、精確に知られているということを必ずしも意味しない。広く知られているからこそかえって、そのことが精確な理解を妨げているという皮肉な事態を生みだすことは、むしろ十分に考えられうる。このことは、生活世界とシステムという二層の社会概念にかんしても少なからずあてはまっている。ハーバーマスの周知の考え方が必ずしも精確に理解されていないという問題にかんしては、とりわけ次のような事情が介在していると考えられよう。すなわち、ハーバーマスはこの社会概念をもとに「システムによる生活世界の植民地化」というテーゼを展開しているのだが、このテーゼのイメージがあまりにも強力であるため、このイメージ喚起力がハーバーマスの理論構成についての理解をゆがめているという事情である。詳しくはのちに検討していくことにするが、ハーバーマスは、きわめて抽象度の高い理論的な議論から出発し、そこから論理を展

開させ、最終的には現代社会のさまざまな現象を説明しうる分析枠組みを構築しようとする。そのさいかれは、抽象の水準を明晰に意識し、論理の階梯をたどり、抽象の水準を変化させ、さらには必要におうじてパースペクティヴを転換させるという手法を採用している。ハーバーマスの二層の社会概念は、こうしたかれじしんの論理構成を追構成することによってしか精確に理解しえない。だが、実際には、生活世界の植民地化というキャッチフレーズの印象がきわめて強いため、生活世界とシステムという二層の社会概念を理解するにあたって、「植民地化テーゼ」で用いられている抽象水準だけが想定されることになりかねない。

　さらにいえば、ハーバーマスの構想する社会理論の論理構造を理解するにあたっては、ハーバーマスは批判的社会理論を構築しようとしているということを銘記しておく必要がある。ハーバーマスの社会理論が批判的社会理論として特徴づけられるとするなら、ハーバーマスの社会理論には次の二つの契機が綜合されているとみなされなければならない。すなわち、社会がいかなる論理において再生産されているかを解明するという再生産論の契機と、社会が再生産されることにともなって生みだされる矛盾の仕組みを解明するという批判理論の契機である。ハーバーマスのめざす理論が社会理論である以上、そうした理論は社会のあり方をただ記述的に描写するのにとどまるのではなく、社会の再生産の論理を解明するものでなければならない。さらに、ハーバーマスのめざす理論が批判理論である以上、社会が再生産されるさいの論理を把握するのにとどまるのではなく、社会が再生産されるさいに生じる矛盾を析出し、いかなる論理において社会病理が生みだされているのかを解明しなければならない。ハーバーマスのこうした構想を念頭におくなら、ハーバーマスの理論を短絡的に、批判の根拠をアプリオリに設定し、その視角から現実を裁断するものとして理解することはできない。ハーバーマスは、現代社会の社会理論を緻密に展開するなかから、現代社会の再生産構造のなかに埋め込まれたものとして社会病理が生起する仕組みを明示化しようとしている。この構想をふまえるなら、ハーバーマス理論を「植民地化テーゼ」の論理水準だけに切り詰めて理解することは、やはり不適切だといわざる

をえない。

　本章では、ハーバーマスがそのつどいかなる抽象の水準に立ち、またいかなるパースペクティヴをとっているかを明示化し、二層の社会概念の論理構造を解明することにしたい。そのさいまずはじめに、その前提となる作業として、二層の社会概念の概要を確認しておきたい（第2節）。ついで、いかなる論理構造において生活世界とシステムとが対比的に把握されているのかについて、明示化したい（第3節）。さらにそれらをふまえて、ハーバーマスの理論枠組みにおいてシステムの論理がどのように把握されているかを確認し、いかなる論理構成において、生活世界とシステムの相互交換関係が分析されているかについて検討したい（第4節）。最後に、それまでの検討をふまえて、生活世界の植民地化がいかなる事態として特徴づけられうるのかを確認し、二層の社会概念の特質について明らかにしたい（第5節）。

2　二層の社会概念の基本的な考え方

　周知のとおりハーバーマスは、生活世界とシステムという二層の社会概念を用いて現代社会の社会理論を展開している。そこでまず、この二層の社会概念についてその基本的な考え方を確認することからはじめたい。ここではさしあたり、次の三点を指摘しておくことにしたい。

　まず第一に生活世界とシステムは、質的に異なった二種類の行為連関をいいあらわす概念として構想されている。一方において生活世界は、日常生活者によって生きられた意味的な世界のことをいいあらわしており、この意味的な世界は、そうした日常生活者によるコミュニケーション行為によってのみ再生産される。コミュニケーション行為にとっての意味基盤の総体が、生活世界をなしている（Habermas 1981: II 182-228 ＝ 1987: 17-65）。他方において、システムとは、この生活世界から自立化し物象化した機能的な行為連関のことをいいあらわしている。ハーバーマスは、システムのことを規範に左右されない社会性の領域とも表現しており、システムの典型例として市場メカニズムをつうじた行為整合のことをあげている（Habermas 1981: II 225-227 ＝ 1987: 59-61）。

ハーバーマス理論においては、個々の行為者のあいだの了解から相対的に自立した形式で実現される社会形成のことが、システムとして表象されている。システムが再生産されるにあたっては、貨幣や権力といったコントロール・メディアによって媒介されている (Habermas 1981: II 267-275 ＝ 1987: 100-108)。

　第二に、この二層の社会概念は、社会発展の過程と結びつけられている。ハーバーマスからすると、近代社会へといたる社会発展の過程は、生活世界とシステムのそれぞれにおいて分化が進むとともに[1]、生活世界とシステムとが遊離する過程でもある[2]。ハーバーマスによると、社会発展の最初の段階である部族社会においては、経済的交換や政治権力は、親族組織や宗教的儀礼と緊密に結びついており、生活世界から自立した独自のメカニズムを有していなかった。社会発展のこの初発の段階においては、生活世界とシステムとはいわば重なりあっていた。その後、国家装置の成立にともない、権力のメカニズムが生活世界から自立化し、さらに近代社会においては、経済システムが分出するとともに国家もまた変質をとげ、経済システムと政治システムとが相互補完的に存立するようになる (Habermas 1981: II 229-293 ＝ 1987: 65-129)[3]。ハーバーマスからするなら、システムが生活世界から自立化した行為連関というその本来的な意味を十全に有するようになるのは近代社会においてであり、そのさい、システムの具体的な表象としては、経済システム (資本主義) と、政治システムないし行政システム (近代的国家アンシュタルト) が想定されている (Habermas 1981: II 471 ＝ 1987: 308)。

　なおハーバーマスの社会理論においては、生活世界とシステムという二層の社会概念に対応して、社会統合 (Sozialintegration, soziale Integration) とシステム統合 (Systemintegration, systemische Integration) という社会の統合にかかわる二種類の概念が設定されている。二層の社会概念とこの二種類の統合概念は、いわば同一の事態を別々の観点からいいあらわしたものであるため、ハーバーマスの理論体系においては密接に関連しあっている。それゆえ二層の社会概念を検討するためには、社会の統合にかかわる二つの概念についてもその内容を理解しておくことが不可欠となる。そこで、社会統合とシステム統合の概念についても、ここでその要点を確認しておくことにしたい。ハーバーマス

からするなら、社会の統合は、社会統合とシステム統合とから成り立っている。ここで社会統合として表象されているのは、「関与者の行為指向をたがいに調和させる行為整合のメカニズム」(Habermas 1981: II 179 ＝ 1987: 14-15) のことであり、システム統合として表象されているのは、「行為結果の機能的な網状化をつうじて意図されざる行為連関を安定化させるメカニズム」(Habermas 1981: II 179 ＝ 1987: 15) のことである。社会統合のばあい、この統合は、合意をつうじて生みだされる。この合意は、規範によって確かならしめられているばあいもあるし、またコミュニケーションによって取り決められているばあいもある。他方において、システム統合のばあい、この統合は、さまざまな決定の非規範的規制によって作りだされており、そうした規制は、行為者の意識を越えてひろがっている (Habermas 1981: II 179, 225-227, 301-303 ＝ 1987: 14-15、59-61、134-135)。

　第三に、生活世界とシステムとの関係のあり方と関連づけて、現代社会の病理現象が分析されている。ハーバーマスからするなら、システムが過度に肥大化し、そうしたシステムがみずからの要求に生活世界をしたがわせようとする。ハーバーマスは、システムのこのような介入によって生活世界がゆがめられることを生活世界の植民地化として特徴づけ、システムによる生活世界の植民地化が現代社会の病理現象の根本的な要因となっていることを明示化する。ハーバーマスからするなら、生活世界の植民地化という現象は、近代社会に特有のものだが、システムが生活世界に介入するという事態そのものは、近代特有の現象というわけではなく、近代以前にも認められる。ハーバーマスは、生活世界へとシステムが介入するという事態いっぱんを生活世界の隷属 (Mediatisierung) として特徴づける (Habermas 1981: II 279 ＝ 1987: 112)。それにたいしてハーバーマスは、近代社会特有の介入のあり方を植民地化 (Kolonialisierung) と表現している (Habermas 1981: II 293 ＝ 1987: 125)。

　さてこれまでのところでわれわれは、ハーバーマスが二層の社会概念によっていいあらわしていることがらの要点を確認してきた。ただしこれまでのところでは、二層の社会概念の特徴を列挙するにとどまり、いかなる論理構造においてハーバーマスが二層の社会概念を展開しているのかについて明示化

しえているわけではない。そこで以下では、本節の論述とは観点を変え、抽象の水準を区別し論理の階梯を順をおってたどることに留意しながら、二層の社会概念の論理構造を解明していくことにしたい。

3 コミュニケーション行為理論の視角からの生活世界とシステムの対比

　二層の社会概念の論理構造を検討していくにあたって、抽象度のもっとも高い水準から議論をはじめていくことにしたい。ハーバーマスは、コミュニケーション行為の相補概念として生活世界を導入し、生活世界との対比においてシステムの特質をつかみだしている。この抽象の水準においては、コミュニケーション行為理論の視角から、生活世界とシステムとが対比的にとらえられている。まずはじめに、いわば抽象のこの第一水準において貫かれているハーバーマスの論理を確認することにしたい。

　ハーバーマスは、コミュニケーション行為理論を基礎視角として、生活世界の概念を特徴づけている。生活世界は、もともと現象学の伝統に由来する概念であり、ハーバーマスは、直接的にはシュッツの生活世界論をみずからの検討の素材としている (Schütz und Luckmann 1979 ＝ 2015)。シュッツの生活世界論においては、生活世界は行為や認識の背景にある自明な意味基盤のことを指し示しているが、ハーバーマスは、そうした発想法を継承しつつ、生活世界を社会理論の基礎概念として位置づけた。そのさいハーバーマスは、生活世界とコミュニケーション行為とが相補概念の関係にあるとし、生活世界とコミュニケーション行為の関係を次のように特徴づけた。すなわち、一方においてコミュニケーション行為は、生活世界を基盤とし、生活世界を資源として利用することによって成り立つ。他方において生活世界は、コミュニケーション行為がおこなわれることによってのみ再生産される。コミュニケーション行為は、ひとびとのあいだの意思疎通をつうじて行為整合がはかられるばあいの社会的行為であるが、そうした意思疎通をつうじて再生産される意味的世界が生活世界として概念化される。

システムの概念は、ハーバーマスの社会理論においては、さしあたりまず
この生活世界概念を背景とし、それとの対比において特徴づけられる。つま
りシステムは、このようにとらえられた生活世界との対比において、生活世
界とは質的に異なった行為連関として位置づけられる。システムは、いわば
生活世界から自立化し物象化した行為連関のことを指し示すものとして特徴
づけられる。ハーバーマスはシステムの特性を、規範に左右されないという
表現でいいあらわしている。システムという表現によって、行為者じしんの
視角からではとらえられない機能的な連関のことが表象されている。ハーバー
マスは、あくまでも生活世界との対比においてシステムを特徴づけるという
理論戦略を選択している。そのかぎりにおいてハーバーマスのシステム把握
は、社会システム理論とは一線を画している。社会システム理論は、あらゆ
る行為連関をシステムとしてとらえようとするからである[4]。

このようにハーバーマス理論においては、生活世界とシステムは、まず
さしあたっては質的に異なった行為連関として、対比的にとらえられてい
る。ハーバーマス理論を精確に理解するにあたっては、この出発点を確認し
ておくことが必要不可欠である。そのさい、この対比にかんして、次のよう
なインプリケーションを読みとることができよう。まず第一に、この二つの
行為連関が異なったメカニズムをつうじて再生産されているということであ
る。つまり生活世界は、コミュニケーション行為をつうじて再生産されてい
るのにたいし、システムは、貨幣メディアおよび権力メディアに媒介された
相互行為によって再生産されている。第二に、生活世界がひとびとの日常的
なコミュニケーション行為によって再生産される行為連関として特徴づけら
れることによって、生活世界は、コミュニケーション行為をつうじて潜在的
に批判可能な行為領域としてとらえられている。それにたいして、システム
は、自立化し物象化した行為連関のことであり、システムのメカニズムその
ものはそうした批判可能性を許容していない。第三に、ここでいう生活世界は、
意味的な世界として概念化されている。それにたいしてシステムは、機能的
な連関として表象されている。

生活世界とシステムのこうした対比には、パースペクティヴの問題が密接

に関連している。つまり生活世界とシステムにたいしてどのような視座から
アプローチするのかという問題が、重要な論点となる。そこで、この点につ
いて検討を深めておきたい。そのさいこのパースペクティヴの問題は、二つ
の段階に分けて整理する必要がある。まず第一段階において、生活世界とシ
ステムの区別そのものは、コミュニケーション行為理論の視角から導入され
ていることが確認されなければならない。生活世界は、行為者たちにとって
生きられた意味的世界であり、コミュニケーション行為によってのみ再生産
される。生活世界は、その当事者たちによってすでに意味的に構成されてい
る。他方システムは、そうした生活世界から自立化した行為連関としてとら
えられる。システムにかんするこの特徴づけは、生活世界の特徴づけを前提
とし、それとの対比においてはじめてなされうる。そのかぎりにおいて、生
活世界とシステムの対比は、あくまでもコミュニケーション行為を営む当事
者の視座をその論理的な前提としていることが確認されよう。次にそのこと
をふまえて第二段階においては、生活世界とシステムには、それぞれ異なっ
たアプローチが要請されることが確認されなければならない。すでに述べた
ように、生活世界は、日常生活者によってすでに意味的に構成されている。
それゆえ生活世界をとらえるためには、日常生活者による構成を手がかりに
しながら、それを学的に再構成するというアプローチが選択されなければな
らない。そのかぎりにおいて、生活世界をとらえるためには、行為者のパー
スペクティヴを出発点とする行為理論的方法ないし解釈学的方法が必要とさ
れる (Habermas 1981: II 226 ＝ 1987: 60)。他方、システムは、日常生活者によっ
て生きられた世界から自立化した行為連関であり、その独自の運行法則を示
している。それゆえシステムにたいしては、当事者の視点を手がかりにして
も、そのメカニズムをとらえることはできない。むしろシステムにたいしては、
観察者のパースペクティヴからその運行法則を客観的に把握するというアプ
ローチが選択されなければならない (Habermas 1981: II 226-227 ＝ 1987: 60-61)。ハー
バーマスは、こうしたパースペクティヴから社会へとアプローチする理論を
システム理論として特徴づける。この論点をふまえるなら、生活世界とシス
テムは、別々のアプローチによってとらえられた社会の二側面として特徴づ

182

けられることになる。そのさいここで、次の点に注意を促しておきたい。すなわち、たしかに生活世界とシステムとは、別々のパースペクティヴからとらえらえた社会の二側面としてとらえなおされるのだが、このパースペクティヴは研究者が恣意的に設定したものではなく、まさしく対象の側がこのパースペクティヴを要請しているということである。ハーバーマスの論理にしたがうなら、現実の社会のあり方が、二層の社会概念を必要としているということになる (Habermas 1981: II 225-226 ＝ 1987: 59-60)。

　さて、これまでのところでさしあたり確認しておきたいのは、まず第一に、この抽象の水準においては、二つの質的に異なった行為連関を対比させるという点に焦点があてられているということである。生活世界とシステムとを、別々の論理において成立するものとして特徴づける点に、ここでのハーバーマスのねらいがある。この論理の水準では、生活世界とシステムは、あくまでも別々のパースペクティヴからとらえられた社会の二側面として表象される。ここでこころみられているのは、コミュニケーション行為理論を基礎視角として生活世界の特質を明らかにし、それとの対比においてシステムの特質を明示化するという作業である。さらに第二に確認しておきたいのは、いま述べたような理論的課題を遂行するため、ここでの議論は、抽象度がいぜんとして高い水準に保持されているということである。論理展開のこの階梯においては、生活世界とシステムは、あくまでも行為連関の質的な差異をいいあらわす概念として導入されており、そのかぎりにおいて、具体的な表象からはいぜんとして一定の距離を有するものとして理解されなければならない[5]。ハーバーマスはまず、こうした抽象の水準において生活世界とシステムの概念を位置づけ、そこからより具体的な表象に向けて論理を展開させていくのである。

4　システムの論理

　ハーバーマスは、生活世界とシステムの概念を対比的に導入する。そのうえで次に、システムの論理を主題化し、生活世界とシステムの相互関係につ

いて分析を進めていく。抽象のこの第二水準においては、生活世界とシステムの概念を対比的に導入するさいに確認された生活世界とシステムの特質にかんする議論がふまえられつつ、パースペクティヴを転換させ、生活世界とシステムにかんする分析がさらに展開されていく。論理のこの階梯において、生活世界とシステムは別々の行為領域として取り扱われ、さらにはその相互交換関係が主題化されるようになる。この水準では、生活世界とシステムとがそれぞれ具体的な行為領域に関連づけられながら論じられており、そのかぎりにおいて、生活世界とシステムとを対比的にとらえることを主眼とした第一水準の議論と比較して、議論がより具体的な水準へと移されている。ま

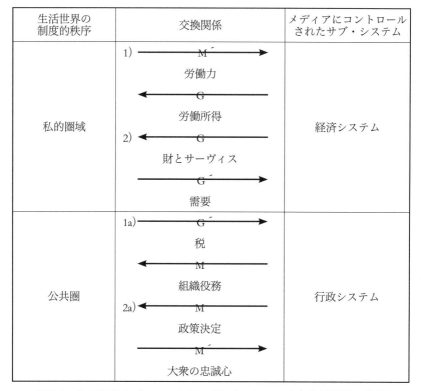

図5-1　システムのパースペクティヴからのシステムと生活世界の関係
Gは貨幣メディア、Mは権力メディアをあらわす
（Habermas 1981: II 473＝ 1987: 310）。

た分析のこの水準においては、システムのメカニズムを把握することが重要な論点となるため、コントロール・メディアの概念が中心的な位置をしめることになる。ハーバーマスがコントロール・メディアとして表象しているのは貨幣メディアと権力メディアであるが、これらのメディアは、システム（経済システムと国家行政システム）の内的な過程ばかりでなく、システムと環境との関係をも規制するものとみなされる。

　システム形成にとって重要な役割をはたすのが、コントロール・メディアである。コントロール・メディアの機能は、相互行為の水準とシステムの水準という二つの水準で確認されうる。まずコントロール・メディアは、相互行為の水準でみれば、合意形成過程を回避して、自我の行為と他我の行為を結びつけるという機能を有している (Habermas 1984: 578)。この機能は、フォーマルに編成された組織が存立しうるための前提条件となる (Habermas 1981: II 457-458 = 1987: 295)。さらにコントロール・メディアをシステムの水準でみれば、システム形成の機能を有することになる。ハーバーマスは、このことをまず貨幣を引きあいに出して論じている (Habermas 1981: II 256 = 1987: 90)。ハーバーマスによると、貨幣は、使用価値を交換価値に変換し、自然経済的な財の交易を商品の交易に変換する特殊な交換メカニズムであるが、このメカニズムそのものは伝統的社会においてすでに存在している。だが、資本主義においてはじめて、経済システムというべきものが成立する。この経済システムにおいては、システム内的な関係（企業間の取引）ばかりでなく、経済システム外部の環境（つまり私的家計や国家）との交換をも、貨幣をつうじて処理している。ハーバーマスからすると、貨幣がシステム間の交換メディアになるときにはじめて、貨幣は構造を形成する効果を生みだす。つまり経済がその環境との交換を貨幣メディアをつうじて規制するようになることによってのみ、経済は、貨幣によって制御されるサブ・システムとして構成されうる。ハーバーマスは、この過程が同時に、経済と国家との相補的な関係を生みだしてもいることに注意を促している。ハーバーマスによると、生産過程が賃労働へと切り換えられ、生産が、被雇用者の租税支払いをつうじて国家装置へとフィードバックされることによって、経済と国家とが相補的な環境をなすと

いう関係が構成されることになる。ハーバーマスからするなら、国家装置は
メディアによって制御された経済サブ・システムに依存するようになり、こ
のことが国家装置にも再編成を強いるようになる。この再編成により、政治
権力がコントロール・メディアの構造にあわせるようになり、権力は貨幣に
同化するのだとハーバーマスはいう。ハーバーマスからすると、経済システ
ムの成立が国家装置の再編を促し、国家もまたシステムとして存立するよう
になる。経済と国家という二つのサブ・システムは、同時的に成立する。ま
たそれと同時に、貨幣と権力がコントロール・メディアとして機能するよう
になり、これらのコントロール・メディアが、システムとその環境との交換
関係を制御するようになる。

　ハーバーマスからすると、経済と国家がそれぞれシステムとして存立し、
またこれら二つのサブ・システムがその環境との交換を貨幣メディアと権力
メディアという二つのコントロール・メディアを用いて制御するという図式
が、近代社会においては描かれうることになる。そのさいシステムは、これ
ら二つのコントロール・メディアをつうじてフォーマルに編成された行為領
域として特徴づけられることになる。これらのシステムは、コントロール・
メディアに媒介されることによって生活世界から自立化し物象化した行為連
関として、独自の運行法則を示すようになる。こうした観点からハーバーマ
スは、生活世界とシステムとの関係について次のような交換関係を呈示して
いる（**図5-1**）。この図においては、生活世界とシステムのあいだに、四組の交
換関係が表現されている。1) および 2) と表現されているのが、私的圏域と経
済システムのあいだの交換関係であり、1a) および 2a) と表現されているのが、
公共圏と行政システムのあいだの交換関係である。まず経済システムは、賃
金を労働力と交換し、労働力をシステムにインプットする。また財とサーヴィ
スをアウトプットし、消費者の需要と交換する。また行政システムは、組織
役務を税と交換する。税が行政システムにインプットされる。また政治的決
定をアウトプットし、大衆の忠誠心と交換する（Habermas 1981: II 471-473 ＝ 1987:
308-310）[6]。

ここで、この分析について、その特徴を確認しておきたい。まず第一に、この分析は、システムのパースペクティヴからなされている。ここでは、コントロール・メディアをつうじた相互交換の関係が、観察者のパースペクティヴから分析されている。第二に、必ずしも包括的な分析がめざされているわけではない。この図表においては、生活世界の具体的な表象として、私的圏域（家族）と公共圏だけが、取りあげられている。この二つは、まちがいなく重要な行為領域であるけれども、生活世界として想定される行為領域がこの二つだけに限定されるわけではない。またサブ・システム相互の交換関係についても、この図表では捨象されている。さらには生活世界の二つの主たる領域のあいだの関係も、ここでは論じられていない（Habermas 1981: II 472 ＝ 1987: 309）。ここでの分析は、生活世界とシステムのあいだの相互交換関係について図式的に呈示するという目的のもとにおこなわれている。

　生活世界とシステムの相互交換関係の分析にかんするこうした特徴づけをふまえたうえで、さらに次の三つの点について注意を促しておきたい。まず第一に、さきにあげた生活世界とシステムとを対比的にとらえた議論との関係についてである。ここでの抽象の水準においては、生活世界とシステムとが別々の行為領域として取り扱われている。またこの抽象の水準においては、生活世界とシステムのそれぞれにより具体的な表象が割りあてられている。そのかぎりにおいて、抽象の第一水準と比較してより具体化された形式において生活世界とシステムという二層の社会概念が用いられている。だがそのさい、ここでいう抽象の第一水準でつかみだされた概念規定が、この水準の議論でもふまえられていることを見落とすわけにはいかない。ここでは、たしかに外部観察者の視座から、生活世界とシステムの相互交換が分析されている。そのかぎりにおいて、生活世界が、あたかも一つのサブ・システムであるかのように取り扱われている。だが、ハーバーマスは、論理展開のこの階梯においても、生活世界とシステムとが質的に異なった行為連関であるとする区別の基準をいぜんとして堅持し続けている。ハーバーマスからするなら、あらゆる行為連関をシステムとして表象するわけにはいかない。生活世界とシステムとは、その再生産の論理を異にしており、生活世界はコミュ

ニケーション行為によってのみ再生産されうる。このことは、さきにあげた抽象の第一水準での議論によってのみ確認されうる。

　第二に、二層の社会概念と行為概念とのかかわりについてである。ここでの抽象の水準においては、生活世界とシステムとが別々の行為領域としてみなされている。だがこの抽象の水準においても、生活世界ないしシステムといった社会概念と、コミュニケーション行為ないし戦略的行為といった行為概念とを短絡的に結びつけてはならない。生活世界においては、コミュニケーション行為ばかりがおこなわれるわけではないし、システムにおいても、戦略的行為だけがおこなわれるわけではない。たとえば生活世界の具体的表象として家族を思い浮かべることは、まったくさしつかえない。だが、そこでおこなわれる行為がすべてコミュニケーション行為であるとはいえない。家族のなかでは、コミュニケーション行為を選択することもできるし、戦略的行為を選択することもできる。また官僚制組織のなかでも、権力メディアによって媒介された行為ばかりがおこなわれているわけではなく、コミュニケーション行為もおこなわれている (Habermas 1981: II 459-450 ＝ 1987: 297-298)。ハーバーマスは、行為類型と社会概念とを一義的に対応させているわけではない (Habermas 1984c: 602-604)。

　第三に、コントロール・メディアの持つ抽象化作用という論点についてである。ハーバーマスは、生活世界とシステムの相互交換について分析を進めているが、そのさいコントロール・メディアの抽象化作用について注意を喚起している。図 5-1 にしめされているように、ここでは、システムのパースペクティヴから、生活世界とシステムが相互にインプットとアウトプットをおこなう過程がとらえられている。経済システムと国家行政システムは、貨幣メディアおよび権力メディアを利用して生活世界との交換をおこなっている。そのさい、生活世界の生産物は、その対応するシステムへのアウトプット要因たりうるように、コントロール・メディアにあわせて抽象化されているという (Habermas 1981: II 473-477 ＝ 1987: 310-313)。ここでいう抽象化とは、図5-1 にそくしていえば、たとえば次のようなことを指し示している。すなわち、具体的な労働は、賃金と交換されうるためには、抽象的な労働に転換されな

ければならない。また使用価値指向は、商品と交換されうるためには需要選好に転換されなければならない。さらに公共的に表明された意見や集合的意志形成は、政治的指揮と交換されうるためには大衆の忠誠心に転換されなければならない。また行政サーヴィスの受給者は、サーヴィスの受給要件をみたす必要があり、みずからの生活を行政システムの要求にあわせて適応させることが求められる。ハーバーマスは、これらの回路をつうじてシステムが生活世界に介入しているとみなしている。そのさいハーバーマスは、生活世界とシステムの相互交換関係そのものが問題であるとみなしているわけではない。そうした相互交換関係を突破口にシステムが生活世界に介入することによってはじめて、問題が生じるとみなしている。

　ハーバーマスがこうした論点に踏み込むとき、ハーバーマスはふたたび生活世界のパースペクティヴを利用することになる。ハーバーマスは、生活世界とシステムとの相互交換関係を分析するにあたって、生活世界の成員としてそうした交換をおこなう行為者の視座を手がかりにする。そのさい、行為者がシステムと関与するにあたってどのような態度をとっているのかが主題化され、そうした行為者たちがしかるべき社会的役割をとっていることに焦点があてられる。まず経済システムとの交換において、行為者は、被雇用者の社会的役割を担うか（1の交換関係）、消費者の社会的役割を担う（2の交換関係）。また行政システムとの交換において、行為者は、公的行政のクライアントの社会的役割を担うか（1aの交換関係）、公民の社会的役割を担う（2aの交換関係）。これらの社会的役割は、フォーマルに編成された組織（資本主義的企業および近代国家アンシュタルト）との関連において定義される。行為者はそれぞれパーソナリティを持ち、他者と意思疎通しあっている。そうした行為者たちがフォーマルに編成された組織との交換関係に入るばあいには、行為者たちは、しかるべき社会的役割の担い手としてのみふるまうことになる。行為者たちは、これらの社会的役割を担うことによって、フォーマルに編成された組織にみずからを適合させる。そのさいハーバーマスは、組織とのそうした関係には二つの性質のものが確認されうることに注意を促す。すなわち、ハーバーマスからすると、1の社会的役割と1aの社会的役割はフォーマルに

編成された組織に依存して定義される。しかし、2 の社会的役割と 2a の社会的役割は、たしかにそうした組織に関連して定義されるけれども、そうした組織に依存しては定義されないのだという (Habermas 1981: II 473-475 ＝ 1987: 310-312)。前者のばあい、行為者は、被雇用者の役割ないし公的行政のクライアントの役割をとるわけだが、これらの役割はフォーマルに編成された組織 (資本主義的企業や近代国家アンシュタルト) に準拠し、法の形をとって構成される。そうした役割をとる行為者は、生活世界の文脈から離れ、フォーマルに編成された行為領域 (経済システムおよび行政システム) に適応する。他方、後者のばあいには、事情が異なっている。たしかに行為者は、消費者の役割をとることによって交換関係に関与しているし、公民の役割をとることによって政治システムの成員となっている。だが消費者の購買行動や公民の投票行動には、行為者じしんの選好や価値指向や態度が関与している。そのかぎりにおいて、消費者の役割と公民の役割は、生活世界の文脈にいぜんとして結びついてもいる。このようにハーバーマスは、行為者のパースペクティヴをてがかりに、これらの社会的役割には二種類のものが認められうることを指摘する。行為者からするなら、システムとの交換関係に関与するばあい、行為者は、全人格においてではなく、しかるべき社会的役割の担い手としてふるまっており、しかるべき社会的役割の担い手としてみずからを経験している。そうした形態をとって、システムの抽象化作用が行為者に影響をおよぼしている。しかもそのさい、行為者からするなら、これらの社会的役割には二種類に区別される。つまり行為者が 1 と 1a の社会的役割をとるばあい、行為者は、生活世界の文脈から切り離される。他方行為者が 2 と 2a の社会的役割をとるばあい、行為者じしんの選好や価値指向が関与し、そのかぎりにおいて生活世界の文脈から完全に離れることはない。ハーバーマスは、こうした差異に光をあてることによって、システムの抽象化作用にも二つのやや異なったものがあることを明示化する。こうした分析もまた、行為者の視座がその論理的な前提とされている。

　システムのパースペクティヴをとると、生活世界とシステムとのあいだの交換関係を主題化することができる。この交換関係を主題化することは、社

会理論としては不可欠の作業である。だが、この視座だけに立つかぎり、この交換関係が生活世界に負担を強いていることが、問題としてとらえられえない。ハーバーマスは、いったんはシステムのパースペクティヴに立って生活世界とシステムの交換関係を主題化し、そのうえでふたたび生活世界の成員のパースペクティヴに立ちかえり、システムとの交換関係に入ることが生活世界の側にどのような影響を与えているのかを分析し、さらにそうした影響が生活世界の成員にたいしていかなる意味において負担を与えているのかをとらえなおしている。ハーバーマスはまず、生活世界とシステムの交換関係が一定の抽象化作用をおよぼしていることを明らかにする。交換関係がコントロール・メディアによって媒介されるということは、そこに交換関係が成立しているということを意味するばかりでなく、コントロール・メディアをつうじて交換可能であるようにそれぞれのアウトプットが切りそろえられているということも意味している。この抽象化作用は、観察者がその思索のなかで作りあげたものではなく、現実の社会のなかで作動している。そのかぎりにおいてこの抽象化作用は、現実の抽象にほかならない。この認識をふまえハーバーマスはさらに、この現実の抽象が生活世界の側に負担を与えていることを明らかにする。つまりそうした局面において行為者たちは、全人格としてではなく、まさしく抽象化された社会的役割の担い手として、他者と関係をむすび、また自己を経験することになる。

　こうした抽象化作用がひとびとのパーソナリティや社会関係を覆いつくしたとき、物化 (Verdinglichung) [7] という事態が生起する。ハーバーマスは、こうした分析の手順をへることによって、コントロール・メディアによって媒介されるということは、そこに交換関係が存在するということにとどまらず、現実の抽象をつうじてシステムが生活世界に負担を与えているということを意味しているのだということを明らかにする [8]。ハーバーマスは、そうした論理構造をつうじて、物化の根本的な要因を明らかにしている。とはいえ、ハーバーマスからするなら、システムの抽象化作用がただちに物化の現象を引き起こすと短絡的にとらえるわけにはいかない。ハーバーマスからするならば、生活世界それじたいもまたそれ特有の論理において成り立っており、そのかぎり

においてシステムの作用にたいする一定の抵抗力を有している。ハーバーマスからするなら、生活世界に特有の論理が脅かされ、生活世界の再生産が危機に陥るという事態になってはじめて、物化という事態が生起する[9]。ハーバーマスは、生活世界のこうした危機的な状態を生活世界の植民地化として特徴づけている。そこで最後に、ハーバーマスが生活世界の植民地化という事態をどのような論理構成において説明しているのかについて検討を加えたい。

5　システムによる生活世界の植民地化

　前節でみたようにハーバーマスは、生活世界とシステムの相互交換関係をまずさしあたってはシステムのパースペクティヴから分析している。だがすでに強調してきたように、この分析水準においても、生活世界とシステムの区別についての基本的な考え方は維持されている。システムのパースペクティヴから出発し、生活世界とシステムとを別々の行為領域とみなすなら、生活世界も一つのサブ・システムであるかのように取り扱うことができる。生活世界とシステムのあいだのインプットとアウトプットの関係そのものを分析するにあたっては、そのように取り扱ってもさしあたり不都合はない。だがハーバーマスはここで、生活世界とシステムとのあいだのインプットとアウトプットの関係だけを論じているわけではない。ハーバーマスは、コントロール・メディアをつうじて相互交換をおこなうことが一定の抽象化作用を有することを指摘している。つまりコントロール・メディアをつうじて相互交換をおこないうるためには、生活世界の側がみずからのアウトプットをコントロール・メディアにあわせなければならない。しかもそのことが生活世界の側に負担を強いているというのが、ハーバーマスの認識なのである。ここで前提とされているのが、生活世界とシステムとは別々の再生産メカニズムによって成り立っている異なった種類の行為連関であるとする考え方である。ハーバーマスからすると、生活世界はコミュニケーション行為によってのみ再生産されるのであり、そのことが妨げられたばあいにさまざまな病理現象が生じることになる。ハーバーマスの現代社会論は、こうした視座から

展開されている。周知の「システムによる生活世界の植民地化」というテーゼ
は、こうした論理展開をへてはじめて打ちだされる。

　ここであらためて、ハーバーマスが生活世界の植民地化という事態をどの
ような論理において説明しているのかをたどってみることにしよう。ハーバー
マスはまず、物質の再生産にかかわるシステムの強制が社会統合の形式に介
入することを生活世界の隷属として概念化する (Habermas 1981: II 279 ＝ 1987: 112)。
この事態は、社会発展のさまざまな段階において認められうる。そのうえで、
近代社会に特有の現象として、生活世界の植民地化という事態が、主題化さ
れる。ハーバーマスによると、生活世界の隷属が生活世界の植民地化という
形状をとるのは、次のようなばあいであるとされる。すなわち、「コンセン
サスに依拠した行為整合が置き換えられえない領域においても、システムの
メカニズムが社会統合の形式を押しのけるばあいであり、したがってそこで
は、生活世界のシンボルの再生産が危機にさらされる」(Habermas 1981: II 293 ＝
1987: 125)。ひとびとのあいだで意思疎通がおこなわれることによってはじめ
て生活世界という意味的世界は、再生産される。とりわけ文化的伝統の継承
と再生、連帯の創出、子どもの社会化といった局面においては、コミュニケー
ション行為が不可欠である。そうした局面にシステムが介入し、システムの
論理を押しつけることが生活世界の植民地化として概念化されている。しか
もこの植民地化という事態が、社会病理の根本的要因として押さえられてい
る。生活世界の植民地化が問題とされるばあい、生活世界とシステムの遊離
が進展した社会発展の段階であることが前提とされ、経済システムと行政シ
ステムが分出し、これらのシステムがコントロール・メディアをつうじて生
活世界と相互交換の関係にあることが想定されている。システムが、そうし
た相互交換の過程をつうじて生活世界に介入し、コミュニケーション行為に
よってしか再生産されない行為領域にシステムの要求を強制しようとするさ
いに、生活世界の植民地化という事態が生じるのだとされる。

　抽象のこの水準においては、これまでの論理階梯をふまえて、後期資本主
義社会を念頭におきつつ、議論が進められる。ハーバーマスは、社会国家的
な介入が生活世界の広範な領域におよぶような社会のあり方や歴史の段階を

想定し、生活世界の植民地化という表現を採用している。ハーバーマスからするなら、生活世界の植民地化という事態は次のようなばあいにはじめて生起しうるのだという (Habermas 1981: II 522-523 = 1987: 358-359)。すなわち、まず第一には、伝統的な生活形式が広範に解体し、生活世界の構造の構成要素（文化、ゲゼルシャフト、パーソナリティ）が広範に分出する。第二には、二つのサブ・システムと生活世界とのあいだの交換関係が、分出した役割（①組織化された職場への雇用にかんする役割。②私的家計の需要にかんする役割。③公共的な官僚制へのクライアントの関係にかんする役割。④正統化過程へのフォーマルな参加にかんする役割）をつうじて規制される。第三には、現実の抽象によって被雇用者の労働力がシステムにとって利用可能になり、選挙民の票が動員可能になるのだが、この現実の抽象が、関与者たちによって、システム同調的な補償と引きかえに受け入れられる。第四には、そのさいそうした報償の支払いは、社会国家のパタンにしたがえば、資本主義の成長による増加分によってまかなわれ、消費者とクライアントの役割のなかで水路づけられる。そのなかに、労働世界と公共圏から締めだされ、私化された自己実現と自己決定の希望が閉じこめられているという。

　ここでハーバーマスは、コントロール・メディアの抽象化作用という論点からさらに一歩踏み込んで、社会国家的な調整という社会的文脈に位置づけて、生活世界の植民地化について論じている。ハーバーマスはまず、一般的に、コンセンサスに依拠した行為整合が代替不可能な行為領域においてもシステムのメカニズムが社会統合の形式を押しのけたばあい、生活世界の植民地化という事態が生じると指摘していた。だが他方において、ハーバーマスは、生活世界の持つ独自の力を強調してもいる。ハーバーマスからするなら、システムがその独自のメカニズムを持ち、コントロール・メディアをつうじて生活世界に介入するとしても、そう簡単に社会統合の形式が押しのけられるということにはならない。生活世界の固有の力が抵抗を示すからである。そうだとするなら、生活世界の固有の力にもかかわらず、システムの介入がしかるべき実効性を持ちうるのはいかにしてなのかが問われなければならない。ハーバーマスは、システムのそうした介入を可能とした社会的文脈として社

会国家的な体制を主題化する。この体制のもとでは、システムの介入に同調的であることにより、生活世界の成員の側にしかるべき補償がなされている。このことにより、システムの介入がより実効的になり、生活世界の植民地化という事態が生起することになる。

こうした論理展開をへてはじめて、ハーバーマスの理論体系は現代社会分析へと結びつけられることになる。それとともに、こんにちの社会国家的な体制を分析するための視点が、ここに呈示される。ただしこの論理水準においてもなお、ハーバーマスの言明はしかるべき抽象性を保持している。こうしたハーバーマスの視点から具体的な現象がどう分析されうるかについては、別の機会にあらためて検討することにしたい[10]。

本章でみてきたように、ハーバーマスは、二層の社会概念をめぐって次のような一連の手順をふんで議論を展開している。まず第一に生活世界との対比において、システムの特質がつかみとられる。第二に、システムのパースペクティヴから生活世界とシステムの交換関係が主題化される。そのさい、コントロール・メディアの持つ抽象化作用が主題化される。さらにこの主題化にさいしては、生活世界のパースペクティヴも利用され、この作用がいかなる意味において生活世界に影響をおよぼすのかが問題とされる。第三に、そのことをふまえて、生活世界の植民地化という事態が主題化される。ここにおいて、社会国家的調整という文脈がふまえられることになり、現代的な文脈で生活世界とシステムの関係のあり方が論じられる。ここであらためて確認しておきたいのは、ハーバーマス理論におけるこうした論理構造である。われわれは、生活世界とシステムという二層の社会概念にみられるハーバーマスの論理展開を詳細にたどってきた。抽象の水準を意識し、論理の階梯をたどり、ハーバーマスの展開する論理構造を追構成するという作業は、ハーバーマスの社会理論の論理を精確に理解するためだけでなく、ハーバーマスの現代社会分析を理解しその有効性を査定するためにも不可欠であろう。ハーバーマスの現代社会分析は、まさしくこうした理論的な視座からなされている。そうだとするなら、現代社会分析にかかわるハーバーマスの発言だけをハーバーマスの理論的枠組みから切り離して理解することはできないであろう。

第5章 二層の社会概念の論理構造 195

【注】

1 この点にかんしてハーバーマスは、システムの複合性の増大と生活世界の合理
  化とを峻別している (Habermas 1981: II 180 = 1987: 16)。
2 ハーバーマスからするなら、社会発展の過程は、この意味において「第二次の分
  化過程」としてとらえられる (Habermas 1981: II 232 = 1987: 68)。
3 ハーバーマスの社会発展ないし社会進化の理論の内容については、永井 (1997c)
  を参照。
4 ここではさしあたり、ルーマンの社会システム理論を念頭においている (Luh-
  mann 1984 = 1993、1995)。
5 この論点を指摘した論考として、栗岡 (1991)、水上 (1993) を参照。
6 ここでは、システムのパースペクティヴからの、システムと生活世界の関係に
  ついて、『理論』をもとにわれわれなりに整理して記述した。このことに関連して、
  システムと生活世界の関係について記述している『理論』の箇所を引用しておき
  たい。ここで訳文について言及するが、それは誤訳をあげつらうことが目的では
  なく、日本におけるハーバーマス研究にみられた一つの問題を示すためである。

　　　すでに理解してきたように、資本主義と近代国家＝アンシュタルトとは媒体
　　である貨幣と権力を支配して、制度システムすなわち生活世界の利益社会的な
　　構成要素から、高度に分化して成立したサブシステムである。これに対して
　　生活世界は、独特のやり方で反応している。市民社会において、社会的に統
　　合された行為領域（生活世界）と、システム的に統合された行為領域（経済と国
　　家）とは、私的領域と公共性の領域として相互補完的に関連し合っている。私
　　的領域の制度的な核を形造っているのは、生産機能を免除され、専ら社会化の
　　課題だけを担っている小家族であり、これは経済というシステムの側からみれ
　　ば、私的な家計という環境世界として把えられる。公共性の制度的な核を形造っ
　　ているのは、文化経営や出版、後になるとマス・メディアも加わって強化され
　　た例のコミュニケーション網であり、これによって、文化享受者としての私人
　　は文化の再生産に、公衆としての公民は世論を媒介にして社会的統合に参加す
　　る可能性を与えられる。文化的な公共性や政治的なそれは、国家というシステ
　　ムのパースペクティヴに立つと、正統性調達のために重要な環境世界として
　　定義される (Habermas 1981: II 471-472 = 1987: 308-309) (強調はハーバーマスに
　　よる)。

　　じつはこの訳文は、生活世界とシステムとの関係をまったく取り違えている。
さすがにこれを放置するわけにはいかなかったものと思われるが、1988 年に刊
行された邦訳書の 2 刷において、訳文が訂正されている。同じ箇所の冒頭部分
だけ、訳文を示したい。

　　　すでに理解してきたように、資本主義と近代国家＝アンシュタルトとは、媒
　　体である 貨幣と権力を通して、制度システムすなわち生活世界の利益社会的
　　な構成要素から、高度に分化して成立したサブシステムである。これに対して
　　生活世界は、独特のやり 方で反応している。市民社会において、社会的に統
　　合された行為領域（生活世界）は、システム統合された行為領域（経済と国家）

に対して、私的領域と公共性の領域とし て相互補完的に関連し合っている。

　新たな訳文によって、たしかに明らかな誤訳は解消された。ただし、改訳新版として出版されたわけではなく、あくまでも増刷時での訂正だったため、初版の読者は、訳文に訂正があったことを知ることができない。それよりも問題なのは、『理論』というハーバーマスの主著の訳を、寄り合い所帯でしなければならなかったため、訳にたいする信頼性が低下したことである。訳文の精度をあげるためには、ハーバーマスに精通した少数の訳者が集中的に取り組むほかなかったであろう。
　ちなみに、われわれの訳を示せば、以下のとおりである。

　　われわれは、資本主義と近代国家アンシュタルトとを、貨幣メディアと権力メディアをつうじて制度システムから、つまりは生活世界のゲゼルシャフトという構成要素から分出したサブ・システムとして把握した。そのサブ・システムにたいして、生活世界は特徴的な仕方で反応する。市民社会においては、社会統合された行為領域は、経済と国家というシステム統合された行為領域に抗して、私的圏域と公共圏として形成されており、この私的圏域と公共圏は相補的にたがいに関係している。私的圏域の制度的中核をなしているのは、生産機能を免除され社会化の課題だけを負う小家族であるが、この小家族は、経済というシステムのパースペクティヴからするなら、私的家計という環境として定義される。公共圏の制度的中核をなしているのは、文化の運営や出版やのちにはマス・メディアをつうじて強化されるコミュニケーションの網の目であり、その網の目が、文化を享受する私人としての公衆が文化の再生産に参与することを可能にし、公民としての公衆が公論に媒介された社会統合に参与することを可能にする。文化的公共圏と政治的公共圏は、国家というシステムのパースペクティヴからするなら、正統性認証の調達にかかわる環境として定義される。

　訳語の選択はたしかに難しいし、細かな点での訳の間違いは単純なミスとみなすとしても、邦訳書の訳文のなかで、「市民社会において、社会的に統合された行為領域（生活世界）と、システム的に統合された行為領域（経済と国家）とは、私的領域と公共性の領域として相互補完的に関連し合っている」というのは、決定的な誤訳である。しかもこの誤りは、『理論』本文中の図 39 (Habermas 1981: II 473 ＝ 1987: 310) (本章の図 5-1) と照合すればただちに判明する。

7　本書では、Verdinglichung に物化という訳語をあて、Versachlichung には物象化という訳語を用いている。

8　ハーバーマスは、こうした視角から、コミュニケーション関係の物化について主題化している (Habermas 1981: II 566-567 ＝ 1987: 403-404)。

9　ハーバーマスは、物象化と物化とを概念的に区別している。物象化とは、行為連関がシステムとして分出することそのものを指している。しかるべき行為連関が生活世界から自立化し、独自の運行法則にしたがうようになることそれじたいを物象化ととらえている。それにたいして、物化とは、システムの持つ現実の抽象のはたらきが生活世界をとらえ、パーソナリティのあり方や社会関係を変形させることを指している (Habermas 1981: II 494 ＝ 1987: 332)。

10　ハーバーマスじしんは、法化 (Verrechtlichung) の現象をめぐって若干の分析を進めている (Habermas 1981: II 522-547 ＝ 1987: 358-381)。

終章　ハーバーマス社会理論の視座と方法

1　パースペクティヴの転換と抽象水準の移行

　われわれはこの論考において、ハーバーマスの社会理論がどのような方法と視座のもとで構築されているのかを明らかにしようとした。もちろんそのさい、検討の中心は、ハーバーマス社会理論の実質的内容へと向けられた。しかし、それはただたんにハーバーマスのテクストをそのまま読むということではなく、そのテクストのなかにどのような理論構築の方法が駆使されているのかを読みとることでもあった。ハーバーマスは、少なくとも主著とみなされるようないくつかの著作においては、理論構築の方法を明確に意識して議論を組み立てている。それゆえ、ハーバーマスがどのような理論構築の方法をとっているのかに留意しなければ、ハーバーマスのテクストを精確に理解することはできない。本書でわれわれは、どのような視座と方法がハーバーマスの理論のなかに貫徹しているのかを意識して、ハーバーマス社会理論の内容を検討してきた。最後に、これまでの検討を振り返ることとするが、そのさい、どのような視座と方法のもとにハーバーマス社会理論が構築されてきたのかということをあらためて確認したい。

　まず第１章では、テクストの解読にいたるまえの予備的な作業として、われわれがいかなるコンテクストに位置づけてハーバーマスのテクストを理解するのかということを論じた。われわれは、社会理論としてハーバーマス理論を取り扱うという選択をおこなった。そのことをふまえて、まず社会学における社会理論の展開史を概観し、そのなかにハーバーマスの社会理論を位置づけるという作業をおこなった。生活世界とシステムとからなる二層的な

198

ものとして社会をとらえるというハーバーマスの理論戦略は、直接的にはパーソンズ社会理論にたいする代案呈示のこころみとして理解できるが、社会学における社会理論の展開史をふまえれば、後期資本主義社会の現実に対処することを想定したときに、マルクスが上部構造として捨象した社会性の領域を社会理論のなかに適切に取りいれようとするくわだてとして解釈しうる。

　第2章では、『理論』のテクストをもとにコミュニケーション行為理論の検討をおこなった。コミュニケーション行為をめぐる議論において、一つの重要な論点はコミュニケーション行為と戦略的行為とをどのように区分するかということであった。ここでわれわれが確認しておきたいのは、ハーバーマスはこのことを議論するにあたって、三つの段階をふまえて議論をしているということである。まず第一段階においては、行為指向による区別がなされる。ここでは、行為者じしんのパースペクティヴが前提とされ、意思疎通に指向した行為がコミュニケーション行為であり、成果に指向した行為が戦略的行為であるとされる。そのさい、この記述においては、個々の行為者の選択が基底的であるかのような印象を与える。つまり、行為者はそのつど行為指向を決定できるわけであり、コミュニケーション行為をするか戦略的行為をするかは、当の行為者しだいということになる。そうしてみると、行為のあり方にとって、行為者の意図が決定的であるかのようにみえる。たしかに、個々の行為を切り離して考えると、このことは正しい。だが、ハーバーマスは、コミュニケーション行為の説明をここで終えているわけではない。この説明だけによって、ハーバーマスによるコミュニケーション行為の定義と理解することは不適切である。第二段階においては、ハーバーマスは、言語行為論の成果を手がかりとし、オースティンによる発語内行為と発語媒介行為の区別を再構成する。この段階では、相互行為のなかでのやりとりが主題化され、相互行為に参加する行為者の行為遂行的態度に光があてられる。この論理のなかで、行為者の意図が相対化され、自我と他我のあいだの対話関係こそが基底的なものとみなされる。ここで重要なのは、発語内行為の目標は、発話者の意図によっては決定されないという点である。つまり、発語内行為の目標は、やりとりのなかではじめて定まるものとみなされる。第三段階において、

ハーバーマスは、妥当性要求の呈示と承認という契機を対話関係のなかからつかみだす。コミュニケーション行為か戦略的行為かを分けるメルクマールは、妥当性要求の相互承認という論理が作動しているかどうかという点にあるとされる。

　第3章においては、「合理性」論文をもとにコミュニケーション行為理論の最新版の検討をおこなった。ここでも問題になるのが、コミュニケーション行為と戦略的行為の区分であるが、「合理性」論文においても、妥当性要求の相互承認という論理がメルクマールとされている。つまり、妥当性要求の相互承認という論理が相互行為のなかで作動しているかどうか、またどこまで作動しているかという基準で、行為類型論が構築されることになる。そのさい、三つの妥当性要求すべてが関与しているばあいが、強いコミュニケーション行為であり、真理性要求と誠実性要求だけが関与しているばあいが弱いコミュニケーション行為である。また、妥当性要求がまったく関与しないばあいが、戦略的相互行為である。妥当性要求の相互承認という論理が基底的であるという点において、『理論』の段階での着想が基本的に維持されている。

　第4章においては、生活世界論の展開について取り扱った。ハーバーマスは、社会理論の基礎概念として生活世界の概念を位置づける。社会理論の基礎概念として適切なものへと生活世界の概念を鍛えあげようとする。そこでハーバーマスは、シュッツの生活世界論を出発点としながら、それを再構成することによって、この理論的課題をはたそうとする。ハーバーマスはここでもまた、順を踏んで議論を進めている。ここでは、ハーバーマスの生活世界概念を二つの段階に区別して考えた。われわれは第一段階のそれを、言語行為論的な生活世界概念、第二段階のそれを再生産論的な生活世界概念と特徴づけた。まず第一段階においては、シュッツの生活世界概念を言語行為論的に再構成する。ハーバーマスからすると、シュッツの生活世界の概念は行為者の意識を準拠点としている。つまり、生活世界は、行為者にとって自明な意味基盤をなしている。ハーバーマスは、この概念を、言語行為論をもとに再解釈し、コミュニケーション行為と生活世界とを相補的な関係にある概念とみなす。コミュニケーション行為を営む行為者は、生活世界を意味基盤とし

て利用する。自明な意味基盤としての生活世界は、コミュニケーション行為がおこなわれることによって受け継がれる。ここでは、相互行為参加者のパースペクティヴが前提とされている。このことをふまえたうえで、ハーバーマスは、第二段階として、再生産論的な生活世界概念へと移行する。そのさい、ハーバーマスは、資源としての生活世界という考え方を打ちだす。つまり、コミュニケーション行為は生活世界を資源として利用することによって成り立つ。生活世界はコミュニケーション行為によってのみ再生産される。ハーバーマスは、この概念設定をふまえて、生活世界の概念を拡張する。つまり、コミュニケーション行為にとって資源として利用されるものとしての生活世界という考え方を提起し、生活世界の構成要素として、文化、ゲゼルシャフト、パーソナリティの三者をあげる。このこととの関連で、ハーバーマスは、シュッツの生活世界論が文化的なものに切り詰められていたとみる。論理のこの段階では、相互行為参加者が実際に遂行していることを再構成的にとらえなおすという社会理論家のパースペクティヴへと、パースペクティヴが転換しており、生活世界の再生産という局面が主題化されることになる。

　第5章では、システムと生活世界というハーバーマスの二層の社会概念の論理構造を解明した。ハーバーマスは、この社会概念の構成において、視座の転換と抽象水準の移行という理論技法を駆使していた。

　まずハーバーマスは、抽象の第一水準として、生活世界とシステムとを質的に異なった行為連関として対比的にとらえる。そのさいハーバーマスは、二つのステップを踏んで議論を進める。まず第一に、生活世界とシステムの区別そのものは、コミュニケーション行為理論の視角から導入されている。生活世界は、コミュニケーション行為によってのみ再生産され、その当事者によってすでに意味的に構成されている。システムは、そうした生活世界から自立化した行為連関である。システムにかんするこの特徴づけは、生活世界の特徴づけを前提とし、それとの対比においてはじめてなされうる。そのかぎりにおいて、生活世界とシステムの対比は、コミュニケーション行為を営む当事者のパースペクティヴをその論理的前提としている。第二に、生活世界とシステムとには、それぞれ異なった理論的アプローチが要請される。

生活世界をとらえるためには、行為者のパースペクティヴを出発点とする行為理論的方法ないし解釈学的方法が必要とされる。他方、システムについては、観察者のパースペクティヴからその運行法則を客観的に把握するというアプローチが採用されなければならず、この理論アプローチはシステム理論として特徴づけられる。抽象の第二水準においては、コントロール・メディアをつうじた生活世界とシステムとの相互交換過程が主題化される。論理展開のこの段階においては、生活世界とシステムとがそれぞれ具体的な行為領域に関係づけられながら論じられており、抽象の第一水準の議論と比較すると、議論がより具体的な水準へと移行している。ここでの議論は、観察者のパースペクティヴからなされている。しかし、ここで留意しておかなければならないのは、生活世界とシステムの区別そのものは、抽象の第一水準の議論をそのまま引き継いでいるということである。

　さらにハーバーマスは、この水準での議論をふまえて、コントロール・メディアの持つ抽象化作用を主題化する。ハーバーマスは、この論点に踏み込むさい、生活世界の成員としてシステムとの相互交換過程に関与する行為者のパースペクティヴを手がかりにする。そのことによって、システムとの相互交換過程に入ることが生活世界の側にどのような影響を与えているのかが分析され、そうした影響が生活世界の成員にいかなる意味において負担を与えているのかが明らかにされる。

　ハーバーマスは、この議論をふまえて、「システムによる生活世界の植民地化」といった事態を主題化する。そのさいかれは、コントロール・メディアの抽象化作用という論点からさらに踏み込み、社会国家的調整という社会的・歴史的文脈へとこの議論を関連づける。このような論理展開をへて、生活世界とシステムという二層の社会概念は、社会国家体制下での社会病理の解明という現代社会論的な議論へと結びつく。われわれがさしあたりここで確認しておきたかったのは、このような論理の構築法である。

2 ハーバーマス解釈の方向性
——佐藤慶幸による解釈との対比において

　ここでわれわれは、われわれじしんの読みの方法やその特徴を明示化するという目的のために、佐藤慶幸によるハーバーマス解釈を引きあいに出しておきたい (佐藤慶幸 1986)。ただここであらかじめ言及しておきたいのは、佐藤慶幸じしんは、ハーバーマスのテクスト解釈そのものに関心があるわけではないことを強調しているということである。

　　　筆者の関心は、（中略）ハバーマス研究そのものにあるというよりは、
　　　現代社会の社会学的分析にとって、かれの理論がどこまで有効であるか
　　　どうかということに向けられている。具体的には筆者の現在の問題関心
　　　である「アソシエーション論」展開のために、ハバーマス理論がどのよ
　　　うに活用できるかということにある　（佐藤慶幸 1986: 70）。

　それゆえ、ハーバーマス理論の精確な理解をめざすというわれわれの検討の文脈で、佐藤慶幸の読解を持ちだすことは、必ずしも公平なやり方とはいえない。そもそも解釈の方向性が違うと著者本人が断っているからである。しかし、あえてそのようなやり方をするというのには、二つの理由がある。その第一は、日本のハーバーマス研究史における佐藤慶幸の著作の重要性ということにかかわっている。つまり、佐藤慶幸のこの仕事は、『理論』を主たる検討対象とした日本でのもっとも早い時期での単著であり、当時のハーバーマス解釈に一定の影響力を有してきた。たとえば、マルクス主義の立場からコミュニケーション理論を展開する尾関周二は、『理論』以前からハーバーマスに強い関心を抱いてきたが、『理論』の読解にかんしては佐藤慶幸のこの著作を参照している (尾関 1989: 121-122) し、序論でも述べたように、社会学の領域では、『理論』にかんするまとまった著作は、ほかにみあたらないという事情もある。著者本人は、ハーバーマスにかんしては外在的な関心しか持た

ないと公言しているとしても、日本のハーバーマス研究史上重要な著作であることは間違いなく、その意味において、そうした重要な著作にコメントをすることは、許されることであろう。その第二は、テクスト解釈と現実分析との関係にかかわっている。佐藤慶幸は、「現代社会の社会学的分析にとって、かれの理論がどこまで有効か」（佐藤慶幸 1986: 70）に関心があると述べているが、われわれは、この表明に反対しているのでは決してなく、むしろ共鳴している。つまり、われわれもまた、現代社会の社会学的分析に生かすという意図のもとでハーバーマスのテクストに対峙してきた。ただそのさいわれわれは、ハーバーマス理論の論理構造をできるかぎり生かす形で、それを現代社会の社会学的分析に接続させたいと考えてきた。だから、われわれの関心は、たしかにハーバーマスそのものに向いてもいる。そうしてみると、見解の違いがあるとすれば、ハーバーマスの理論をどのように生かすのかという論点にかかわっているはずである。そして、もしそうだとするなら、そうした違いをはっきりさせることは、われわれじしんの考え方を明示化することにもつながるであろう。

　佐藤慶幸のハーバーマス解釈の要点は、われわれのみるところでは、次の三つである。まず第一に、ハーバーマスによるコミュニケーション行為の規定をめぐっては、その理論展開において混乱や不整合な点がある。第二に、対話的行為とでも訳出すべき行為類型が、現代社会の社会学的分析にとって重要である。第三に、この概念規定をふまえて、生活世界・アソシエーション・システムといった三層構造において社会をとらえていくという観点が示される。ここでは、これらのそれぞれについて検討を加えていくことにする。

　佐藤慶幸は、コミュニケーション行為の規定をめぐる不整合な点として次のように述べている。

　　ここで一言しておきたいことは、ハバーマスは諒解達成志向的行為を kommunikatives Handeln つまりコミュニケーション行為と等置している一方で、それをさらに細分して規範規制的、ドラマトゥルギー的、およびコミュニケーションないし「会話」（Konversation）行為に分類してい

る。筆者は、前者の場合をコミュニケーション行為と表記し、後者の場合、つまり規範規制的行為およびドラマトゥルギー的行為、そして対話的行為と表記する。いずれ明らかにするように、ハバーマスはコミュニケーション行為（kommunikatives Handeln）という用語を、一方では三つの諒解達成志向的行為を包括するものとして用いており、他方では二つの行為、すなわち規範規制的行為およびドラマトゥルギー的行為と対置されるコミュニケーション行為にも用いているために、ハバーマス自身の理論展開に混乱と不整合な点がみられるのである。この点を筆者は明確にするために、前者を広義のコミュニケーション行為とし、後者を狭義のコミュニケーション行為、つまり対話的行為と表記する。したがって、本書で「対話的行為」という場合は、そのなかに規範規制的およびドラマトゥルギー的行為は含まれないのである（佐藤慶幸 1986:113）（強調は佐藤慶幸による）。

　この指摘にはテクスト上の根拠がある。ハーバーマスは、『理論』の序論において、基本的な行為類型として、目的論的行為、規範に規制された行為、ドラマトゥルギカルな行為およびコミュニケーション行為の四つをあげている（Habermas 1981: I 126-128 ＝ 1985: 132-133）。ここでは、コミュニケーション行為は、他の三つの行為と同列に取り扱われている。他方、中間考察第一においては、コミュニケーション行為は明らかに意思疎通に指向した行為いっぱんを指す概念として用いられており、規範に規制された行為やドラマトゥルギカルな行為は、言語に媒介された相互行為の純粋型を取り扱うという文脈のなかで、コミュニケーション行為の下位類型として登場する（Habermas 1981: I 437-439 ＝ 1986: 72-73）。この不一致のことを念頭において、ハーバーマスの理論展開には混乱と不整合な点があるとの主張がなされている。たしかに、個々の記述を取りだしてみれば、ハーバーマスのいっていることは、佐藤慶幸が指摘するように、まったく不整合なのである。しかし、この理解は、『理論』という著作の構築術を無視しており、より明確にいうなら、序論と中巻考察第一との論理構成上の差異を見逃している。たしかに、ハーバーマスは、『理論』の序論において、四つの行為類型を呈示している。しかし、これ

らは、社会理論のこれまでの歴史のなかで用いられてきた行為概念を、ハーバーマスの観点から整理したものであり、そのかぎりにおいて、そこでの記述は、コミュニケーション行為概念についても暫定的な規定にとどまっている。これにたいしてハーバーマスは、二つの中間考察において、自説の展開をこころみている。こうした『理論』という著作の構築術をふまえるなら、中間考察第一において示されているのが、ハーバーマスじしんの見解であるとみなされなければならない。しかもそのさいハーバーマスは、本書の第2章において明らかにしてきたように、コミュニケーション行為についての規定を、順をおって深化させている。ハーバーマスは、行為指向にかんする規定からコミュニケーション行為概念にかんする議論をスタートさせ、最終的には、妥当性要求の呈示と承認という論理が相互行為のなかで貫徹しているという点に、コミュニケーション行為の特質をみてとっている。そして、そこで獲得された視座から、コミュニケーション行為は、意思疎通に指向した行為いっぱんを指す概念として位置づけられることになり、この規定をふまえて、コミュニケーション行為の下位類型が構築されることになる。コミュニケーション行為の下位類型の構築においては、相互行為過程のなかでどの妥当性要求が主として掲げられているのかという点が手がかりとされ、主として真理性要求が掲げられている行為は事実確認的言語行為ないし会話、主として正当性要求が掲げられている行為は規範に規制された行為、主として誠実性要求が掲げられている行為はドラマトゥルギカルな行為として定義されることになる。このような論理構造を把握するなら、ハーバーマスの理論展開には混乱や不整合な点はみあたらない。

　第二の論点もまた、コミュニケーション行為概念の解釈と結びついている。佐藤慶幸は、kommunikatives Handeln に対話的行為という訳語をあてたうえで、その意味を次のように説明する。

　　　ハバーマスの「対話的行為」概念においては、命題の真理性要求、規範の正当性要求、そして体験あるいは主観の誠実性要求が、言語を媒介とする他者との直接的な「対話」において、その妥当性をめぐって討議

され、相互主観的な諒解に達すれば、それが行為調整のメカニズムとして作用することが含意されていた。だから、対話的行為においては、規範も主観性も討議の対象として主題化されるのである。この点についてハバーマスの論述は必ずしも明解ではない。すなわち、ある行為が既存の規範に従っているかどうかという意味での適正性にハバーマスは焦点を合わせているように思われるからである。しかし、それは規範規制的行為で問題になることであって、「対話的行為」ではむしろ規範そのものの妥当性要求が討議の対象になりうるのであり、その討議をとおしての新しい規範形成もまた問題になりうるのである。この点、ハバーマスの論述は不明確である（佐藤慶幸 1986: 136-137）。

　佐藤慶幸は、行為者じしんが妥当性要求を主題化し、討議をおこない、そのことをつうじて合意に到達するという過程を対話的行為という概念としてきわだたせている。もちろん、妥当性要求を主題化するというプロセスを重視することは、読み手の解釈としては許されよう。しかし、ハーバーマスが妥当性要求を主題化するものとして kommunikatives Handeln をとらえていると理解しているとすれば、それは誤りである。なぜならば、すでに第 2 章で明らかにしたように、ハーバーマスのコミュニケーション行為の概念においては、妥当性要求が関与する行為者のあいだで主題的に取り扱われる必要はない。コミュニケーション行為の概念にとって必要なのは、「話し手がその言語行為に批判可能な妥当性要求を結びつけている」(Habermas 1981: I 410 ＝ 1986: 46) ということだけである。妥当性要求が主題化されるケースについては、討議ないし論証といった概念が用いられており、コミュニケーション行為とは、概念的に区別されている。

　ただし、コミュニケーション行為概念をどのように理解するのかという問題は、ただたんにハーバーマスの概念理解ということだけにとどまらず、ハーバーマス理論を現代社会分析にどのように生かしていくのかという第三の論点にも関係している。

終章　ハーバーマス社会理論の視座と方法　207

　　われわれの考え方では、「対話的行為」においてのみ、他の行為が主題
　化され対象化されて論議の対象になりうるということである。すなわち、
　対話的行為においてのみ、それぞれの行為者と世界との関係に関する妥
　当性要求——真理性、適正性、真実性——は主題化されて客観的に論議
　されうるのである。そして、その妥当性要求自体が承認あるいは否認さ
　れるのみならず、新しい妥当性要求が形成されうるのである。すなわち、
　対話的行為は、たんに既存の社会のありようを、人びとの言明（発話）の
　うちに確認し、是認し、あるいは拒否するのみならず、われわれは対話
　的行為をとおして新しい対人関係、つまり社会関係を形成していくので
　ある。ここに、対話的行為の社会批判や社会形成の機能がある。
　　（中略）今日、われわれの日常的な生活世界——目に見える対人関係の
　世界——にまで、「貨幣・官僚制の複合体」システムが介入し、生活世界
　そのものが解体の危機に直面している。われわれは生活世界そのものを
　自らのものとして自らの手で再編成する必要に迫られている。そのため
　の行為が「対話的行為」である（佐藤慶幸 1986: 138-139）。

　この引用から読みとることができるように、佐藤慶幸は、解体の危機に瀕
した生活世界をみずからの手で再編成していく方途を探るために、その基礎
概念として、新たな社会関係を形成する役割を担う対話的行為に着目してい
る。つまり佐藤慶幸は、kommunikatives Handeln を主体的で能動的な社会批判
の行為として読み込んでいるのであり、このことは、生活世界・アソシエーショ
ン・システムといった三層構造において社会をとらえていくという、ハーバー
マスの読みかえにもつながっていく。

　　ハバーマスは生活世界レベルでの、すなわち文化的再生産レベルでの
　さまざまな新しい社会運動の噴出と活動に注目している。これらの運動
　——エコロジー運動や反核運動、女性解放や人権擁護運動、地域や文化
　の自律性のための運動など——が、近代化のパラドクスのなかから形成
　され、物質的再生産過程そのもののありようを、すなわち「貨幣・官僚

制の複合体」のありようを問うている。これらの運動は、各個人によって自明視されてきた「生活世界」を越える地平に立つことによって新しい「生活世界」を形成しつつある。このような新しい生活世界は、もはや現象学的主観主義の立場では把握することができない。それは対話的合理性という新しい普遍主義にもとづいて把握できるものであり、各個人にとって具象的な「生活世界」が拠って立つところの〈準普遍的な生活世界〉であると名づけられうる。つまりそれは、各個人にとって自明視された「生活世界」を、押し寄せてくるシステム統合の力から防衛し、さらにその世界を充実したものにするための新しい運動の世界であり、その意味での〈準普遍的な生活世界〉であり、個別生活世界のネットワーキングの基盤になる世界である。つまり、それは「生活世界」と「システム」との縫い目の間に「生活世界」を守るために形成される〈運動体としての生活世界〉といいかえることもできよう。この立場では「社会」は三層構造として把握できる。

　筆者のいう「アソシエーション」とは、まさしく「生活世界」と「システム」との間に、生活世界を守り発展させるために各個人が「生活世界」をふまえながら、その「生活世界」を普遍主義的に再構成するために、その生活世界をのり越えて形成される「人びとの自由な連合としてのアソシエーション」である。ハバーマス理論をさらに発展させるためには、「システム」と「生活世界」との間に「アソシエーション」を媒介とする「社会の三層構造」の連関を追求していくことが必要であるというのが、筆者がこの時点でたどりついた一つのハバーマス理解の帰結である（佐藤慶幸 1986: 70-71）。

　ここまでたどってくれば、佐藤慶幸がハーバーマス理論をどのような方向性で現代社会の社会学的分析に生かそうとしているかは明らかであろう。資本と国家官僚制の論理に対抗する運動体として、ヴォランタリー・アソシエーションに着目し、それを支える行動様式としてコミュニケーション行為を位置づける。そのさいコミュニケーション行為は、対話的行為と解釈しなおされ、

既成の価値や生活様式にとらわれることなく、討議をつうじて新たな社会関係を構築する営みとして位置づけなおされる。こうしてみると、佐藤慶幸の作品のなかでは、アソシエーションへの関心とハーバーマス読解とが、直接的に結びついているのである。このようなやり方は、ハーバーマスの読解としてみれば、いくつかの問題をはらんでいる。まず第一に、コミュニケーション行為はあくまでも、意思疎通に指向した行為いっぱんを指す概念として用いられているのであって、妥当性要求そのものを主題化することではない。第二に、コミュニケーション行為を対話的行為として読みかえていく解釈は、ハーバーマス理論を、自覚的で意志的な対話の営みを過度に強調する問題構成として理解することにつながる。第三に、佐藤慶幸が指摘するところのハーバーマス理論の混乱や不整合は、ハーバーマス理論の論理構造をたどるという読み方をすれば、みいだされない。

　だが、理論の読み込みや読みかえということは、読み手に許された権利でもある。そのことからするなら、佐藤慶幸のハーバーマス解釈は、現代社会の問題状況を鋭くいいあててもいるし、概念解釈と現状分析のあいだにはそれなりの一貫性が保持されており、その意味では、むしろ高く評価されるべきものであろう。ただそのさいやはり論点になるのは、妥当性要求そのものを主題化するような行為にあえて焦点をあてるという問題構成の意義と限界についてであろう。つまりそうした問題構成は、自覚的で意志的な市民の営みとして、ヴォランタリー・アソシエーションの意味をきわだたせるという積極的な意義は認められるが、他方において、現代社会のなかの限定的なできごとにしか光をあてることができないのではないかという疑念は、払拭されえない。現代社会の生活世界は、自覚的な市民のアソシエーションによってだけ支えられているわけではないし、資本主義的経済システムや国家行政システムに抗しているのは、ヴォランタリー・アソシエーションだけではなく、日常の生活者もそうであろう。われわれの解釈では、ハーバーマスのいうコミュニケーション行為とは日常的な行為のことであって、日々の生活の営みにおいて繰り返されており、そうしたコミュニケーション行為の繰り返しのなかから、生活世界は過程的に再生産されている。このことは、コミュニケー

ション行為をおこなうなかでつねに問いなおされる可能性を持った意味領域として生活世界をとらえなおすことにつながっている。そして、この論理構成は、自覚的で意志的な対話の営みだけが合理的だというのではなく、むしろ日常的な行為連関のなかに合理性ないし理性性の契機が組み込まれていることを、日常性のなかから読みとっていくという方向性を示唆している。

　ここで誤解のないように、二点補足しておきたい。まず第一に、ハーバーマスじしんによるアソシエーションの位置づけとの関連についてである。ハーバーマスは、『理論』においては、アソシエーションを主題的に取り扱っているわけではない。ただし、生活世界とシステムの関係という文脈において公共圏や社会運動に論及しているので、その背後にアソシエーションの現代的意義という論点を読み取ることは、一つの解釈として可能であろう。他方、後の『妥当性』においては、アソシエーションの意義が、市民社会と公共圏という文脈において明示的に論じられている (Habermas 1992: 443 = 2003: 97)。ここで確認しておきたいのは、いずれにせよアソシエーションの意義という論点は、現状分析的なコンテクストでなされるほかないということである。われわれは、ハーバーマスの社会理論を読み解くにあたって、抽象の階梯の移行ということに留意してきた。ハーバーマス理論のより抽象度の高いコンテクストに立ち返ってみれば、アソシエーションだけを生活世界から切り離すという理屈には、決してなるはずがない。生活世界と異質の論理がアソシエーションにおいて作動しているわけではないからである。もちろん現状分析は、理論的視座のもとになされている。しかし、それはいくつかのステップを踏んでおこなわれている[1]。第二に、ここでわれわれは生活世界を守る担い手は誰かといった議論をしているわけではない。つまり、そうした担い手がNPOやNGOなのか、それとも町内会・自治会などの基礎的な住民自治組織なのかといった議論をしているわけではない。そうした問題は、経験的な研究のなかで明らかにされるべき論点であって、ここでは立ち入ることができない。ここでわれわれが述べていることは、アソシエーションという組織形態をとることが、ただちにコミュニケーション合理性の高さを保証するわけではないということだけである。生活世界は、コミュニケーション行為に

よって再生産されており、コミュニケーション行為のなかで批判されうる可能性を持った意味領域として存立している。こうした抽象の水準からとらえかえせば、アソシエーションだけが、コミュニケーション合理性を体現しているわけではない。NPO や NGO が生活世界を守る担い手となりうるかどうかは、具体的な政治文化とのかかわりのなかで追究されるべき課題である。

　佐藤慶幸による解読は、コミュニケーション合理性の担い手を自覚的な市民やそのアソシエーションに限定するという方向を示唆しており、結果的にみれば、主体性を強調する理論としてハーバーマス理論を読み込んでいる。しかし、われわれの考えでは、この読みの戦略は、ハーバーマス社会理論の持つ可能性を最大限に生かす方途ではない。むしろ日常性のなかにコミュニケーション合理性がはらまれていることを読みとることができるところに、ハーバーマス社会理論の可能性の中心がある。

3　理想的発話状況概念をめぐる問題

　われわれは、佐藤慶幸の作品を引きあいに出しながら、われわれの解釈の方向性をいくらかでも明確にしようとこころみてきた。われわれの基本的なスタンスは、ハーバーマス理論を過剰に理想主義的に読み込まないということである。さらにいうならば、ハーバーマス理論を規範理論ではなく、社会理論として読むということ、つまりは社会の理想的な状態を明示化することによって現状を批判する理論ではなく、社会の現状を解析する理論として読むことこそが、ハーバーマスの精確な読解でもあるし、ハーバーマス理論を生かす方法でもあると考えてきた。われわれは、これまでそうした解釈を示してきたつもりである。このこととかかわって、やや微細な点であるが、ハーバーマス解釈においては重要だと考えられる一つの論点に触れておきたい。それは、ハーバーマス社会理論を解釈するにあたって、理想的発話状況 (ideale Sprachsituation) 概念をどのように位置づけるかという問題である。われわれは、これまでの章において、ハーバーマス社会理論の論理構造を解析してきたが、そこでは理想的発話状況の概念にいっさい言及してこなかった。そ

れには、じつは明確な理由がある。われわれのみるところでは、コミュニケーション行為理論における説明の論理としては、理想的発話状況の概念は用いられていないからである。たしかに理想的発話状況という術語は『理論』の序論には登場するが、そこでは、その概念規定についての説明はなされていない。さらに、中間考察第一において、コミュニケーション行為理論の詳細を説明する箇所においては、理想的発話状況概念はまったく使用されていない。このことをふまえて、われわれは、『理論』においては、理想的発話状況概念は事実上放棄されていると解釈している。他方、ハーバーマスが理想的なコミュニケーション状況を想定し、そこから現実のコミュニケーション状況を批判的にとらえているとする理解は、ハーバーマス解釈上広く受け入れられているが、そのさいにしばしば引きあいに出されるのが、理想的発話状況という概念である。われわれは、この見解は、少なくとも『理論』における社会理論の論理構造の理解としては正しくないと考える。その意味で、理想的発話状況概念をどのように位置づけるかは決して些細な論点ではない。そこで、やや遠回りになるが、まず理想的発話状況概念の規定やそれが用いられてきたコンテクストについて確認し、そのうえで『理論』においては、いかなる根拠においてこの概念が放棄されているとみられるかを説明し、さらにはこのことのハーバーマス理論解釈にとっての意味を論じたい。

　ハーバーマスは、1970年代には、コミュニケーション行為理論の構築に向けて、いくつかの論文を執筆している。そうした論文のなかで、コミュニケーション行為を説明するにあたって重要な位置を占めていたのが、理想的発話状況概念である。ここでは、ルーマンとの論争書におさめられた論文から、その規定や説明を引用しておきたい。この論文をここで引用するのは、理想的発話状況概念が、公刊された論文のなかではもっとも早い時期に登場しているからである。理想的発話状況とは、「コミュニケーションが外的で偶発的な影響によってばかりでなく、コミュニケーションの構造それじたいから生じる強制によっても妨げられないような発話状況」(Habermas 1971: 137 ＝ 1984: 164) のことを意味している。そして、コミュニケーションの構造それじたいから強制を生みださない条件として、ハーバーマスは、「すべての可能

な関与者にとって言語行為を選択し遂行するチャンスの対称的な配分が与えられている」(Habermas 1971: 137 ＝ 1984: 165) ことを想定している。こうしたかれの説明の論理にとって重要なのは、次の一節である。

　　まず第一に、どのような会話も、少なくとも二人の主体が了解のもとにたがいに行為するあるいは何ごとかについて意思疎通するという意味を有するとするなら、また第二に、意思疎通が真なる合意の惹起を意味するなら、そして第三に、理想的発話状況に準拠することによってのみ真の合意が偽りの合意から区別されうるとするなら、つまりあたかも理想的な条件のもとで成立すると反事実的に考えられる一致を引きあいに出すことによってのみそうだとするなら、発話状況のこの理想化においては、次のような先取りが重要であるにちがいない。すなわち、この先取りは、われわれが討議をはじめようとするさいのいかなる経験的会話においてもおこなわなければならず、この先取りをわれわれは、どのような話し手もコミュニケーション能力によって意のままにすることのできる構成手段を用いておこなうこともできる (Habermas 1971: 136 ＝ 1984: 164)。

　ここで、理想的発話状況概念において作動している論理を確認しておきたい。理想的発話状況とは、あくまでも理想的な条件のもとで成立するものであり、そのかぎりにおいて反事実的である。しかし、意思疎通をおこなう行為者たちは、現実の発話状況のなかで、理想的発話状況に準拠することによって偽りの合意から真の合意を区別する。行為者たちは、発話にさいして現実にあるわけではない状況を想定しているわけであるから、理想的な状況を先取りしていることになるわけであるが、しかし意思疎通をおこなおうとするとこの先取りをおこなわなければならない。そのかぎりにおいて、この先取りは、現実的なふるまいである。

　こうしたハーバーマスの説明については、さしあたって二つのことを指摘しておきたい。まず第一に、ハーバーマスは意思疎通が現実に作動する論理を説明しようとしているということである。ハーバーマスがここで述べよう

としているのは、相手との対称性を想定しなければ、そもそも意思疎通は不可能だということだけである。たしかに、関与者間の対称性や対等性が完全に確保されている状況は、現実にはなかなかみあたらない。だから、対称性を想定するということは先取りだと位置づけられるわけであるが、しかしそうした先取りは、野家啓一が的確に強調しているように、実効的である（野家1985a: 31）。つまり意思疎通に関与する行為者ならば、すでに現実におこなっていることなのである。したがって、ハーバーマスが理想的な状況が存在することを想定しそこから現実の状況を批判していると解釈するのは、ハーバーマスの言い分にそくせば、そもそも誤解なのである。野家が正しく指摘するように、「理想的発話状況は、無限遠点に仮設された実現不可能なユートピアではない」（野家1985a: 31）。第二に、しかし他方において、この概念が理想的なものによる現実の批判という論理をはらんではいないかとの疑念を引き起こさせるのも、やはり事実である。たとえば理想的発話状況に準拠することで、偽りの合意から真の合意を区別するといった説明は、理想的なものが、現に対話をおこなっているこの場所ではないどこかにあるかのような印象を読み手に付与する。たしかに現実の対話のなかで作動している論理を説明しているとしても、その対話の外部に存在する理想的な条件を持ちだすことは、少なくとも社会理論のコンテクストでは不適切であろう。

　われわれは、『理論』においては理想的発話状況概念が事実上放棄されているとみなしている。そのことの理論構成上の意味あいについてはあとで論じることにして、理想的発話状況概念が事実上放棄されているとみなす文献上の根拠をあげておきたい。まず第一に、すでに指摘したことであるが、『理論』の中間考察第一では、コミュニケーション行為理論における説明の論理として、理想的発話状況概念が登場しない。もし理想的発話状況概念を維持しているのなら、当然のことながら、コミュニケーション行為概念を説明するにあたって、何らかの言及があるはずである。この点において、1970年代の論考とは、明らかに異なっている。ただし、ここで付言しておけば、理想的発話状況概念への言及は、『理論』の序論には登場する。

終章　ハーバーマス社会理論の視座と方法　215

　論証にかかわる対話においては、三つの側面が区別されうる。過程と
してみれば、理想的な条件に十分に近似しうるという意味においてあり
そうもない形式のコミュニケーションが問題になる。この点においてわ
たしは、理想的発話状況の規定として、論証の一般的コミュニケーショ
ン前提を示そうとした。この提案は、個々の点では不十分なものかもし
れない。しかし、能力のあるそれぞれの話し手が、そもそも論証をはじ
めようとするかぎり十分にみたしていると前提しなければならない一般
的な対称性条件を再構成しようとする意図は、わたしにはいぜんとして
正しいと思われる。論証参与者は、次のことを一般的に前提としなけれ
ばならない。すなわち、自分たちのコミュニケーションの構造が、純粋
に形式的に記述されるべきメルクマールにもとづいて、それぞれの強制
を（意思疎通過程にたいして外側から影響を与えるものであれ、意思疎通過程
それじたいに由来するものであれ）――よりよき論拠による強制をのぞいて
――排除する（そして、このことによって、共働的な真理性追究という動機以
外のあらゆる動機をも排除する）。この側面において、論証は意思疎通に指
向した行為の、別の手段を用いる、再帰的になった継続として把握され
る（Habermas 1981: I 47-48 ＝ 1985: 50）（強調はハーバーマスによる）。

　この一節を読むかぎり、ハーバーマスじしんは理想的発話状況概念には疑
念があることを認めながらも、なおもその着想を維持しようとしているよう
にみえる。だから、『理論』における理想的発話状況概念の位置づけについては、
われわれとは異なった解釈も、十分に可能だったのである。文献解釈上のこ
の論点については、理想的発話状況概念が事実上放棄されていることの理論
的意味を検討するときに立ち戻ることとしたいが、われわれとしては、さし
あたり『理論』においてハーバーマスが自説を展開するのは序論ではなく中間
考察においてであり、中間考察第一において理想的発話状況概念が登場しな
いということが、決定的であるということだけを確認しておきたい。第二には、
『理論』以降の作品において、理想的発話状況概念が登場しないということで
ある。1984 年に公刊された『コミュニケーション行為の理論の予備的研究と

補遺』のなかには、1970年代に書かれた論文と、『理論』以降に書かれた一本の補足論文とが集められている。その第一論文として、「社会学の言語理論的基礎にかんする講義」が収録されている。この論考は、1971年の2月と3月にプリンストン大学でおこなわれたクリスチャン・ガウス講義のために書かれたものであり、コミュニケーション行為理論について論じたもっとも初期の作品であったが、その全文が公刊されたのは、この1984年の論文集がはじめてであった。この論考のなかでも、理想的発話状況概念を用いてコミュニケーション行為理論の説明がおこなわれているが、そのなかの「理想的発話状況の先取りは、それぞれの可能なコミュニケーションにとって、同時に一つの生活形式の出現である構成的仮象の意味を持つ」(Habermas 1984: 126 ＝ 1990: 189) という一文にたいして、1983年の補足として、「わたしは、そうこうするうちにこの定式化を撤回した」(Habermas 1984: 126 ＝ 1990: 192) との注釈が加えられている。ただし、テクストのこの箇所には、この定式化を撤回したと書かれているだけであるし、その詳細な根拠も述べられていない。だから、そもそも理想的発話状況概念それじたいを撤回したというのか、それとも理想的発話状況の先取りが構成的仮象の意味を持つということだけを撤回したのかといったことも、この文言からだけでは分かりにくい。だが、理想的発話状況の先取りという論理は、理想的発話状況概念の中心的な構成要素なので、ここでの注釈は、いずれにせよ理想的発話状況概念そのものを撤回したという意味に理解してさしつかえない。そして、この論文集以降にコミュニケーション行為理論について扱った論文には、理想的発話状況概念は登場しない。こうした文献上の事実からするなら、少なくとも1983年以降においては、理想的発話状況概念が放棄されていることは明らかである。もちろんこのことじたいは、『理論』の時点において理想的発話状況概念が放棄されていることの証拠にはならない。だが、第一の理由とあわせて考えれば、『理論』において理想的発話状況概念が実質的に放棄されているという解釈は成立するであろう。『理論』の中間考察第一において理想的発話状況概念が登場しないということは、コミュニケーション行為理論の論理構造において理想的発話状況概念が不要だということを示唆している。このことをわれわれは、理想的発話状況

概念の実質的な放棄と解釈した。ハーバーマスが 1983 年に理想的発話状況概念を撤回したと書くことは、『理論』で理想的発話状況概念が不要であったことをむしろ追認したにすぎないとわれわれは理解する。

　われわれの理解では、『理論』においてコミュニケーション行為と生活世界とが相補概念として位置づけられたということが、理論的に決定的な意味を持つ。コミュニケーション行為は、生活世界を資源として利用することによってなりたつ。他方において、生活世界は、コミュニケーション行為が営まれることをつうじて再生産される。こうした論理構成のなかで、コミュニケーション行為は生活世界という場をえた。コミュニケーション行為は、具体的な日付と空間のなかで営まれるほかない。言語的意思疎通は、批判可能な妥当性要求の相互承認にもとづくという論理構造をもともと保持している。この言語的な意思疎通は、生活世界という現実的な基盤のなかでおこなわれるのであり、生活世界のあり方によって大きく左右される。批判可能な妥当性要求の相互承認という論理がどれほど貫徹するのかは、個々の生活世界によって異なる可能性があるが、そうした差異それじたいは、相互批判を許容する文化がその生活世界のなかでどれほど形成されているかといった経験的に追究されるべき問題である。コミュニケーション行為と生活世界とが相補的に位置づけられていることは、生活世界の再生産にコミュニケーション行為が寄与していることを示している。そして、コミュニケーション行為そのものには批判可能な妥当性要求の相互承認に依拠するという性格がみいだされる。このことは、コミュニケーション行為という実践を繰り返すなかで生活世界が合理化されるということ、つまりは相互批判をより許容する方向に生活世界が変動するという趨勢を示唆してはいる。ただし、個々の生活世界の事情については、あくまでも経験的に確定されるべきことがらである。

　この論点は、理念的なものと現実的なものとのかかわりをどのようにとらえるのかという問題にかかわっている。理想的発話状況概念は、コミュニケーション行為が作動する論理を説明するにあたって、現実にはない理想的な状況を参照している。理想的な生活形式をいまここにある状況のなかで先取りするという論理は、いくらそれが現実に機能する先取りであるとしても、発

話するというふるまいの外部に理念的なものが存在することを示唆している。それにたいして、『理論』のなかで採用されている論理にしたがうなら、理念的なものの契機はひとびとが日常的におこなうコミュニケーション行為それじたいのなかにはらまれている。妥当性要求の呈示と承認という過程は、現実の言語行為のなかで遂行されている。だから、そのことについては、それ以上の説明の論理を必要としていない。われわれの理解では、何らかの理念的なものをコミュニケーション行為の外部に措定して、それによってコミュニケーション行為を根拠づけるという理論戦略を、『理論』のハーバーマスはとっていない。だからこそわれわれは、『理論』においてハーバーマスは理想的発話状況概念を実質的に放棄していると特徴づけている。

　われわれは『理論』を、社会理論の言語理論的な基礎づけをおこなった著作としてではなく、それじたい一つの社会理論を構築しようとした著作として理解してきた。つまりわれわれの理解では、ハーバーマスは討議や論証の理論によって、社会理論を基礎づけようとしているのではない。論証や討議は、再帰的形式のコミュニケーション行為と位置づけられているのだから、それじたい生活世界のなかに組み込まれている。論証や討議の過程だけを切り離して探求するというアプローチをとるのではなく、論証や討議の理論もまた、社会理論のなかに組み込まれている。

　『理論』にかんしては、われわれとは異なった解釈も可能であった。つまり、理想的発話状況概念は『理論』のなかで明示的に論じられていないにせよ、それまでの論文で繰り返し論じられてきたことだからその前提となっている。すでに引用したように、『理論』の序論では理想的発話状況への言及もあり、「能力のあるそれぞれの話し手が、そもそも論証をはじめようとするかぎり十分にみたしていると前提しなければならない一般的な対称性条件を再構成しようとする意図は、わたしにはいぜんとして正しいと思われる」(Habermas 1981: I 47 = 1985: 50) という記述は、そうした解釈を支持する論拠であるようにもみえる。じじつ、多くの論者は、『理論』で展開されたコミュニケーション行為概念を理解するにあたって、理想的発話状況概念を介在させて読んでいた。その背景には、一つの予断があった。それは、『理論』は 1970 年代に書かれたも

のをまとめたものであり、それゆえ『理論』は1970年代の理論をそのまま引き継いでいるとする思いこみである。ここでは、そうした理解の典型として、『理論』出版の翌年に書かれた清水多吉のコメントを引用しておきたい。

　　1981年秋に出版されたハーバーマスの『コミュニケーション行為の理論』は、おそらく、70年代におけるハーバーマスの理論的営為の総決算の意味をもつものであろう。（中略）1000頁に及ぶこの著作の主題は、右の四つほど［「合理化の理論」化をはかったこと、「コミュニケーション行為の理論」を展開したこと、「社会的合理化の弁証法」を論じたこと、「システム論と行為論に収斂する社会概念」を展開したこと］（引用者補足）であるが、用語やカテゴライズの仕方に多少の移動はあっても、その内容のあらかたは既出のものである（清水 1982: 125）。

　清水の名誉のために付言しておけば、かりに清水のようにはっきりと書いていなくても、こうした理解は、『理論』公刊直後において多くの論者がとっていたと推定される。むしろハーバーマス読解においては、常識的な考え方であったといえよう。だからこそ、理想的発話状況概念を介在させてコミュニケーション行為理論を理解するという読解を、多くの論者がしていたのである（岩倉 1983、安彦 1985、森 1990、佐藤慶幸 1991）。しかし、その内容のあらかたは既出であったにもかかわらず、『理論』は新たな作品として読まれるべきであったのである。つまり、『理論』をそれまでの仕事のたんなる寄せ集めとしては理解するのは誤りであって、一つの体系だった実質的な社会理論を構築しようとした独自の著作として位置づけるべきであった。だからこそ、そこに貫徹する論理を精確に読むという手法が必要だった。『理論』を1970年代の仕事の集大成とみることはもちろん可能であるが、しかしこの作品を書きあげることによって、ハーバーマスの理論は新たな段階に入ったとみるべきだったのである[2]。

4　再構成的社会学の可能性

　われわれは、序論でも示唆したように、純粋に規範的な理論としては、ハーバーマスの社会理論を解釈しないという方向性での読みを呈示してきた。つまり何か理想的なものを現実の外部に想定し、そこから現実を批判するという理論戦略をハーバーマスはとっていないとわれわれは理解していた。このこととのかかわりで、理想的発話状況概念が『理論』における社会理論の説明の論理としては、使用されていないという点に注意を促した。そこから、『理論』においては、理想的発話状況概念が実質的には放棄されているという解釈を示した。

　ハーバーマス社会理論における理想的発話状況概念の放棄という論点に関連して、ここでもう一つの学説史的事実に言及しておきたい。それは、事実性と妥当性の緊張として表現される一連の問題群である。ハーバーマスは、1992 年に『事実性と妥当性』を公刊する。このタイトルに示唆されているように、事実性と妥当性の緊張が主題化されている。つまり現実のなかに理念的なものがはらまれているということの論理を、コミュニケーション行為から近代の法や権利へとたどっていき、近代の民主主義的法治国家のなかに事実性と妥当性の緊張がはらまれているということを示そうとしている。ここではさしあたり、国家の問題にまで立ち入ることができないが、これまでの検討の文脈と関連づけていえば、1970 年代のハーバーマスであれば、理想的発話状況概念を参照するような論理展開の箇所にたいして、1992 年のハーバーマスは事実性と妥当性の緊張という表現を与えているということなのである。その論理構造を確認するために、コミュニケーション行為にかぎって、『妥当性』における「事実性と妥当性の緊張」(Habermas 1992: 22 = 2002: 23) という論理を取りあげておきたい。

　ハーバーマスからすると、コミュニケーション行為には、二つの理念性がかかわっている。その一つは、概念と意味の一般性の理念性であり、つまりはある言語表現には同一の意味があるとする理念性である。この理念性は、コミュニケーション行為に不可避的にかかわる。

もし関与者たちが、使用している表現に自分たちが同一の意味を付与
　　していることを共通の（あるいは翻訳可能な）言語にもとづいて想定しな
　　ければ、関与者たちは、世界のなかの何ごとかにかんしてたがいに意思
　　疎通するという意図をまったく持つことができないというそのかぎりに
　　おいて、意味の一般性の理念性は、コミュニケーション行為の連関を特
　　徴づけている（Habermas 1992: 35 ＝ 2002: 36）。

　たしかに言語表現は、つねに同一の意味で使用されるとはかぎらない。し
かしハーバーマスからするなら、意味の同一性は、意思疎通に指向した言語
使用にとっては必要な前提なのである（Habermas 1992: 35 ＝ 2002: 36）。
　この理念性をふまえたうえでさらに問題になるのが、もう一つの理念性、
つまり妥当性概念の理念性である。このことは、意思疎通に指向して言語使
用をするということそのものにかかわっており、つまりは「それぞれの言語行
為をおこなうことによって、間主観的承認をめざす、批判可能な妥当性要求
が掲げられている」（Habermas 1992: 34 ＝ 2002: 35）ということにかかわってい
る。このばあい「相互行為参加者たちは、たがいに責任能力を帰属させなけれ
ばならず、つまりはその行為を妥当性要求に指向させることができると想定
しなければならない」（Habermas 1992: 36 ＝ 2002: 37）。だが、ここでより重要
なのは、妥当性要求の間主観的承認に相互行為の構築が依拠するということ
それじたいである。妥当性要求は、そもそも妥当性要求である以上、たんに
この特定のコンテクストで妥当するということではなく、特定の時間と空間
を越えた妥当性を持つことを要求している。しかし、この妥当性要求は、特
定のコンテクストでなされるほかなく、つまりはその特定の時間と空間のな
かで、その場に居あわせた相互行為参加者によって承認されることになる。

　　　妥当性要求がヤヌスの顔を示すがゆえに、絶対性の理念的契機が、事
　　実的な意思疎通過程へと深く入りこむ。妥当性要求は、要求として、そ
　　れぞれのコンテクストを越えでる。それと同時に妥当性要求は、整合の

効力を持つ了解を担うはずだとするなら、ここでいま、掲げられ受け入れられなければならない（Habermas 1992: 37 ＝ 2002: 37-38）。

　1970 代のハーバーマスであれば、この文脈においては、理想的発話状況概念を持ちだしていたであろう。しかし、1992 年のハーバーマスは、それを事実性と妥当性の緊張という論理で説明する。つまり、理念的なものは現実の外部に存在するのではなく、理念的なものは、すでに現実的なもののなかにはらまれている。1992 年のハーバーマスは、「コミュニケーション行為理論は、事実性と妥当性の緊張を、その基本概念のなかへとすでに取りいれている」(Habermas 1992: 22 ＝ 2002: 23) と明言する。そして翻ってみるならば、こうした論理の転換は、『妥当性』においてはじめてなされたものではなく、『理論』においてすでになされていたというのがわれわれの解釈である。ただし、『理論』では、「目的活動からコミュニケーション行為への行為理論のパラダイム転換」という論点が強調されていたため、コミュニケーション行為それじたいのなかに理念的なもの契機が含まれているとする論点については、主題的には扱われていない。だが、『理論』における説明の論理を読みとるなら、『理論』において、コミュニケーション行為のなかに理念的なものがはらまれているという論理への転換があったと理解できるし、のちに『妥当性』のなかで「事実性と妥当性の緊張」として定式化される問題構成がすでに用意されていたと解釈することは、十分に可能である。

　これと類似した文献解釈上の問題が、社会理論のコミュニケーション理論的転回という特徴づけにも存在する。われわれは、第 1 章において、社会理論の展開史のなかにハーバーマス理論を位置づけるという作業をおこなったとき、ハーバーマスのこころみを「社会理論のコミュニケーション理論的転回」という表現で特徴づけた。こうした特徴づけをおこなったのには、ルーマン、ハーバーマス、ギデンズという同時代の社会理論家たちに通底する一つのモチーフを明確にすると同時に、そのなかでのハーバーマスの独自性をも浮かびあがらせたいという意図があった。すでに述べたように、ルーマン、ハーバーマスおよびギデンズの社会理論は、その理論的基礎は異なっていて

終章　ハーバーマス社会理論の視座と方法　223

も、ウェーバーからパーソンズへといたる系譜の行為理論に依拠した社会理論の限界突破をめざすという点において、共通しているとわれわれは指摘した。そしてそのさい、まず行為があって、その特殊ケースとして社会的行為があり、そうした社会的行為が連接して社会が形成されているという見方を明確に否定し、むしろコミュニケーションないし相互行為という独自の構成水準に目を向けようとしているという点において、三者の社会理論は共通していると論じた。しかし、われわれのこのような説明にたいしては、それはルーマンとギデンズにはあてはまるにしても、ハーバーマスにはあてはまらないのではないかという反論がただちに予期される。目的活動からコミュニケーション行為への行為理論のパラダイム転換ということをハーバーマスが主張しているとするならば、それは行為理論の枠内での転換にすぎないのではないか。もしそうならば、まず行為があってその特殊ケースとして社会的行為があるという発想は棄却しているかもしれないが、社会的行為が連接して社会形成がなされているという発想は、維持されているのではないか。たしかに、そうした解釈は十分に可能であるし、行為理論のパラダイム転換という『理論』での強調点からすると、むしろ自然な読みでもある。

　われわれの解釈案については、すでに示しておいたが、その骨子をここで再確認しておきたい。ハーバーマスはコミュニケーション行為の概念を説明するにあたって、まず第一段階では、意思疎通に指向した行為として規定する。ここでは行為者の行為指向を基準とした行為の説明になっている。次に意思疎通という概念について理解を深化させるために、言語行為論を参照し、オースティンによる発語内行為と発語媒介行為の区分を、行為分類の基準として読みかえ、発語内的な目標を留保なしに追求している言語行為だけがコミュニケーション行為にあたるとする。そしてさらに、そこで作動している論理を明確にするために、妥当性要求の相互承認という考え方を持ちだし、妥当性要求の相互承認にもとづいている行為がコミュニケーション行為だとされる。説明の論理をここまでたどってくると、ハーバーマスは、対話関係のなかで、つまりは相互行為として、コミュニケーション行為の論理を把握していることが明らかになる。妥当性要求の相互承認という論理は、やりとりの

なかではじめて行為の意味が定まるということを示唆している。つまり、ま
ず行為があって、その行為と行為が接合して相互行為が形成されるという論
理とは、そもそも論理の組み立てが違っているのである。

『理論』以降のハーバーマスは、コミュニケーション行為理論を説明するに
あたって、それが、本来的には個々の行為を問題にしているのではなく、む
しろ相互行為の水準の議論であることを強調するようになっている。第3章
において検討した、新しいヴァージョンでのコミュニケーション行為理論の
説明においては、行為類型論を呈示するにあたっても、社会的行為ではなく、
社会的相互行為とわざわざ記載している (Habermas 1999: 130)。しかし、この
ように記載を変更したからといっても、それは『理論』の後にハーバーマスが
見解を変えたことを意味しているわけではない。ハーバーマスは、『理論』の
段階から、個々の行為には還元できない、相互行為の水準の論理構造を明ら
かにしていたからである。ただし、『理論』においては、目的活動からコミュ
ニケーション行為へのパラダイム転換というコンテクストが強調されていた
ため、行為理論の枠内での理論革新であるとの誤解を招く余地はあった。わ
れわれの理解では、「社会理論のコミュニケーション理論的転回」という特
徴づけをおこなうにあたっての要件を、まず行為があって、その特殊ケース
として社会的行為があり、そうした社会的行為が連接して社会が形成されて
いるという見方を明確に否定し、むしろコミュニケーションないし相互行為
という独自の構成水準に準拠した理論構成をおこなうという点に求めるなら、
この特徴づけは、ハーバーマスの社会理論についても適切であるし、しかも
この転回は、『理論』以降になされたわけではなく、『理論』においてすでに遂
行されている。

このような学説史的な確認をふまえたうえで、ここであらためて強調して
おきたいのは、社会理論のコミュニケーション理論的転回にみられるハーバー
マス特有のあり方である。つまり、ハーバーマスの構想するコミュニケーショ
ン理論的転回は、ただたんにコミュニケーションや相互行為の基底性だけを
主張するだけではなく、事実性と妥当性の緊張という論理を社会理論のなか
に組み込んでいくことをも含意している。コミュニケーション行為理論を社

会理論の基礎としてすえることによって、社会理論のこうした独自の構成を可能にしているということこそが、ハーバーマス理論の特徴である。『理論』における論理構造にそくして、その根幹を再確認しておこう。コミュニケーション行為のなかには、批判可能な妥当性要求の相互承認という論理が組み込まれている。もちろん、そこでは妥当性要求は必ずしも主題化される必要はない。妥当性要求の相互承認という論理が作動していればよいのである。生活世界は、コミュニケーション行為がなされることをつうじて再生産される。このことにより、生活世界は、ただたんに自明な意味領域であるだけでなく、コミュニケーション行為をつうじてその妥当性が問いなおされる可能性をつねに持った意味領域としてとらえかえされるのであり、社会の再生産の仕組みのなかに妥当性という契機が組み込まれることになる。この生活世界との対比において、システムの概念が導入されることになる。この論理のなかでは、システムは、物象化された行為連関としてとらえられており、その再生産はシステム独自の論理にもとづいてなされるため、そこには妥当性の契機は含まれていないが、システムは生活世界に係留されなければならず、そのかぎりにおいて、生活世界からの間接的なコントロールを受ける。

　ハーバーマスは、このような論理の延長線上に、再構成的な方法をとる社会学の可能性を示唆している。さきに引用した『妥当性』の一節のあとに、ハーバーマスは次のように論じている。

　　みずからの対象領域のなかに事実性と妥当性とのこの第二の根本的な緊張が組み込まれていると認識する意味理解的社会学は、慣習的に経験科学的なその自己理解を修正しなければならず、再構成的な手続きをとる社会科学としてみずからを把握しなければならない。再構成的な接近が必要なのは、持続的に脅かされる反事実的な想定をともなって作動するこのような不安定な社会形成の条件のもとで、いかにして社会統合がそもそも成立するのかを説明するためである（Habermas 1992: 37 ＝ 2002: 38）。

ここでもまた『妥当性』を参照しているが、すでに述べたように、事実性と妥当性の緊張として定式化される問題構成は、『理論』においてすでに獲得されていたというのがわれわれの理解であり、この理解をふまえるなら、この記述そのものは『理論』においてはみられないけれども、『理論』において展開された、コミュニケーション行為理論を基軸とし、二層の社会概念を用いた社会理論からも、ここで述べられているような方向性が示唆される。ここで鍵になるのは、再構成的という着想である。通常の理解社会学であれば、行為者によって思念された意味を手がかりに社会現象を解析する。しかし、ハーバーマスの構想する社会科学は、そればかりでなく、妥当性要求の相互承認という論理が社会のなかに組み込まれていることを視野に入れている。妥当性要求の相互承認ということそれじたいは、行為者によって思念された意味を手がかりにすることによってはとらえられない。行為者は、そのように思念しているわけではないからである。しかし、それは行為者が現におこなっていることでもあり、それをつかみだすことはできる。この方法をハーバーマスは再構成的と表現している。ハーバーマスの社会理論の独自性は、妥当性要求の相互承認という契機が社会の再生産過程のなかにはらまれていることを、理論のなかに組み込んでいるという点にある。さらにいえば、妥当性要求の相互承認という契機が社会の再生産過程のなかにはらまれていることを視野に入れた社会学の構想を、ハーバーマスの社会理論は示唆している。すでに明らかにしてきたように、ハーバーマスの社会理論は、理想的なものを現実の社会過程の外部に措定して、そこから社会を批判するという理論ではない。またあるべき社会の姿を論じた理論という意味での規範理論でもない。さらには、この意味での規範理論としてハーバーマスを読みかえることは、解釈の可能な選択肢には含まれるが、われわれはその方向性を選択しない。われわれの考えでは、事実性と妥当性の緊張を視野に入れて社会学的な仕事を進めていくことこそが、ハーバーマス理論を生かす方途である。

5 残されたいくつかの課題

　われわれは、論理の階梯をたどり、抽象水準の移行やパースペクティヴの転換といった理論技法を意識して、ハーバーマスのテクストを精確に解読し、ハーバーマス社会理論を一つの理論体系として描きだすことをこころみてきた。この作業は、基礎的な作業であり、かりにハーバーマスを批判的に読むにせよ、独自の観点から乗りこえるにせよ、精確な理解はその前提となるはずである。序論でも述べたように、われわれは、ハーバーマスが無謬であるという前提で検討をおこなっているわけではない。ただ、精確に読むことの一つの効用は、ハーバーマス解釈についての腑分けが可能になるということであろう。つまり、ハーバーマスについての何らかの解釈や批判について、たんなる誤解にすぎないこと、解釈の範囲内であること、ハーバーマスの論理そのものに問題があること、ハーバーマスの論理には問題がなくてもハーバーマスじしんは十分に展開していないことなどを区別するためには、そもそもハーバーマスの論理を確定しなければならないはずだからである。あらゆる解釈が自由に可能であるという前提に立てば、あらゆる言説は解釈しだいということになるが、その観点からではこの腑分けは不可能になる。

　ここで最後に、ハーバーマス社会理論にかんする批判的な解釈について、いま述べた腑分けの観点から検討しておきたい。まず第一に、ハーバーマスの理論は理想的な社会状態から現実を批判する規範的な議論であるとする解釈である。この論点については、これまで詳細に検討してきた。この理解は、『理論』およびそれ以降のテクストにもとづくハーバーマス社会理論についてはあてはまらないというのがわれわれの解釈である。第二に、ハーバーマス理論は社会哲学ないしメタ理論であって、実質的な社会学理論ではないとする解釈である。この文脈で、佐藤勉の次のような指摘を引用しておきたい。

　　ハーバーマス理論を社会学者が読むばあいには、それが社会哲学であることをまじめに考える必要があろう。いわば、ハーバーマスが社会学理論を直接に構築しているとは私には思われない。そういう意味では、

社会学のメタ理論以上にメタ理論的であるというか、ともかくもハーバーマスはその社会哲学に対応しうる社会学理論というものをストレートに語っているわけではないので、社会学におけるハーバーマス研究者にはとりあえず、そうした社会学理論それ自体をみずから構築するということが要請されるのではないだろうか（佐藤勉 1997b: 416）。

　この指摘については、いくつかの段階に分けて検討する必要がある。まずはじめに確認しなければならないのは、ハーバーマスじしんはメタ理論をめざしてはいないということである。つまり、ハーバーマスは、『理論』およびそれ以降においては、ハーバーマスは、社会理論の哲学的基礎づけではなく、実質的な社会理論の構築をおこなおうとしている。たしかに、1970年代はじめにコミュニケーション行為理論の構想に取りかかった頃であれば、ハーバーマスは、言語理論による社会理論の基礎づけをめざしていたとみることができる。しかし、『理論』のアプローチはそうではない。ハーバーマスは、『理論』の序文の冒頭で「コミュニケーション行為の理論は、決してメタ理論ではなく、みずからの批判的基準を証明しようとする社会理論の端緒なのである」（Habermas 1981: I 7 ＝ 1985: 15）と述べている。われわれは、この宣言の意味を十分に受け止めなければならない。ハーバーマスは、何らかの理論的地平を思惟のなかで設定し、そこから社会を批判的にとらえかえすのではなく、社会そのものの論理を解明するなかから社会にたいする批判的な論理をつかみだす。その意味において、実質的な社会理論の構築こそが、ハーバーマスの課題とされる。ただ他方において、佐藤勉の提言の趣旨が、ハーバーマスの社会理論には十分に展開されていない面があるという意味だとするなら、それについては首肯できよう。生活世界とシステムという二層の社会概念を社会理論としてさらに展開するということや、この概念構成を経験的な研究につなげていくということは、ハーバーマスじしんはおこなっていない。社会理論としてハーバーマス理論をさらに展開させるという点は、むしろハーバーマスを読む側に課された宿題であろう。第三に、ハーバーマス社会理論にかんしては、システムの論理にかんする分析が不十分ではないかという批判的

コメントがありうる。システムの論理をどのように把握するのかという論点は、『理論』における社会理論の構成をふまえれば、ハーバーマスの視角からパーソンズをどのように取り込んでいくのかということとかかわっている。この論点についても、ハーバーマスじしんは『理論』で論じた以上に深めているわけではない。この点について、長岡克行は次のように指摘している。

　　批判的社会理論も社会理論であろうとする限りは、ましてやその批判的社会理論がシステムと生活世界とを結びつける二層的な社会把握を掲げている以上は、コミュニケーション・メディア以外に、システムそのものについてももう少し詳しい分析があってよかったと思われる。そして『コミュニケーション的行為の理論』でシステムの本格的分析がおこなわれなかった一因は、第6章「第二中間考察――システムと生活世界」では次章において社会科学的なシステム研究の基礎を論じる」とされながら、その次章は「タルコット・パーソンズ――社会理論の構成問題」と題されて、ほとんどもっぱらパーソンズ理論に即すかたちで議論が進められ、パーソンズ理論の批判と再構成に重点がおかれていたことにあったと見ることができよう（長岡 1997: 136）。

　ハーバーマスじしんがシステム分析を深めていないというこの最後の点に関連して、社会学における社会理論の展開というコンテクストにここでもう一度立ち返ってみたい。われわれは第1章において、ハーバーマスの仕事の意味を、マルクスが上部構造として捨象した社会性の領域を社会理論のなかに適切に位置づけることとして特徴づけた。つまり、その点にこそ、生活世界とシステムという二層の社会概念の社会理論史的な意味があるとする理解であるが、この理論構成の力点は、生活世界つまりは身近な日常性の領域が社会の再生産のなかで重要な意味を占めるものととらえかえすところにあった。だが、マルクス社会理論の構成において、上部構造として位置づけられたのは、のちに生活世界と表現されることになる意味領域だけでなく、国家もそうであった。国家は、生活世界とシステムという概念構成のなかでは、

国家行政システムとして、つまりは資本主義経済システムと並ぶ一つのサブ・システムとして位置づけられた。システムとしてとらえるということは、物象化された行為連関として把握することを意味する。しかし、システムを生活世界から自立化し物象化された行為連関としてとらえるということは、システムにはシステムとしての固有の論理があることを認めたうえで、それを外的に制御するという方向性を示唆することになる。この理屈は、経済システムについては受け入れられやすい。誰しも、国家社会主義による計画経済の破綻という歴史的経験を想起するからである。しかし、国家については、事情が異なる。国家は、現実には独自の論理を持って作動するということを認めるとしても、国家について外的に制御するだけで内側から制御する可能性がはじめから想定されないということも、国家にかんする理解として、首肯しがたい。このような事情を背景として、国家をシステムとしてだけとらえてよいのかという問題意識が、『妥当性』へと結実していったものと推定される。『妥当性』の主題は、近代民主主義的法治国家を討議理論の視角からとらえかえすことであるが、ここでの議論は、国家を、民主主義的な過程のなかでコントロールされるものとしてもとらえかえそうとしている。こうした議論については、ただちに二つの疑念が予想される。その第一は、それこそ規範主義的な議論にすぎず、経験的な社会分析に資する社会理論となりえないのではないかという懐疑であり、もう一つは、『理論』で構想された、生活世界とシステムという二層の社会概念による社会理論と、『妥当性』で展開される近代国家論との関係はどのように理解すればよいのかという理論的整合性にかんする疑問である。この前者の論点にかんしていえば、『妥当性』についても、『理論』のばあいと同様に、論理の階梯をたどり、抽象水準の移行やパースペクティヴの転換といった理論技法を意識して解読すれば、一つの社会理論として理解することが可能である（永井 2005）。また後者の問題については、たしかに『妥当性』では、国家は民主主義的な意志形成過程をつうじて構成されるものととらえられており、『理論』での把握とはそのベクトルが正反対である。しかし、生活世界とシステムという二層の社会概念を基軸とした社会理論そのものを、いまのハーバーマスが放棄したと解釈する必要はなく、

むしろ二つの国家論が併存しているとわれわれは理解する。ただし、これらの論点について、本書では詳細な検討を加えることはできない。ここではさしあたり、ハーバーマスじしんはシステム概念をさらに展開させるという方向での理論展開をこころみるのではなく、もう一つの国家論を構想するという形へと理論を展開させた、という学説史的事実を確認するにとどめたい。『理論』での構想をふまえて、『妥当性』における議論も組み込みながら、ハーバーマス社会理論をもう一つの理論体系として呈示することは、われわれの今後の課題としたい。

【注】

1 ここではもっぱら『理論』のことを念頭において議論を進めているが、われわれは、『妥当性』においても、抽象の階梯と視座の転換を意識してテクストを理解すべきことを主張している（永井 2005）。
2 1990 年代になると、1970 年代のハーバーマス理論と『理論』との違いに留意した論考がみられるようになる。『理論』のハーバーマスは、1970 年代のハーバーマスとは違って、理想的発話状況概念から距離をおくようになる。水谷雅彦は、このことを正しく認識したうえで、ハーバーマスがそのように距離をおいた事情について、次のように説明している。

　「誠実性」を中心概念とする「理想的発話状況」の理論は、われわれを「真なる理論」の最終的審級を「真なる生活」にもとめようとする際のあの循環の前につれもどす。（中略）これに対して、『コミュニケーション的行為の理論』から『道徳意識とコ ミュニケーション行為』へと至る 80 年代のハーバーマスは、自らの「追構成的反省」の議論を、かつての超越論的反省哲学がもっていた「究極の根拠づけ」という純 粋主義的オブセッションから解放しようとする（水谷 1994: 278）。

参考文献

安彦一恵、1985、「行為とコミュニケーション」『新・岩波講座哲学 10 行為 他我 自由』岩波書店、127-154。

Alexander, Jeffrey C., 1985, J. Habermas's New Critical Theory: Its Promise and Problems, *American Journal of Sociology*, 91（2）, 400-424.

───── , 1987, *Twenty Lectures: Sociological Theory since World War II*, New York: Columbia University Press.

Austin, John L., [1955]1975, *How to do Things with Words*, Cambridge, Mass.: Harvard University Press.（= 1978、坂本百大訳『言語と行為』大修館書店）。

朝倉輝一、2004、『討議倫理学の意義と可能性』法政大学出版局。

Berger, Johannes, 1982, Die Versprachlichung des Sakralen und die Entsprachlichung der Ökonomie, *Zeitschrift für Soziologie*, 11（4）, 353-465.

Berger, Peter L. and Thomas Luckmann, 1966, *The Social Construction of Reality: A Treatise in the Sociology of Knowledge*, Garden City: Doubleday.（= 1977、山口節郎訳『日常世界の構成──アイデンティティと社会の弁証法』新曜社）。

江原由美子、1985、『生活世界の社会学』勁草書房。

遠藤克彦、2007、『コミュニケーションの哲学──ハーバーマスの語用論と討議論』世界書院。

藤澤賢一郎、1984a、「コミュニケーション的行為論の根本概念（上）──ハーバーマス研究ノート・2』『大阪大学人間科学部紀要』10、77-105。

───── 、1984b、「コミュニケーション的行為論の根本概念（中）──ハーバーマス研究ノート（3）」『年報人間科学』5、1984、39-59。

───── 、1986、「真の生と真なる認識──ハーバーマスの理想的発話状況をめぐって」『新・岩波講座哲学 11』岩波書店、119-148。

藤原保信・三島憲一・木前利秋編著、1987『ハーバーマスと現代』新評論。

Görtzen, René, 1986, Bibliograhie zur Theorie des kommunikativen Handelns, in Axel Honneth und Hans Joas（Hrsg.）, *Kommunikatives Handeln: Beiträge zu Jürgen Habermas'"Theorie des kommunikativen Handelns,"* Frankfurt am Main: Suhrkamp, 406-416.

Giddens, Anthony, 1984, *The Constitution of Society: Outline of the Theory of Structuration*, Cambridge: Polity Press.（= 2015、門田健一訳『社会の構成』勁草書房）。

Habermas, Jürgen, 1962, *Strukturwandel der Öffentlichkeit: Untersuchungen zu einer Kategorie der bürgerlichen Gesellschaft*, Neuwied: Luchterhand.（= 1973、細谷貞夫訳『公共性の構造転換』未來社）。

───── , 1968a, *Erkenntnis und Interesse*, Frankfurt am Main: Suhrkamp.（= 1981、奥山次良・八木橋貢・渡辺佑邦訳『認識と関心』未來社）。

───── , 1968b, *Technik und Wissenschaft als"Ideologie,"* Frankfurt am Main: Suhrkamp.（= 1970、長谷川宏・北原章子訳『イデオロギーとしての技術と科学』紀伊国屋書店）。

───── , 1970, *Zur Logik der Sozialwissenschaften*, Frankfurt am Main: Suhrkamp.（= 1991、清水多吉・木前利秋・波平恒男・西阪仰訳『社会科学の論理によせて』国文社）。

───── , 1971, Vorbereitende Bemerkungen zu einer Theorie der kommunikativen Kompetenz, in Jürgen Habermas und Niklas Luhmann, *Theorie der Gesellschaft oder Sozialtechnologie:*

Was leistet die Systemforschung? Frankfurt am Main: Suhrkamp, 101-141.（＝ 1984、山口節郎・藤澤賢一郎訳「コミュニケーション能力の理論のための予備的考察」『批判理論と社会システム理論——ハーバーマス＝ルーマン論争』上、木鐸社、125-181）。

————, 1973, *Legitimationsprobleme im Spätkapitalismus*, Frankfurt am Main: Suhrkamp.（＝ 1979、細谷貞夫訳『晩期資本主義における正統化の諸問題』岩波書店）。

————, 1981, *Theorie des kommunikativen Handelns*（Bd. 1: Handlungsrationalität und ge-sellschaftliche Rationalisierung; Bd. 2: Zur Kritik der funktionalistischen Vernunft）, Frankfurt am Main: Suhrkamp.（＝ 1985、1986、1987、河上倫逸・マンフレッド・フーブリヒト・平井俊彦・岩倉正博・藤澤賢一郎・德永恂・平野嘉彦・山口節郎・丸山高司・丸山德次・厚東洋輔・森田数実・脇圭平・馬場孚瑳江訳『コミュニケイション的行為の理論』上、中、下、未來社）。

————, 1983, *Moralbewußtsein und kommunikatives Handeln*, Frankfurt am Main: Suhrkamp.（＝ 1991、三島憲一・中野敏男・木前利秋訳『道徳意識とコミュニケーション行為』岩波書店）。

————, 1984a, *Vorstudien und Ergänzungen zur Theorie des kommunikativen Handelns*, Frankfurt am Main: Suhrkamp.

————, [1970/71]1984b, Vorlesungen zu einer sprachtheoretischen Grundlegung der Soziologie, in Jürgen Habermas, *Vorstudien und Ergänzungen zur Theorie des kommunikativen Handelns*, Frankfurt am Main: Suhrkamp, 11-126.（＝ 1990 森元孝・干川剛史訳『意識論から言語論へ——社会学の言語論的基礎に関する講義』マルジュ社）。

————, 1984c, Erläuterungen zum Begriff des kommunikativen Handelns, in Jürgen Habermas, *Vorstudien und Ergänzungen zur Theorie des kommunikativen Handelns*, Frankfurt am Main: Suhrkamp, 571-606.

————, 1984d, Vorwort zur dritten Auflage, in Jürgen Habermas, *Theorie des kommunikativen Handelns*, Frankfurt am Main: Suhrkamp, I 3-6.

————, 1985a, Die neue Unübersichtlichkeit, Frankfurt am Main: Suhrkamp.（＝ 1995、河上倫逸監訳『新たなる不透明性』松籟社）。

————, 1985b, *Der philosophische Diskurs der Moderne*, Frankfurt am Main: Suhrkamp.（＝ 1990、三島憲一・轡田収・木前利秋・大貫敦子訳『近代の哲学的ディスクルス』I、II、岩波書店）。

————, 1985c, Reply to Skjei, *Inquiry*, 28（1）, 105-113.

————, 1986, Entgegnung, in Axel Honneth und Hans Joas（Hrsg.）, *Kommunikatives Handeln: Beiträge zu Jürgen Habermas' "Theorie des kommunikativen Handelns,"* Frankfurt am Main: Suhrkamp, 327-405.

————, 1988, *Nachmetaphysisches Denken: Philosophische Aufsätze*, Frankfurt am Main: Suhrkamp.（＝ 1990、藤沢賢一郎・忽那敬三訳、『ポスト形而上学の思想』未來社）。

————, 1991, *Erläuterungen zur Diskursethik*, Frankfurt am Main: Suhrkamp.（＝ 2005、清水多吉・朝倉輝一訳『討議倫理』法政大学出版局）。

————, 1992, *Faktizität und Geltung: Beiträge zur Diskurstheorie des Rechts und des demokratischen Rechtsstaats*, Frankfurt am Main: Suhrkamp.（＝ 2002、2003、河上倫逸・耳野健二訳『事実性と妥当性——法と民主的法治国家の討議理論にかんする研究』未來社）。

————, 1996a, *Die Einbeziehung des Anderen. Studien zur politischen Theorie*, Frankfurt am Main: Suhrkamp.（＝ 2004、高野昌行訳『他者の受容——多文化社会の政治理論に

関する研究』法政大学出版局）。

———, 1996b, Sprechakttheoretische Erläuterungen zum Begriff der kommunikativen Rationalität, *Zeitschrift für philosophische Forschung*, 50 , 65-91.

———, 1999, *Wahrheit und Rechtfertigung: Philosophische Aufsätze*, Frankfurt am Main: Suhrkamp.（＝ 2015、三島憲一・大竹弘二・木前利秋・鈴木直訳『真理と正当化——哲学論文集』法政大学出版局）。

———, 2005, *Zwischen Naturalismus und Religion: Philosophische Aufsätze*, Frankfurt am Main: Suhrkamp.（＝ 2014、庄司信・日暮雅夫・池田成一・福山隆夫訳『自然主義と宗教の間——哲学論集』法政大学出版局）。

Habermas, Jürgen und Niklas Luhmann, 1971, *Theorie der Gesellschaft oder Sozialtechnologie. Was leistet die Systemforschung?* Frankfurt am Main: Suhrkamp.（＝ 1984、1987、佐藤嘉一・山口節郎・藤澤賢一郎訳『批判理論と社会システム理論——ハーバーマス＝ルーマン論争』上、下、木鐸社）。

東島誠、1999、「中世自治とソシアビリテ論的転回」『歴史評論』596、32-45。

———、2000、『公共圏の歴史的創造——江湖の思想へ』、東京大学出版会。

日暮雅夫、2008、『討議と承認の社会理論——ハーバーマスとホネット』勁草書房。

保母武彦、1996、『内発的発展論と日本の農山村』岩波書店。

Honneth, Axel, 1985, *Kritik der Macht: Reflexionsstufen einer kritischen Gesellschaftstheorie*, Frankfurt am Main: Suhrkamp.（＝ 1992、河上倫逸監訳『権力の批判——批判的社会理論の新たな地平』法政大学出版局）。

Honneth, Axel und Hans Joas（Hrsg.）, 1986, *Kommunikatives Handeln: Beiträge zu Jürgen Habermas' "Theorie des kommunikativen Handelns,"* Frankfurt am Main: Suhrkamp.

Horkheimer, Max und Theodor W. Adorno, 1947, *Dialektik der Aufklärung: philosophische Fragmente*, Amsterdam: Querido Verlag.（＝ 1990、德永恂訳『啓蒙の弁証法——哲学的断想』岩波書店）。

細谷昂、1968、「社会学的「行為理論」の基本性格」『社会学研究』29、70-94。

———、1979、『マルクス社会理論の研究——視座と方法』東京大学出版会。

細谷昂編著、1997、『現代社会学とマルクス』アカデミア出版会。

Husserl, Edmund, 1954, *Die Krisis der europäischen Wissenschaften und die transzendentale Phänomenologie: eine Einleitung in die phänomenologische Philosophie*, Haag: M. Nijhoff.（＝ 1974、細谷恒夫・木田元訳『ヨーロッパ諸学の危機と超越論的現象学』中央公論社）。

Ingram, David, 1987, *Habermas and the Dialectic of Reason*, New Haven: Yale University Press.

岩倉正博、1983、「法的議論——ハーバーマスにおける議論と合理性」長尾龍一・田中成明編『現代法哲学 1 法理論』東京大学出版会、137-166。

Joas, Hans, 1986, Die unglückliche Ehe von Hermeneutik und Funktionalismus, in Axel Honneth und Hans Joas（Hrsg.）, *Kommunikatives Handeln: Beiträge zu Jürgen Habermas' "Theorie des kommunikativen Handelns,"* Frankfurt am Main: Suhrkamp, 144-176.

———, 1992, *Die Kreativität des Handelns*, Frankfurt am Main: Suhrkamp.

姜尚中、1983、「ウェーバーとハーバーマス——≪中間考察≫の論争的テーマをめぐって」『理想』598、31-45。

木前利秋、2009、「理性の行方——ハーバーマスと批判理論 (15) 行為とコミュニケーション (4)」『未来』30-37。

———、2014、『理性の行方——ハーバーマスと批判理論』未來社。

久高将晃、2002、「ハーバーマスの「寄生論」——再構成と検討」『社会学年報』31、179-195。

栗岡幹英、1991、「生活世界とシステム・再考——ハーバーマスの非実体化的解釈のために」『ソシオロジ』35 (3)、3-18。

小林望、1987、「生活世界の危機と論証的対話——ハーバーマスへの一視角」『哲学の探究』15、73-87。

小牧治・村上隆夫、2001、『ハーバーマス』清水書院。

Lukács, Georg, 1923, *Geschichte und Klassenbewußtsein: Studien über Marxistische Dialektik*, Berlin: Malik.(= 1991、城塚登・古田光訳、『歴史と階級意識』白水社)。

Luhmann, Niklas, 1982, Autopoiesis, Handlung und kommunikative Verständigung, *Zeitschrift für Soziologie*, 11 (4) , 366-379.

———, 1984, *Soziale Systeme: Grundriß einer allgemeinen Theorie*, Frankfurt am Main: Suhrkamp. (= 1993、1995、佐藤勉監訳『社会システム理論』上、下、恒星社厚生閣)。

三上剛史、2004、「ハーバーマスのパーソンズ受容と規範の更新」富永健一・徳安彰編著『パーソンズルネッサンスへの招待——タルコット・パーソンズ生誕百年を記念して』勁草書房、189-201。

水上英徳、1993、「ハーバーマス社会理論における「生活世界」と「システム」——「二層の社会概念」の再検討」『社会学年報』22、81-101。

———、1995、「社会統合の論理とシステム統合の論理」『社会学研究』62、111-131。

———、1999、「コミュニケーション合理性再考」『大分県立芸術文化短期大学研究紀要』37、87-99。

水谷雅彦、1994、「批判と反省——理論的反省の実践的限界とハーバーマス」『岩波講座　現代思想 8 批判理論』岩波書店、251-284。

宮本憲一、1989、『環境経済学』岩波書店。

宮本孝二、2000、「ギデンズのハーバーマス論」『桃山学院大学社会学論集』33 (2)、5-32。

宮本真也、1994、「ハーバマスの生活世界論」『年報人間科学』15、143-162。

森元孝、1983、「システム理論と批判理論——J・ハーバーマスと現代社会学理論」『社会学年誌』24、1-18。

———、1984、「批判としての社会的行為論——ハーバマースのコミュニケーション行為論についての考察」『社会学評論』35 (3)、333-348。

———、1986、「討議と戦略——コミュニケーション能力論の考察のために」『社會科學討究』32、529-558。

———、1988、「どうして普遍語用論だったか？——社会学的行為論からの誘惑」『社會科學討究』34 (2)、281-307。

———、1990、「コミュニケーション的行為の基本単位は可能か？」『社会学年誌』31、19-31。

永井彰、1985、「社会理論における「生活世界」論の位置と課題——J・ハーバマースのばあい」『社会学年報』14、81-102。

———、1986、「生活世界論の再構成——J・ハーバマースのこころみをめぐって」『社会学研究』50、183-200。

———、1988、「コミュニケーション行為理論の戦略的課題」『社会学研究』53、

1988、109-134。

――――、1993a、「コミュニケーション行為理論の論理構造（上)」『長野大学紀要』14（4)、30-38。

――――、1993b、「コミュニケーション行為理論の論理構造（中)」『長野大学紀要』15（1)、131-142。

――――、1993c、「コミュニケーション行為理論の論理構造（下)」『長野大学紀要』15（3)、41-60。

――――、1995、「コミュニケーション行為理論における「社会的なもの」」『社会学年報』24、65-81。

――――、1997a、「国家法と政治権力の交差――J・ハーバーマスの近代法治国家論をめぐって」『東北大学文学部研究年報』46、77-98。

――――、1997b、「コミュニケーション行為理論の基本的構成」佐藤勉編『コミュニケーションと社会システム――パーソンズ・ハーバーマス・ルーマン』恒星社厚生閣、139-158。

――――、1997c、「ハーバーマスの社会進化論」佐藤勉編『コミュニケーションと社会システム――パーソンズ・ハーバーマス・ルーマン』恒星社厚生閣、181-201。

――――、1997d、「ハーバーマスとマルクスのあいだ――労働と相互行為の問題をめぐって」細谷昂編『現代社会学とマルクス』アカデミア出版会、397-417。

――――、1998a、「ハーバーマスの生活世界論」『東北大学文学部研究年報』47、133-168。

――――、1998b、「ハーバーマス理論における「パーソンズ問題」」『社会学研究』65、69-101。

――――、1999、「ハーバーマスのマルクス批判――近代社会の総体把握の方法をめぐって」『東北大学文学部研究年報』48、31-50。

――――、2000a、「ハーバーマス理論のコミュニケーション理論的射程」『社会学研究』67、91-118。

――――、2000b、「ハーバーマス理論における公共圏理論の再編成――コミュニケーション理論の枠組みを手がかりに」『東北大学文学部研究年報』49、35-54。

――――、2000c、「ハーバーマス社会理論における二層の社会概念の論理構造」『文化』64（1/2)、89-107。

――――、2001、「ハーバーマスのコミュニケーション・メディア理論」『東北大学文学研究科研究年報』50、111-125。

――――、2002、「法と権利の討議理論的再構成――ハーバーマス法理論の基礎概念」『東北大学文学研究科研究年報』51、89-104。

――――、2005、「『事実性と妥当性』における民主主義的法治国家論の論理と射程」『社会学研究』78、23-45。

永井彰・日暮雅夫編著、2003、『批判的社会理論の現在』晃洋書房。

長岡克行、1997、「ハーバーマスとシステム理論」佐藤勉編著『コミュニケーションと社会システム――パーソンズ・ハーバーマス・ルーマン』恒星社厚生閣、118-138。

中岡成文、1996、『ハーバーマス――コミュニケーション行為』講談社。

西研・菅野仁、2009、『社会学にできること』筑摩書房。

新田一郎、1999、「「中世の公共性」論をめぐって」『歴史評論』596、46-55。

野家啓一、1985a、「「言語哲学」から「社会哲学」へ」『社会学年報』14、19-39。

──────、1985b、「言語と実践」『新・岩波講座哲学2 経験 言語 認識』岩波書店、139-171。

奥村隆、1989、「社会科学における「生活世界」の概念とその射程──シュッツ、ハバーマスからフッサールへ」『社会学評論』39(4)、406-420, 478。

大塚高信・中島文雄監修、1982、『新英語学事典』研究社。

尾関周二、1983、『言語と人間』大月書店。

──────、1989、『言語的コミュニケーションと労働の弁証法』大月書店。

Pusey, Michael, 1987, *Jürgen Habermas*, Chichester: Ellis Horwood Limited.(= 1993、山本啓訳『ユルゲン・ハーバマス』岩波書店)。

Roderick, Rick, 1986, *Habermas and the Foundation of Critical Theory*, Basingstoke and London: Macmillan.

佐藤優、2006、『獄中記』岩波書店。

佐藤勉、1983a、「行為理論とシステム理論におけるパラダイム転換」『現代社会学』17、114-124。

──────、1983b、「ウェーバー・パーソンズ問題の今日的形態」『社会学研究』44、83-108。

──────、1983c、「行為理論かシステム理論か──パーソンズ、ハバーマス、ルーマンのばあい」『社会科学の方法』16(6)、12-19。

──────、1983d、「パーソンズ・ハバーマス・ルーマン──生活世界と社会システム」『社会・経済システム』1、12-20。

──────、1984、「行為理論とシステム理論の綜合──N. ルーマンの試み」『社会学評論』35(1)、40-48。

──────、1997a、「パーソンズとハーバーマスからルーマンへ」佐藤勉編著『コミュニケーションと社会システム──パーソンズ・ハーバーマス・ルーマン』恒星社厚生閣、1-30。

──────、1997b、「「コミュニケーションと社会システム」への道──あとがきにかえて」佐藤勉編著『コミュニケーションと社会システム──パーソンズ・ハーバーマス・ルーマン』恒星社厚生閣、403-431。

佐藤勉編著、1997、『コミュニケーションと社会システム──パーソンズ・ハーバーマス・ルーマン』恒星社厚生閣。

佐藤慶幸、1984、「対話的行為と生活世界──ハバーマス理論の理解のための」『社会科学討究』30(2)、319-351。

──────、1985、「ハバーマスの「対話的行為」について」『早稲田大学大学院文学研究科紀要』31、75-92。

──────、1986、『ウェーバーからハバーマスへ──アソシエーションの地平』世界書院。

──────、1991、『生活世界と対話の理論』文眞堂。

Schütz, Alfred, 1932, *Der sinnhafte Aufbau der sozialen Welt: eine Einleitung in die verstehende Soziologie*, Wien: Springer-Verlag.(= 1982、佐藤嘉一訳『社会的世界の意味構成』木鐸社)。

──────, 1962, *Collected Papers I: The Problem of Social Reality*, The Hague: M. Nijhoff.(= 1983、1985、渡辺光・那須壽・西原和久訳『社会的現実の問題』I、II、マルジュ社)。

───────, 1964, *Collected Papers II: Studies in Social Theory*, The Hague: M. Nijhoff.（＝ 1991、渡辺光・那須壽・西原和久訳『社会理論の研究』マルジュ社）。

───────, 1966, *Collected Papers III : Studies in Phenomenological Philosophy*, The Hague: Martinus Nijhoff.（＝ 1998、渡辺光・那須壽・西原和久訳『現象学的哲学の研究』マルジュ社）。

───────, 1970, *Reflections on the Problem of Relevance*, New Haven: Yale University Press.（＝ 1996、那須壽・浜日出夫・今井千恵・入江正勝訳『生活世界の構成──レリヴァンスの現象学』マルジュ社）。

Schütz, Alfred und Thomas Luckmann, 1979, *Strukturen der Lebenswelt*, Bd. 1, Frankfurt am Main: Suhrkamp.（＝ 2015、那須壽監訳『生活世界の構造』筑摩書房）。

───────, 1984, *Strukturen der Lebenswelt*, Bd. 2, Frankfurt am Main: Suhrkamp.

清水多吉、1982、「ハーバマスの「近代化」をめぐって」『思想』696、117-129。

Skinner, Quentin（ed.）, 1985, *The Return of Grand Theory in the Human Sciences*, Cambridge [Cambridgeshire]: New York: Cambridge University Press.（＝ 1988、加藤尚武ほか訳『グランドセオリーの復権──現代の人間科学』産業図書）。

Skjei, Erling, 1985, A Comment on Performative, Subject, and Proposition in Habermas' Theory of Communication, *Inquiry* 28（1）, 87-105.

菅原真枝、1998、「J・ハーバマースにおけるコミュニケーション能力と道徳意識の問題──「コミュニケーション能力論」の展開過程に着目して」『社会学年報』27、127-148。

───────、2000、「J・ハーバマースにおける「コミュニケーション能力論」の論理構成」『社会学研究』67、137-161。

───────、2001、「J・ハーバマースにおける合理性の問題」『社会学研究』69、79-103。

───────、2003、「コミュニケーション行為理論の展開」永井彰・日暮雅夫編『批判的社会理論の現在』晃洋書房、89-107。

竹内真澄、1996、「公共性とコミュニケーション──J・ハーバーマス」小林一穂・大関雅弘・鈴木富久・伊藤勇・竹内真澄『人間再生の社会理論』創風社、225-273。

───────2000、「コミュニケーション的行為と脱商品化」『桃山学院大学社会学論集』34（1）、1-58。

徳永恂編、1989、『フランクフルト学派再考』弘文堂。

友枝敏雄、1986、「相互行為論と社会システム論」『新・岩波講座哲学 11 社会と歴史』岩波書店、86-118。

豊泉周治、2000、『ハーバーマスの社会理論』世界思想社。

鶴見和子、1996、『内発的発展論の展開』筑摩書房。

Weber, Max, 1964, Soziologische Grundbegriffe, *Wirtschaft und Gesellschaft, Grundriss der verstehenden Soziologie*, Köln: Kiepenheuer & Witsch, 1-42.（＝ 1971、濱島朗訳「社会学の基礎概念」『ウェーバー 社会学論集──方法・宗教・政治』青木書店、83-168）。

White, Stephen K., 1988, *The Recent Work of Jürgen Habermas: Reason, Justice and Modernity*, Cambridge [Cambridgeshire]: Cambridge University Press.

Wilson, Thomas P., 1970, Normative and Interpretative Paradigms in Sociology, in Jack D. Douglas（ed.）, *Understanding Everyday Life: Toward the Reconstruction of Sociological Knowledge*, London: Routledge and Kegan Paul.

山口節郎、1982、『社会と意味——メタ社会学的アプローチ』勁草書房。
山之内靖、1982、『現代社会の歴史的位相——疎外論の再構成をめざして』日本評論社。
————、1996、『システム社会の現代的位相』岩波書店。
吉田傑俊・尾関周二・渡辺憲正編、1995、『ハーバマスを読む』大月書店。
Zaret, David, 1980, From Weber to Parsons and Schutz: The Eclipse of History in Modern Social Theory, *American Journal of Sociology*, 85 (5) , 1180-1201.

あとがき

　ある社会学者の学説について検討するというのは、1980年代までであればごく当たり前の研究スタイルであり、その意味をあらためて説明する必要などまったくなかった。誰のどの学説をどのように取り扱うのかということは争点になりえても、学説研究にそもそも意味があるのかという問いは生じようがなかった。学説研究は社会学にとって不可欠の仕事であった。というのも、学説研究は、社会学の基礎理論の構築に貢献すると考えられていたからである。だがその後、状況は大きく変化する。まず第一に、学説研究は理論研究であるとするこの前提そのものが疑わしく思われるようになる。学説研究は学説研究でしかなく、理論研究ではないのではないかとの疑念がいだかれるようになった。第二に、社会学説の理論的革新力が枯渇しつつあるように思われた。ルーマン、ハーバーマス、ギデンズらの世代（ややスタイルは異なるが、このリストにピエール・ブルデューの名を書き加えることも許されるだろう）は、社会学に一定の理論的革新をもたらした。しかし、それ以降の世代からは、かれらに匹敵する理論家は登場していない。社会学があたかも理論的な飽和状態に到達したかのようであった。このこともまた、学説研究へと社会学者を向かわせる動機を失わせた。第三に、社会学が各論中心の時代へと移行した。そして、理論研究や学説研究も、地域社会や家族や階層・階級やエスニシティなどといったテーマと並ぶ一つの各論とみなされるようになった。もはや社会学の学説研究は、社会学全般の基礎理論を担うものとはみなされなくなった。しかもこの状況は、日本だけのできごとではない。世界の主要な社会学雑誌を瞥見すればすぐに確認できるように、程度の差や時期的な多少のずれはあるものの、これらの雑誌から学説研究が姿を消し、さまざまな個別テーマの論文が並ぶようになった。各論が中心的な位置を占めるようになったというのは、世界的な事態である。これは、同じ状況がたまたま同時に起きたのではなく、むしろ社会学がグローバル化したからこそ、「各論の主流化」とでもいうべきこの状況が強化されたというのが正確な判断だと思われる。も

ちろん、こうした状況下でも、理論が不要だというわけではない。何らかのテーマについて意味のある記述をおこなうためには、理論が不可欠である。それを、社会学理論と呼ぶことはできよう。しかし、そのばあいの理論は、各論にとっての理論であり、社会そのものを説明する理論、つまり社会理論ではない。

　このような社会学の状況を前提とした時に、ハーバーマスについての社会学的な研究はどのようなものであればよいのであろか。最低限求められることは、いかなる視座でハーバーマスのテクストにアプローチするのかを明示化するということであろう。そして、本書では、社会学の社会理論としてハーバーマス理論を取り扱うというスタンスを呈示した。つまりこれは、理論研究としての学説研究という従来型の研究スタイルをあえて選択するという意思表明であった。その前提としては、ハーバーマスのテクストはそうした研究に値するものであるとする評価と、ハーバーマス研究としてもそうした仕事を果たす必要があるという判断があった。もちろん、これとは異なったスタイルでの研究方針を取ることも考えられた。だが、今回はこの形式の記述をしてみたかった。それには、ハーバーマス研究としても、またわたしじしんとしても、いったんはくぐっておかなければならない関門だと感じたからである。今回、この課題を果たすことができて、ほっとしている。そして、終章でも示唆しておいたように、この研究を踏まえて『妥当性』をも視野に入れた形でハーバーマス社会理論の論理構造を解析するという仕事は果たしたいと思うが、それと同時に、今回の研究とは違ったスタイルのハーバーマス論（つまりこの読みをふまえたうえで、より自由にハーバーマス理論の意義と可能性について解明するような仕事）を執筆してみたいとも思っている。

　いまハーバーマスを読むということは、マルクスとウェーバーの知的遺産を現代においてどのように継承しどう生かしていけばよいかを考えることである。あるいは社会学の理論的資源を、社会学というディシプリン内部にとどめて理解するのではなく、社会理論の形成と展開という文脈に位置づけてとらえかえすことでもある。社会の再生産の仕組みをトータルに考察するという意味での社会理論は、社会学の各論化が進んでいるこんにちにおいても、いやこのような状況だからこそ研究する必要があると考え

ている。

わたしが本書のようなスタイルを選択した背景には、わたしが東北の社会学という環境のなかで育てられたという事情がある。わたしは、そのなかで多くの先達や仲間から影響を受けながら、研究を続けることができた。この著作にもし多少の意味があるとすれば、そうした多くの人たちのおかげであり、本来であれば一人一人お名前をあげて謝意を表すべきところであるが、ここではとくに影響を受けたお二人のことを記すにとどめたい。それは、佐藤勉先生と細谷昂先生である。このお二人が日々の演習で実践されていたことは、テクストを丁寧に読むという基本的な作業だったが、よくよく考えてみると、そこでおこなわれていたのは、テクストの理論的論理をつかむという読み方だったように思う。わたしは本書のなかで精確に読むというテクストとの対峙の仕方を強調したが、これは、お二人が実践されていたことをわたしなりに言語化したにすぎない。この研究姿勢はテクストにたいしてばかりではない。農村研究においてもそうであった。たんに経験的事実を記述するのではなく、そこに貫徹する論理を析出するというところに、このお二人の農村研究の凄みがあった。論理を読み解くというのは、経験的研究の方法でもあった。学説研究と農村研究はたんに二刀流というのではない。経験的な研究をしなければ学説を生きたものとして理解することはできないし、学説研究の目がなければ、経験的なデータを一つの作品へとまとめあげていくことができない。お二人の研究はこのことを実際の研究活動において示されてきた。この点もまた、わたしがお二人から強く影響を受けたことの一つである。

わたしにとって、調査研究をすることは、ハーバーマス研究を続ける原動力になった。ハーバーマス理論に向けられたさまざまな批判の多くは、わたしからすると、たしかに理屈としては成り立つかもしれないが、それ以上のものではないように思われた。わたしがハーバーマスを読むとき、旅先でのさまざまな場面を思い浮かべていた。実際に出会った人たちの語りを思い起こしながらテクストを読むと、ハーバーマスのテクストは、きわめて首肯的なものと感じられた。この感覚があったからこそ、ハーバーマスを読み続け

ることができた。本文でも述べたように、テクストそのものの読解はあくま
でも理論的論理の析出という観点でおこなってきたが、そうしたテクスト理
解を、調査研究でのさまざまな経験が間接的に支持してくれているように感
じている。その意味において、この著作は、わたしにとっては、フィールド
ワークの所産でもある。現場で出会った多くの人たちにこの本が目に留まる
ことは少ないかもしれないが、さまざまなインスピレーションを与えてこと
に、心から感謝したい。

　この著作の原型となる論文については、批判的社会理論研究会において合
評会を開いてもらう機会があった。批判的社会理論研究会は、ハーバーマス
やアクセル・ホネットなど批判的社会理論にかかわるテクストを、会員がロー
テーションで紹介し、テクストにそくして議論するという地道な研究会であ
るが、その発足は 2003 年 8 月 20 日（その前身となる批判理論研究会は 1999 年 3
月 19 日）なので、すでにこの会には 14 年（前身から数えると 18 年）の歴史がある。
日ごろハーバーマスのテクストに一字一句取り組んでいる人たちの視点で細
部にわたり論文を検討してもらったことは、論文を著作として公刊するにあ
たって大きな励みになった。

　そして、東信堂の下田勝司社長のお勧めがなければ、この本が世に出るこ
とはなかったかもしれない。基礎研究は大事ですからとさりげなく背中を押
してくれたことには、本当に感謝以外の言葉を思いつかない。

2018 年 3 月

永井　彰

初出一覧

　本書は、東北大学大学院文学研究科に提出した博士論文「ハーバーマスの社会理論——視座と方法」(2011年4月14日学位授与)をもとにしている。

　博士論文の執筆にあたっては、既発表の論文を利用した。博士論文と既発表論文との対応関係を以下に示す。ただし、既発表のものについても、全面的に書き直されている。

序　章　書き下ろし

第1章　書き下ろし

第2章

　　永井彰「コミュニケーション行為理論の論理構造(上)」『長野大学紀要』
　　　14(4)、1993年、30-38ページ。

　　永井彰「コミュニケーション行為理論の論理構造(中)」『長野大学紀要』
　　　15(1)、1993年、131-142ページ。

　　永井彰「コミュニケーション行為理論の論理構造(下)」『長野大学紀要』
　　　15(3)、1993年、41-60ページ。

第3章　書き下ろし

第4章

　　永井彰「ハーバーマスの生活世界論」『東北大学文学部研究年報』47、
　　　1998年、133-168ページ。

第5章

　　永井彰「ハーバーマス社会理論における二層の社会概念の論理構造」『文
　　　化』64(1/2)、2000年、89-107ページ。

終　章　書き下ろし

人名索引

あ

アドルノ、テオドール 6, 93
イングラム、デヴィッド 17-18
ウィルソン、トーマス 34
ウェーバー、マックス 30-31
ヴァイス、ヨハネス 16
江原由美子 172
オースティン、ジョン・L 60, 62
尾関周二 109, 202

か

ギデンズ、アンソニー 32-34
クック、メイヴ 17-18, 21-22
ゲルツェン、ルネ 21

さ

サール、ジョン 60
佐藤勉 41, 227
佐藤慶幸 16, 17, 21, 109, 172, 202-203, 205-
　　209, 211
シェーラー、マックス 171
清水多吉 219
シュッツ、アルフレート 12, 31, 171
菅原真枝 127
スケイ、アーリング 123

た

鶴見和子 173
豊泉周二 21

な

長岡克行 229
西研 128
新田一郎 20
野家啓一 172-173, 214

は

ハーバーマス、ユルゲン 3, 5, 10, 20, 23,
　　32, 36-37, 110
バーガー、ピーター 171
パーソンズ、タルコット 23-24, 31, 38-40
東島誠 8, 20
藤澤賢一郎 16
ベルガー、ヨハネス 16
ホーマンズ、ジョージ 25
細谷昂 27
ホルクハイマー、マックス 6, 93
ホワイト、ステファン・K 17-18

ま

マートン、ロバート 25
マルクス、カール 27-29
水谷雅彦 231
宮本憲一 173
ミルズ、ライト 25
森元孝 16

や

山之内靖 44

ら

ルーマン、ニクラス 16, 33-34, 135
ルックマン、トーマス 12, 171
ロデリック、リック 17

事項索引

あ

意思疎通　57, 60-61, 92, 108, 111, 139
意思疎通指向的言語使用　111-112, 121
一般化された形式のコミュニケーション　100

か

解釈学的アイデアリズム　164
会話　82-83
規制的言語行為　81
規範に規制された行為　82-83
規範理論　14
客観的世界　78-79, 121, 138-139, 143
共通の状況定義　140
経験的動機づけ　108
形式的語用論　60
ゲゼルシャフト　145, 148-149, 158-159, 162-163
言語　139-141, 143
言語行為　60, 62, 68, 136
権力要求　72, 74
行為理論　31, 39-41, 135, 166-167, 181
行為理論のパラダイム転換　46, 54
後期資本主義　30, 32, 36, 41, 192
公共圏　8, 20, 168
合理的動機づけ　108
コミュニケーション行為　3, 38, 48, 49-54, 70, 74-77, 85, 87-88, 94-95, 98, 100, 110, 115, 118, 122-123, 130, 143, 152-153, 155, 161, 176, 179, 205
コミュニケーション行為理論　45
コミュニケーション合理性　15, 91, 93, 154
コミュニケーション・メディア　98, 100-101

コントロール・メディア　130, 177, 184-185, 187, 193

さ

事実確認的言語行為　81-82
事実性と妥当性の緊張　15, 220, 222, 226
システム　3, 38, 40, 103-104, 129, 164, 174, 176-178, 180, 186, 187
システム統合　39, 177-178
システムによる生活世界の植民地化　105, 152, 174, 178, 192
システムの複合性の増大　104, 195
システム理論　39-41, 135, 166-167, 180-181
実効性　91
実践的討議　88
私的圏域　168
社会国家的な介入　192
社会的世界　78-79, 121, 138-139, 143-144
社会統合　39, 177-178
社会理論　3, 5-6, 14, 24
社会理論の構成問題　39-42
社会理論のコミュニケーション理論的転回　43, 222, 224
主観的世界　78, 138-139, 143-144
真理性要求　78, 121
生活世界　3, 38, 40, 94-95, 103-104, 129, 132-133, 141, 143-145, 152-153, 161, 164, 174, 176-180, 186, 187
生活世界的合理性　165, 172-173
生活世界とシステム　3, 38-40
生活世界の合理化　97, 99, 104, 154, 157, 165, 195
生活世界の植民地化　38, 192-193
生活世界の隷属　178, 192
誠実性要求　78
正当性要求　78

世界 141, 145
戦略的行為 48-53, 70, 75-76, 115, 118, 122-123, 128
戦略的相互行為 117-118, 128-129

た

脱言語化されたコントロール・メディア 102
妥当性要求 70, 72, 74, 77, 79-80, 84, 86, 92, 94, 120-121, 153-154, 221
知識在庫 142
強いコミュニケーション行為 110, 116, 118, 122, 127
討議 86-88
道具的行為 48-51, 118
道具的理性 93
ドラマトゥルギカルな行為 82-83

な

内発的発展論 169, 173
認知的正当性概念 121
認知的・道具的合理性 91, 93

は

パーソナリティ 145, 148, 151, 158-159, 162-163
発語行為 62-64
発語内行為 62-66, 68-69, 73, 75
発語媒介行為 62-70, 73, 75

非認知的真理性概念 121
表出的言語行為 81
物化 190-191, 196
物象化 196
文化 139-141, 143, 145, 148-149, 158-159, 162-163
法化 196
ポスト・パーソンズ 34-35, 44

ま

マルクス・ウェーバー問題 42
命令 71-74, 122-126
目的活動 48
目的合理性 91
目的論的行為 51-52, 64
目標をめざした介入 115, 118

や

弱いコミュニケーション行為 110, 116, 118, 122, 127-128

ら

理想的発話状況 173, 211-219, 222
了解 58-59, 92, 111
了解指向的言語使用 111, 115, 122
理論的討議 88
レリヴァンス 156
論証 86

■著者紹介

永井彰（ながい　あきら）

東北大学大学院文学研究科教授。
東北大学大学院文学研究科博士後期課程単位取得退学。博士（文学）。
長野大学産業社会学部講師、東北大学文学部助教授などを経て現職。

ハーバーマスの社会理論体系

2018年4月15日　初版 第1刷発行　　　　　　　　　　　　　　〔検印省略〕
定価はカバーに表示してあります。

著者ⓒ永井　彰／発行者：下田勝司　　印刷・製本／中央精版印刷

東京都文京区向丘1-20-6　　郵便振替00110-6-37828　　　　　　発 行 所
〒113-0023　TEL（03）3818-5521　FAX（03）3818-5514　　　株式 東 信 堂

Published by TOSHINDO PUBLISHING CO., LTD.
1-20-6, Mukougaoka, Bunkyo-ku, Tokyo, 113-0023, Japan
E-mail : tk203444@fsinet.or.jp http://www.toshindo-pub.com

ISBN978-4-7989-1439-8 C3036 ⓒ Akira Nagai

東信堂

書名	著者	価格
未来社会学序説 —勤労と統治を超える	森 元孝	二〇〇〇円
理論社会学 —社会構築のための媒体と論理	森 元孝	二四〇〇円
貨幣の社会学 —経済社会学への招待	森 元孝	二四〇〇円
ハーバーマスの社会理論体系	永井 彰	二八〇〇円
ハンナ・アレント —共通世界と他者	中島道男	二四〇〇円
観察の政治思想 —アーレントと判断力	小山花子	二五〇〇円
スチュアート・ホール —イギリス新自由主義への文化論的批判	牛渡 亮	二六〇〇円
日本コミュニティ政策の検証 —自治体内分権と地域自治へ向けて〔コミュニティ政策叢書1〕	山崎仁朗編著	四六〇〇円
豊田とトヨタ —産業グローバル化先進地域の現在	山口博史 丹辺宣彦編著	四六〇〇円
社会階層と集団形成の変容 —集合行為と「物象化」のメカニズム	丹辺宣彦	六五〇〇円
食品公害と被害者救済 —カネミ油症事件の被害と政策過程	宇田和子	四六〇〇円
吉野川住民投票 —市民参加のレシピ	武田真一郎	一八〇〇円
地域社会研究と社会学者群像 —社会学としての闘争論の伝統	橋本和孝	五九〇〇円
園田保健社会学の形成と展開	山手茂編著	三六〇〇円
社会的健康論	園田恭一	二五〇〇円
保健・医療・福祉の研究・教育・実践	山手恭一 園田恭一 米林喜男 編	三四〇〇円
現代の自殺 —追いつめられた死…社会病理学的研究	石濱照子	二八〇〇円
研究道 学的探求の道案内	平岡公一・武川正吾・山田昌弘・黒田浩一郎監修	二八〇〇円
福祉政策の理論と実際（改訂版）福祉社会学研究入門	三重野卓・平岡公一編	二五〇〇円
認知症家族介護を生きる —新しい認知症ケア時代の臨床社会学	井口髙志	四二〇〇円
社会福祉における介護時間の研究 —タイムスタディ調査の応用	渡邊裕子	五四〇〇円

〒113-0023　東京都文京区向丘1-20-6
TEL 03-3818-5521　FAX03-3818-5514　振替 00110-6-37828
Email tk203444@fsinet.or.jp　URL·http://www.toshindo-pub.com/

※定価：表示価格（本体）＋税

東信堂

書名	副題・説明	著者	価格
歴史認識と民主主義深化の社会学		庄司興吉編著	四二〇〇円
主権者の社会認識	自分自身と向き合う	庄司興吉	二六〇〇円
主権者の協同社会へ		庄司興吉	二四〇〇円
地球市民学を創る	新時代の大学教育と大学生協 地球社会の危機と変革のなかで	庄司興吉編著	三二〇〇円
社会学の射程	ポストコロニアルな地球市民の社会学へ	庄司興吉	三二〇〇円
再帰的=反省社会学の地平		庄司興吉編著	二八〇〇円
グローバル化と知的様式	社会科学方法論についての七つのエッセー	大矢J・ガルトゥング著 重光太郎 矢澤修次郎訳	二八〇〇円
インターネットの銀河系	ネット時代のビジネスと社会	M・カステル著 矢澤・小山訳	三六〇〇円
社会的自我論の現代的展開		船津衛	二四〇〇円
組織の存立構造論と両義性論	社会学理論の重層的探究	舩橋晴俊	二五〇〇円
階級・ジェンダー・再生産	現代資本主義社会の存続メカニズム	橋本健二	四五〇〇円
現代日本の階級構造	理論・方法・分析	橋本健二	三八〇〇円
人間諸科学の形成と制度化	社会諸科学との比較研究	長谷川幸一	三八〇〇円
現代社会と権威主義	フランクフルト学派権威論の再構成	保坂稔	三六〇〇円
自立支援の実践知	阪神・淡路大震災と共同・市民社会	似田貝香門編	三八〇〇円
[改訂版]ボランティア活動の論理	ボランタリズムとサブシステンス	西山志保	三六〇〇円
自立と支援の社会学	阪神大震災とボランティア	佐藤恵	三二〇〇円
NPO実践マネジメント入門[第2版]		パブリックリソースセンター編	二三八一円
現代行政学とガバナンス研究		堀雅晴	二八〇〇円
個人化する社会と行政の変容	情報、コミュニケーションによるガバナンスの展開	藤谷忠昭	三五〇〇円
コミュニティワークの教育的実践		高橋満	二〇〇〇円
NPOの公共性と生涯学習のガバナンス		高橋満	二八〇〇円

〒113-0023　東京都文京区向丘1-20-6　　TEL 03-3818-5521　FAX03-3818-5514　振替 00110-6-37828
Email tk203444@fsinet.or.jp　URL:http://www.toshindo-pub.com/

※定価：表示価格（本体）＋税

東信堂

海外日本人社会とメディア・ネットワーク
——パリ日本人社会を事例として
吉野耕作・今野裕昭・松本行真 編著 …… 四六〇〇円

移動の時代を生きる——人・権力・コミュニティ
〈国際社会学ブックレット1〉
吉原直樹 監修 …… 三二〇〇円

国際社会学の射程
——日韓の事例と多文化主義再考
〈国際社会学ブックレット2〉
芝原真里 編訳 …… 一二〇〇円

国際移動と移民政策
——社会学をめぐるグローバル・ダイアログ
〈国際社会学ブックレット3〉
有田伸・山本かほり・西原和久 編著 …… 一〇〇〇円

トランスナショナリズムと社会のイノベーション
——越境する国際社会学とコスモポリタン的志向
西原和久 …… 一三〇〇円

外国人単純技能労働者の受け入れと実態
——技能実習生を中心に
坂 幸夫 …… 一五〇〇円

現代日本の地域分化
——センサス等の市町村別集計に見る地域変動のダイナミックス
蓮見音彦 …… 三八〇〇円

「むつ小川原開発・核燃料サイクル施設問題」研究資料集
舩橋晴俊・金山行孝・茅野恒秀 編著 …… 一八〇〇円

新版 新潟水俣病問題——加害と被害の社会学
舩橋晴俊・舩橋晴子 編 …… 三八〇〇円

新潟水俣病をめぐる制度・表象・地域
関 礼子 …… 五六〇〇円

新潟水俣病問題の受容と克服
堀田恭子 …… 四八〇〇円

公害被害放置の社会学
——イタイイタイ病・カドミウム問題の歴史と現在
飯島伸子・渡辺伸一・藤川賢 編 …… 三六〇〇円

開発援助の介入論
——インドの河川浄化政策に見る国境と文化を越える困難
西谷内博美 …… 四六〇〇円

〈大転換期と教育社会構造：地域社会変革の社会論的考察〉
第1巻 教育社会史——日本とイタリアと
小林甫 …… 七八〇〇円

第1巻 現代的教養I——生活者生涯学習の地域的展開
小林甫 …… 六八〇〇円

第2巻 現代的教養II——技術者生涯学習の生成と展望
小林甫 …… 六八〇〇円

第3巻 学習力変革——地域自治と社会構築
小林甫 …… 近刊

第4巻 社会共生力——東アジアと成人学習
小林甫 …… 近刊

〒113-0023　東京都文京区向丘1-20-6　　TEL 03-3818-5521　FAX03-3818-5514　振替 00110·6·37828
Email tk203444@fsinet.or.jp　URL·http://www.toshindo-pub.com/

※定価：表示価格（本体）＋税